꾀꼬리와
국화

꾀꼬리와 국화

정지용 산문집

이숭원 편저

여는 글

    정지용은 1930년대에 일급의 시인이었을 뿐만 아니라 인기 있는 수필가이기도 했다. 일간 신문에 지면을 얻기 어려웠던 그 시절에, 정지용은 1938년부터 《동아일보》와 《조선일보》에 번갈아 가며 고정 연재 칼럼을 맡아, 짧게는 일주일로부터 길게는 한 달이 넘는 기간 동안 기행문을 연재했다. 그의 글이 인기가 없었다면 신문사에서 그렇게 지면을 내어주었을 리가 없다. 그의 칼럼에는 거의 예외 없이 삽화가 함께 실려 있는데, 이것 또한 그의 산문의 인기를 알려주는 사례다.
    정지용은 시론에서 정신의 높은 경지를 추구하는 것이 시에서 가장 중요한 일이라고 주장했다. 이러한 특성은 그의 수필에도 나타난다. 특히 그가 시집에 선별해서 수록한 산문들에 그러한 성격이 두드러지게 나타난다. 대표적인 것이 『정지용시집』(1935)에 실린 「밤」과 「램프」, 『백록담』(1941)에 실린 「노인과 꽃」과 「꾀꼬리와 국화」다. 「밤」과 「램프」가 지면에 발표된 것은 1933년 9월(《가톨릭청년》 4호)의 일이니, 이때는 『백록담』 시편이나 그의 시론이 발표되기 훨씬 이전이다. 산을 소재로 한 고전적 여백미의 시가 발표된 것은 그로부터 4년 후인 1937년 6월 9일 자 《조선일보》에 실린 「비로봉」과 「구성동」부터다.

수필 「밤」에서 정지용은 밤의 무한한 엄숙성을 이야기한다. 밤은 아무 소리도 없이 다가와 어둠의 적막으로 천지를 가득 채운다. 그는 밤이 선사하는 신비로운 묵극默劇에 경탄하고 있다. 밤의 위대한 적막은 인간의 모든 슬픔과 동작과 언어를 다 포용한다는 것이다. 램프에 불을 밝히고 방에 들어올 때, 밤은 이 갑작스런 틈입자闖入者에 조금도 놀라지 않고 램프 불과 화합하여 꽃동산 같이 환한 얼굴을 바로 보여준다고 했다. 여기서 지용이 밤을 대하는 경건한 자세와 사색의 깊이를 엿볼 수 있다. 이것은 정결한 정신의 경지를 추구하는 태도와 연결된다.

그의 고전적 정신주의는 「램프」에서 더욱 뚜렷한 용모를 드러낸다. 그는 깨끗하고 산뜻하면서도 반듯한 상태를 추구하며 그런 모양을 지닌 대상에 호감을 느낀다. 우선 램프의 흰색 갓에 호감을 표시한다. 그는 정결한 흰빛에 대한 선호를 갖고 있다. 갓이 연잎처럼 아래로 늘어져 있으면서도 불에 닿지 않고 제 모습을 유지한 점도 좋다고 했다. 이렇게 고풍스러운 램프는 벽에 걸려 있는 것보다 탁자에 올려놓은 모습이 더 보기 좋다고 했다. 램프 불이 비추면 그대의 아름다운 얼굴에 농담의 변화가 생겨 마치 회화와 같은 인상을 주는 것도 예술적이라고 찬탄했다. 특히 흉한 모습의 석유가 아름다운 불로 변신하는 것이 마치 누에가 뽕잎을 먹고 아름다운 비단을 만들어내는 것처럼 신비로운 일이라고 감탄했다.

　글의 후반부에서는 도시의 풍물인 전등과 비교하면서 램프의 아름다움을 강조했다. "전등은 불의 조화造花"에 불과하고 "등불의 원시적 정열을 잊어버린" 인공적 설치물에 불과하다는 의견을 내세웠다. 전등에는 위로 솟아오르는 불의 혀 모양이 없다는 것이다. 이러한 여러 장면에서 대상의 심미적 특성을 눈여겨보고 거기 정신적 가치를 부여하려는 그의 정신주의적 태도를 엿볼 수 있다.

　『백록담』에 실린 「노인과 꽃」(《조선일보》, 1936. 6. 21)과 「꾀꼬리와 국화」(《삼천리문학》, 1938. 1)에서 정신적 염결성은 앞의 두 작품보다 더 두드러지게 나타난다. 「노인과 꽃」에서 지용은 청춘의 정염과 수치와 고통의 시간을 보낸 후 비로소 노년의 청수하고 고고한 경지에 이르러 담담히 꽃을 완상할 수 있다고 이야기한다. 그러니 꽃을 제대로 바라볼 수 있는 사람은 노인이고, 꽃을 제대로 보기 위해서는 "미옥美玉과 같이 탁마된 춘추"를 거쳐야 한다고 한다. 노년의 지혜와 법열에 도달해야 진정으로 꽃과 하나가 될 수 있는 것이다. 그래서 지용도 빨리 하얗게 늙어 그 순수의 자리에 설 수 있기를 희망했다. 이때 지용의 나이 35세였다. 30대 중반의 나이에 노경을 꿈꾸었던 것은 그의 정신적 염결성의 지향 때문이다. 연옥의 시련에 해당하는 욕망과 번민을 다 가라앉히고 눈처럼 정결한 지혜의 법열에 도달하기를 희구했다.

「꾀꼬리와 국화」는 그가 1937년 3월 북아현동으로 이사한 후 쓴 수필이다. 이사 온 다음 날 아침 꾀꼬리 소리를 듣고 그는 반가운 마음에 버선발로 뛰어나갔다. 그러나 동네 사람들은 집값이나 땅값에만 관심을 가질 뿐 꾀꼬리 소리에는 아예 관심을 기울이지 않는다. 꾀꼬리가 우는 곳으로 이사를 했다고 친구들에게 편지로 알렸더니 장성에 사는 벗이 먼 곳에서 일부러 올라왔다. 친구와 맥주를 마시며 꾀꼬리가 울기를 기다렸으나 그날따라 꾀꼬리가 울지 않았다. 장성 벗은 서운하다고 하지 않고 그저 웃기만 하고 돌아갔다. 지용은 꾀꼬리가 아무 때나 울지 않고 어느 한 때에만 운다는 것을 비로소 깨달았다. 꾀꼬리처럼 귀한 새는 우는 때가 정해져 있는 것이다. 이제 가을이 되어 새 소리는 그쳤고 모든 것이 시들어 떨어진다.

꽃 중에 꾀꼬리처럼 귀한 꽃이 가을에 피는 "조선 황국"이다. 그는 조선 황국을 보고 취하겠다고 말한다. 이것은 시대의 변화를 거슬러 정신의 염결성을 지니겠다는 일종의 자기 선언이다. 새 중의 새인 꾀꼬리가 아무 때나 울지 않고 꽃 중의 꽃인 조선 황국이 쇠락의 계절에만 피어나듯이 자신도 그런 정결한 정신자세를 유지하겠다는 뜻을 나타낸 것이다. 우리는 이 작품에서 일제강점기 그 쇠락의 계절에 정신의 고고한 자리를 지키려고 하는 지용의 자세를 엿볼 수 있다. 그런 점에서 「꾀꼬리와 국화」는 「장수산」의 정신적 결의를 예비한 산문이라고 할 수 있다.

이와 같이 그의 산문을 시와 연관 지어 읽으면 정지용의 정신세계를 더 깊고 넓게 이해할 수 있다. 그뿐만 아니라 수필은 생활문학의 단면을 지니기 때문에 그의 수필에는 정지용의 생활 양태를 실감 있게 전해주는 다양한 요소들이 담겨 있다.

그는 김영랑, 박용철, 김현구, 길진섭, 박팔양, 이병기, 이승만, 조택원, 김소운, 조풍연, 김상용, 방용구, 설정식 등 일제강점기로부터 해방기에 이르는 많은 문학 예술인들과 다양하게 교류했는데, 그 자취가 그의 산문에 그대로 실려 있다. 특히 길진섭, 김영랑, 박용철 등과의 여행담에는 한 시대를 같이 살아간 동시대인으로서의 인간적 면모가 잘 드러나 있다.

그와 더불어 그의 산문에는 문학만이 아니라 음악이나 미술, 영화, 무용 등 문화예술 전반에 대한 다양한 관심이 나타나 있다. 그는 단순한 시인이 아니라 다방면의 문화예술에 깊은 관심과 해박한 지식을 갖춘 전천후 예술인이었다.

이런 점에서 정지용의 산문은 새롭게 음미하고 깊이 탐구해 볼 가치가 충분하다. 일제강점기의 둔탁한 고문투를 털어내고 지금의 어법으로 바꾸어 놓으니 청신한 느낌이 햇살처럼 피어난다. 현대어로 정제된 정지용의 산문을 다시 읽으며 그의 정신세계를 더욱 넓은 차원에서 파악해 볼 것을 독자들에게 권한다.

2011년 9월

이숭원 李崇源

차
례

여는 글 ——————————————— 4

I 소묘와 수수어

소묘 1 ———————————————	19
소묘 2 ———————————————	23
소묘 3 ———————————————	27
소묘 4 밤 ———————————————	33
소묘 5 램프 ———————————————	36
수수어 1-1 ———————————————	40
수수어 1-2 아스팔트 ———————————————	42
수수어 1-3 ———————————————	44
수수어 1-4 노인과 꽃 ———————————————	48
수수어 2-1 ———————————————	51
수수어 2-2 ———————————————	54
수수어 2-3 내금강 소묘 1 ———————————————	57
수수어 2-4 내금강 소묘 2 ———————————————	60

수수어 3-1 이목구비 ——————— 63
수수어 3-2 ——————————— 67
수수어 3-3 육체 ——————— 72
수수어 4 봄 ————————— 76

II 기행문

남유南遊 제1신 꾀꼬리 ——————— 85
남유 제2신 석류·감시甘柿·유자 ——— 87
남유 제3신 오죽烏竹·맹종죽孟宗竹 —— 89
남유 제4신 체화棣花 ———————— 91
남유 제5신 때까치 ———————— 93
남유 제6신 동백나무 ——————— 95
다도해기 이가락離家樂 ——————— 97
다도해기 해협병海峽病 —————— 102
다도해기 실적도失籍島 —————— 107
다도해기 일편낙토一片樂土 ———— 111
다도해기 귀거래 ————————— 115
선천宣川 1 ——————————— 120
선천 2 ————————————— 123
선천 3 ————————————— 126

의주 1 — 129
의주 2 — 132
의주 3 — 136
평양 1 — 140
평양 2 — 144
평양 3 — 148
오룡배伍龍背 1 — 153
오룡배 2 — 158
오룡배 3 — 162
남해 오월 점철點綴 1 기차 — 167
남해 오월 점철 2 보리 — 169
남해 오월 점철 3 부산 1 — 171
남해 오월 점철 4 부산 2 — 173
남해 오월 점철 5 부산 3 — 175
남해 오월 점철 6 부산 4 — 177
남해 오월 점철 7 부산 5 — 179
남해 오월 점철 8 통영 1 — 181
남해 오월 점철 9 통영 2 — 183
남해 오월 점철 10 통영 3 — 186
남해 오월 점철 11 통영 4 — 188
남해 오월 점철 12 통영 5 — 190
남해 오월 점철 13 통영 6 — 192

Ⅲ 수필

옛 글 새로운 정 — 197
꾀꼬리와 국화 — 203
날은 풀리며 벗은 앓으며 — 208
남병사南病舍 7호실의 봄 — 212
인정각人定閣 — 217
압천鴨川 상류 — 222
다방 'ROBIN' 안에 연지 찍은 색시들 — 230
서왕록逝往錄 — 234
예양禮讓 — 240
우산 — 244
합숙 — 248
화문畵文 점철點綴 1 — 253
화문 점철 2 — 255
비 — 257
비둘기 — 266

Ⅳ 시론과 평문

영랑과 그의 시 — 273

생명의 분수 무용인 조택원론(상) … 294

참신한 동양인 무용인 조택원론(하) … 298

월탄月灘의 『금삼의 피』와 각지 비평과 독후감 … 302

시의 옹호 … 305

시와 발표 … 316

시의 위의威儀 … 321

시와 언어 … 324

《문장》지 선후평 1 … 328

《문장》지 선후평 2 … 332

《문장》지 선후평 3 … 336

《문장》지 선후평 4 … 338

《문장》지 선후평 5 … 340

《문장》지 선후평 6 … 343

《문장》지 선후평 7 … 347

《문장》지 선후평 8 … 349

《문장》지 선후평 9 … 351

《문장》지 선후평 10 … 354

《문장》지 선후평 11 … 357

《문장》지 선후평 12 … 359

『가람시조집』 발跋 … 362

『가람시조집』에 … 367

윤석중 동요집 『초생달』 … 369

시집 『종鐘』에 대한 것 —————————— 374
조택원 무용에 관한 것 그의 도미 공연을 계기로 —— 377
『포도』에 대하여 ———————————— 379
윤동주 시집 서 ———————————— 384
조선시의 반성 ———————————— 391
서序 대신 시인 수형琇馨께 편지로 ———— 409
월파月坡와 시집 『망향』 ——————— 413

V 해방 후 산문

한 사람분과 열 사람분 ————————— 419
학생과 함께 ————————————— 423
동경대진재 여화 ——————————— 425
산문 ———————————————— 434
새옷 ———————————————— 446

일러두기

1 현행 맞춤법에 맞게 표기를 바꾸어 적고, 대부분의 한자를 한글로 바꾸었으며, 문맥 파악에 도움이 될 만한 곳에만 한자를 병기하였다.
2 표기만이 아니라 단락의 불필요한 구분이나 그 당시의 특이한 일상어, 문장 부호의 혼용, 오자나 탈자 등을 정리하여 현대의 독자들이 읽기 쉽도록 편집하였다.
3 낯선 어구에는 주를 달아 뜻을 풀이하였다.
4 작품을 주제와 성격에 따라 다섯 부로 나누어 수록하고, 작품의 배열은 발표 시기 순으로 하였다. 작품의 출처는 각 부 앞에 밝혀 두었다.
5 단행본은 『 』, 논문이나 시, 수필은 「 」, 잡지나 신문 등은 《 》, 노래, 영화, 연극, 무용극, 그림 등의 제목은 〈 〉로 표시했다.

I

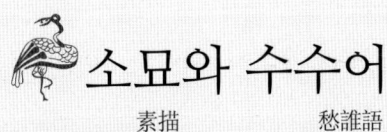

소묘와 수수어
素描　　　愁誰語

꽃과 죽음을 실로 슬퍼하는 자는 청춘이요
노년의 것이 아닐까 합니다.
……

청춘의 웃옷을 벗은 뒤에 오는
청수하고 고고하고 유한하고
완강하기 학과 같은 노년의 덕으로써
어찌 죽음과 꽃을 슬퍼하겠습니까.
그러기에 꽃의 아름다움을 실로 볼 수 있기는
노경에서일까 합니다.

♣ 「소묘 1」~「소묘 5」_《가톨릭청년》, 1~4호(1933년 6~9월).
♣ 「수수어 1-1」~「수수어 1-4」_《조선일보》, 1936년 6월 18~21일.
♣ 「수수어 2-1」~「수수어 2-4」_《조선일보》, 1937년 2월 10~17일.
♣ 「수수어 3」_《조선일보》, 1937년 6월 8~12(총 5편). 특히 「수수어 3-1」은 '이목구비'라는 제목으로 『백록담』(1941)에 재수록되었다.
♣ 「수수어 4」_《문장》, 1940년 4월호.

소묘 1

검은 옷이 길대로 길구나. 머리꼭지에 위태하게 붙은 검은 동그란 헝겊은 무엇이라 이름하느뇨? 얼마나 큰 몸이며 굵은 목 얼마나 두꺼운 손이랴. 그러나 그가 목련화 나무 아래로 고전스러운 책을 들고 보며 이리저리 걷는다니보다 돌고 도는 것이 코끼리같이 상가롭고도* 발소리 없이 가벼웠다.

  나는 프랑스 사람과 말해 본 적이 없었다. 아직 말해 보지 못한 푸른 눈을 가진 이는 아직 탐험하지 못한 섬과 같아서 나의 이상스런 사모와 호기심이 흰 돛폭을 폈다. 걸음은 부르지 않는 그에게로 스스로 옮기어지는 것이었다. 그의 관심이 내게로 향해 오지 않는 것이 도리어 그의 초월超越한 일과를 신비롭게 보이게 하는 것이었

---

* 상가롭다: 조심하거나 경계하지 않고 평온스럽다.

다. 아침에 이마를 든 해바라기 꽃은 오로지 태양을 향해 돌거니와 이이는 뉘를 향해 보이지 않는 백금 원주를 고요히 걷느뇨?

회의증懷疑症스런 발은 다시 멈칫하였다. 호기심은 역시 거리를 두고 수줍게 펴고 있었다. 그의 큰 몸은 무슨 말없는 큰 교훈과 같아서 가까이 범하기는 좀 위엄성스러운 까닭이었던지. 보기 좋게 갈라지는 밤빛 수염은 바람을 맞이한 무성한 풀의 사면斜面과 같이 황홀하였다. 그날의 나는 금단추 다섯 개 단 제복의 햄릿이었다. 한낮에 만난 흑장의黑長衣들은 '왕' 앞으로 더 가까이 가자 얼굴이 마주 비치자! 눈이 하나 없다.

외눈박이 프랑스 신부는 우울한 환멸의 존재로 섰을 뿐이었다.

약간 머리를 숙여 건조한 예의를 표하고 그의 앞을 바람을 헤치며 지나갔다.

날 듯한 고딕 성당은 오늘도 높구나! 기폭을 떼인 마스트 같은 첨탑! 어루만질 수 없고 폭 안길 수도 없는 '거대'한 향수여! 뒤로 돌아 깎아 올라간 둥근 돌기둥 그늘진 구석으로 들어가 앞길에 비를 내어다보는 나그네처럼 화강석 차디찬 피부에 뺨을 부비고 있었다.

며칠 뒤, 미스 R은 제비집과 함께 붙이고 있는 나의 이층을 찾아왔었다.

"〈킹 오브 킹즈〉 초대권 가지고 왔습니다."

감사한 인사를 하기보다 성급한 나의 자랑은
"당신네 교회 가 봤지요. 그 프랑스 신부 눈이 하나 없습디다그려."
"눈이 하나 없다니요?"
"외눈이에요 외눈!"
"잘못 보셨지요."
수선스런 나의 쾌활은 겸손한 냉정에 그날도 스스로 시들어지고 말았다.
"초대권이에요? 고맙습니다."
나의 시각은 정오 가까이 한창 지줄대는 도시 위에 떠오른 기구氣球의 글자를 읽었다.

다음 주일 아침 미사로부터 풀려나와 비둘기같이 설레는 신자들 틈에 나도 섞이었다. 길들지 않은 외톨 산비둘기의 날개는 조화롭지 않았다. 미스 R과 아침 인사를 바꾸자 가벼운 긴장을 느끼었다. 나의 시각의 틀림없음을 요행히 기대하며 성당 입구를 바라보고 있었다. 조그만 산처럼 옮기어오는 프랑스 신부가 보이자 나의 자중自重은 제재를 잃어 용감한 권투선수처럼 앞으로 다가 나갔다. 이는 틀림없는 눈이 둘이다!
수풀 속으로 내어다보는 죄고만 호수 같은 눈이 둘이 온다. 천국이 바로 비치는 순수한 렌즈에 나의 몸새는 한낱 헤매는 나비이

더뇨?

　　미스 R은 얼굴이 함폭 미소로 피었다. 나의 이른 아침 부끄럼은 가벼이 상혈上血하였다.

　　"신부님, 저하고 한나라에서 온 분이십니다."

　　"신자시오?"

　　"아직은 …… 아니세요."

　　말 모르는 포로처럼 나는 가슴에 달린 단추를 돌리고 있었다.

소묘 2

"오빠 청산학원이십니까?"

"네 청산학원입니다."

"집에 오빠는 효성중학이에요."

그 아이는 망토 자락으로 감추다시피 한 P의 단추를 벌써 눈여겨 두고 어린아이답게 첫인사를 붙이는 것이었다.

"오빠는 대학부시군요."

P는 '네' 하는 응답은 생략하여 버렸다.

우월감이 아주 압복된 대화에는 솟아나오는 웃음이 아닌 웃음으로 말 뒤를 흐려 버리는 것이 예例이다.

대학부가 무슨 수치가 되랴. 그러나 K시 가톨릭교회에 발을 디디기 비롯하여 인사도 없이 얼굴을 익혀 가는 그들 틈에서 P의 프로테스탄트는 잘 벗어지지 아니하는 모양새 다른 작은 신발이었다.

남의 눈에 주눅이 들리고 차차 색다른 부끄럼을 배워 가던 까닭이다.

그 아이의 오빠 부름은 조금도 번잡스럽게 속되지 않았다. 이 나라 그리스당* 소녀의 미덕을 보았음이다.

조그마한 손으로 차반을 옮기고 따르고 하는 것이 그 아이에게는 힘에 하나 차는 큰 잔치일이라 어른의 귀염성 없는 작법에서 나온 것도 아니요 아주 자연스런 유희이었다.

따라 주는 이른 아침 차는 겨우 쓴맛에 지나지 않았다. 아직까지도 도무지 절차를 이해할 수 없던 미사의식의 신엄神嚴한 압박에서 벗어나온 P는 가벼운 구갈口渴과 같은 것을 느끼었다. 쓰디쓴 맛을 씹는 것은 어린아이에서 쫓기어나고 어른의 경험에 들어서기 전 P의 초조가 어떠한 '반성'을 반추하는 고적한 동작이었다.

찾아내야 할 '일과'를 아주 잃어버린 그에게는 그날 아침 한창 찬거리를 얻어 왔으니, 그 아이는 '가톨릭교회 비둘기'라고 돌아와서 이야기하였다.

'가톨릭교회 비둘기'란 칭찬이 어찌하여 S의 옆으로 보는 뺨에 가벼운 질투를 반영하였더뇨?

질투란 것은 얼굴에 내리는 궂은 날씨라 웃어도 바로 태양이 되지 않았다.

---

* 크리스천.

"참 비둘기 같지요 깜찍도 하게."

S의 귓밥에는 귀걸이 하였던 바늘귀만 한 흔적— 국경 압록강 근처에서 어린아이 적에 하는 풍속이라고 S는 말하였다 — 이 그날 아침에는 두 뺨을 모두 차지하여 허무한 큰 소라 속만 하게 보이었다.

"교회는 모두 매한가지지. 자기 신앙만 가지고 있으면 그만이지요."

"인젠 그 자기 신앙에 몹시 고달팠소."

"가톨릭만 신앙이에요?"

"……."

"개성 없는 신앙이 무엇하오? 자유 없는!"

그는 왜 침묵하였더뇨? 일체에 피로한 그에게는 '자유'도 주체할 수 없이 구기어진 옷자락이었다. '우울'은 일종 '오해'로 해석하려 하였다. S와의 사이도 단순한 '우정'으로 해석하자. 가장 가까이 마주 대한 두 언덕 위에 서자. 다만 그 사이에 시퍼런 뛰어넘지 못할 심연을 닉닉히* 들여다보자. 가장 자유로운 그리스도 교도의 해석을 그는 취한 것이다.

그리스도가 그어 놓으신 심연을 신앙하였다. 그러나 몇 번이나 그는 언덕에서 현훈眩暈을 느끼었을까? 뛰어넘으면 넘는다. 넘고 아니 넘은 것은 하여간 27세 적 P는 가엾은 양심을 길렀다. 그것은

---

* 닉닉하다: 비위에 거슬리는 느낌이 있다.

안으로 안으로 기어드는 작은 새로서 길 위에 떨어트려 없이할까 하면 안으로 안으로 깃드는 것이었다.

"하여간 오늘은 좀 돌아다닙시다."

"가만히 드럽드리고* 있으면 쓸데없이 회의만 생겨요."

아무것도 그리지 못한 그들의 '일과' 페이지는 결국 그날 오후 6월 해를 함폭 빨아들인 큰 거리로 퍼졌다.

때리면 대리석 소리 날 듯한 푸른 하늘이었다.

두르는 단장에 적막한 희랍적 쾌활이 가다가 일어서고 가다가 멈추고 하면서…….

작자는 더 적고 싶어 싶어 하는 버릇이 있다.

성당 안 제대祭臺 앞에는 성체등이 걸려 있다.

켠 불이, 고요히 기도하는 중에 보이는 것이니, 한낮에도 신비롭게 커졌다 작아졌다 할 때 거리에는 무수한 희랍적 쾌활이 일어섰다 수그러졌다 하는 것이다. 그것은 기적이 아니므로 커졌다 작아졌다 보아도 좋고 그렇게 안 보아도 무방하다. 이는 성체등도 철저한 책임은 사양할 것이니, 다만 지성한 옥좌를 비추는 영원한 붉은 별이므로.

---

* '들어 엎드리고'의 준말인 듯.

소묘 3

원圓락*을 줍는다. 산뜻하고도 쾌활한 유행어를 그대로 직역하듯이 우리는 올라탔다.

이 중에는 말 타기 노새 타기를 욕심하는 이는 하나도 없다.

붉은 우체통 옆에서 비 맞고 전차 기다리기란 무슨 초라한 꼴이랴!

서울 태생은 모름지기 원락을 타라.

손쉽게 들어온 쉐보레 한 대로 우리는 왕자연王子然하게 그날 오후의 행복을 꽃다발 묶어들 듯하였다.

"타는 맛이 다르지?"

"포드는 더 낫지!"

"무슨? 쉐보레가 제일이야!"

---

* 1원을 내고 얻는 즐거움. 그 당시 택시 요금이 1원이었던 것 같다.

젖은 아스팔트 위로 달리는 기체機體는 가볍기가 흰 고무 볼 한 개였다.

"순사만 세워 두고 싶지?"

"다른 사람은 모두 비켜나게 하구!"

"하하 ……."

붉은 벽돌 빌딩들이 후루룩 떨고 일어서고 일어서고 한다.

"남대문통을 지나는 시민 제씨 탈모!"

청제비 한 쌍이 커브를 돌아 스치고 간다.

유리쪽에 날벌레처럼 모여드는 빗낱이 다시 방울을 맺어 미끄러진다.

우리들의 쉐보레는 아주 눈물겹게 일심으로 달린다.

C인쇄공장 정문에 들어서면서 박쥐우산 날개를 차곡 접어들고 교정실 문을 열 때는 모자를 벗고 테이블에 둘러앉아서 유리잔에 찬물을 마셨다. 이리하여 우리들의 다만 십 분간의 사치는 활주하여 버리고 결국 남대문 큰 거리를 지나온 한 시민이었다.

얼마 안 있어 교정 거리가 들어왔다.

활자 냄새가 이상스런 흥분을 일으키도록 향기롭다. 우리들의 시가 까만 눈을 깜박이며 소곤거리고 있다. 시는 활자화한 뒤에 훨씬 효과적이다. 시의 명예는 활자 직공에게 반분하라. 우리들의 시는 별보다 알뜰한 활자를 운율보다 존중한다. 윤전기를 지나기 전

시는 생각하기에도 촌스럽다. 이리하여 시는 기차로 항로로 항공우편으로 신호와 함께 흩어져 나는 군용구軍用鳩처럼 날아간다.

"시의 라디오 방송은 어떨까?"

"저속한 성악과 혼동되기 쉽다."

"시의 전신 발송은 어떨까?"

"전보 시!"

"유쾌한 시학이나 전보 시!"

돌아올 때는 B정町 네거리에서 회색 버스를 탔다.

얼마나 허울한 내부인지 확실히 벼룩이 하나 크게 뛰었다. 사나운 말갈기를 훔켜잡듯이 하고 심한 동요에 걸되었다.*

우리는 약속한 듯이 침묵하였다. 표정 없는 눈은 아무 곳도 아닌 곳 한가운데로 모여 지난 엿새 동안에 제각기 맡은 '영혼의 얼굴'을 살펴보는 것이다.

토요일 오후 다음 날은 주일. 일곱 시 반 저녁 삼종三鐘**이 울기 전까지는 이 영혼의 얼굴의 개이고 흐리고 하였던 윤곽을 또렷하게 암기하여 두었다가 풀 데 가서 풀어야 한다. 그러므로 이 헐벗은 버스 안에 남은 짧은 시간을 이용하기에 골몰하였다.

---

* 걸되다: 몹시 힘들다.
** 삼종 기도: 성자와 성모를 공경하는 뜻으로 아침·낮·저녁에 종을 세 번 칠 때마다 드리는 기도.

저쪽으로부터 떠들썩하게 정답게 인사하는 친구여 흔히 이 검소한 버스 안에서 우리가 새초롬하게 보일 때가 있거든, 우리 얼굴 안에 또 있는 얼굴에 우리 얼굴이 파묻힐 때가 있어서 정다운 그대 얼굴이 들어온 줄을 혹 깨닫지 못함이니 깊이 용서하오.

대성당에 들어설 때는 더욱 엄숙하게도 냉정하여진다.

몇 시간 동안 우리들의 쾌활한 우정도 신 벗듯 하고 일체의 언어도 희생하여 버린다. 성수반聖水盤으로 옮겨 가서 거룩한 표를 이마로부터 가슴 아래로 다시 두 어깨까지 그은 뒤에 호흡이 계속한다면 그것은 오로지 육체를 망각한 영혼의 숨소리뿐이다.

성체등의 붉은 별만 한 불은 잠잘 때가 없다. 성체합 안에 숨으신 예수는 휴식이 없으시다는 상징으로.

성당 안에 들어오면 어찌하여 우리는 죽기까지 부끄러운 죄인이면서 또한 가장 영광스런 기사적 무릎을 꿇느뇨?

성당 안에 들어오면 우리의 목표는 혹은 어느 곳에서든지 어느 때든지 영원한 목표와 예배하는 방향은 어데이뇨?

누구든지 우리들이 된 후에는 스스로 깨달으리라.

다시 고해소로 옮길 때에는 이 큰 고딕 건물이 한편으로 옴쳐오는 듯이 우리의 동작으로는 더할 수 없는 조심성과 겸손과 뉘우침을 다하여 걷는다.

옷이 오래되면 때 묻음도 할 수 없는 사정이오 따라서 깨끗이

빪음도 자연한 순서이므로 고해소에서 일어 나올 때는 결코 신경적이 아닌 순수한 이성의 눈물과 함께 투명한 해저를 여행하고 나온 듯이 신비로운 평화의 산홋가지를 한 아름 안고 나온다.

들어갈 때와 마찬가지로 역시 성수를 통하여 성당에서 나왔다.

비가 다시 쏟아진다.

완전히 초자연적 목욕을 마치고 난 뒤라 언덕에 오른 물새처럼 돌기둥 옆에 숨어 서서 곱게 씻긴 날개를 아끼듯 쓰다듬듯 하였다.

우리들의 하나인 C도 성당에서 나와선 옆에 나란히 선다.

"비가 그칠 것 같지 않군!"

"글쎄."

종잇장만치 투명한 곳이 군데군데 있는가 하면 검은 구름이 파도쳐 옮겨 오는 것이 쳐다보인다.

우리는 박쥐우산을 폈다.

우산 하나로는 둘의 몸을 오롯이 가릴 수 없다. 그러나 이만만해도 그리스도적 우정만은 젖지 않게 할 수 있게 한 그늘 안에서 걸어 나섰다.

거리에는 불이 켜졌다.

서로 밤의 평화를 축복하며 우산 그늘 안에서 헤어졌다.

이리하여 오늘 하루는 하루대로 마치고 다음 날 창에 구름 위 푸른 하늘과 함께 밝아올 주일을 맞이하기 위한 그리스도적 신부新

婦의 조심스런 보금자리에도 불이 각각 기다리고 있다.

소묘 4

밤

 우리 서재에는 좀 고전스런 양장 책이 있을 만치보다는 더 많이 있다고, 그렇게 여기시기를.

 그리고 키를 꼭꼭 맞춰 줄을 지어 엄숙하게 들어 끼어 있어 누구든지 꺼내어 보기에 조심성스런 손을 몇 번씩 들여다보도록 서재의 품위를 우리는 유지합니다. 값진 도기陶器는 꼭 음식을 담아야 하나요? 마찬가지로 귀한 책은 몸에 병을 지니듯이 암기하고 있어야 할 이유도 없습니다. 성서와 함께 멀리 떼어 놓고 생각만 하여도 좋고 엷은 황혼이 차차 짙어갈 제 서적의 밀집부대 앞에 등을 향하고 고요히 앉았기만 함도 교양의 심각한 표정이 됩니다. 나는 나대로 좋은 생각을 마주 대할 때 페이지 속에 문자는 문자끼리 좋은 이야기를 이어 나가게 합니다. 숨은 별빛이 얼키설키듯이 빛나는 문자끼리의 이야기……. 이 귀중한 인간의 유산을 금자金字로 표장

表裝하여야 합니다.

레오 톨스토이(그 사람 말을 잡아 피를 마신 사람!)가 주름살 잡힌 인생관을 페이지 속에서 설교하거든 그러한 책은 잡초를 뽑아내듯 합니다.

책이 뽑히어 나온 빈 곳 그러한 곳은 그렇게 적막한 공동空洞이 아닙니다. 가여운 계절의 다변자多辯者 귀뚜리 한 마리가 밤샐 자리로 주어도 좋습니다.

우리의 교양에도 가끔 이러한 문자가 뽑히어 나간 공동 안의 빈 하늘이 열리어야 합니다.

어느 겨를에 밤이 함폭 들어와 차지하고 있습니다. "밤이 온다." 이러한 우리가 거리에서 쓰는 말로 이를지면 밤은 반드시 딴 곳에서 오는 손님이외다. 겸허한 그는 우리의 앉은 자리를 조금도 다치지 않고 소란치 않고 거룩한 신부의 옷자락 소리 없는 걸음으로 옵니다. 그러나 큰 독에 물과 같이 충실히 차고 넘칩니다. 그러나 어쩐지 적막한 손님이외다. 이야말로 거대한 문자가 뽑히어 나간 공동에 임하는 상장喪章이외다.

나의 걸음을 따르는 그림자를 볼 때 나의 비극을 생각합니다. 가늘고 긴 희랍적 슬픈 모가지에 팔굽이를 감아 봅니다. 밤은 지구를 따르는 비극이외다. 이 청징하고 무한한 밤의 모가지는 어드메쯤 되는지 아무도 안아 본 이가 없습니다.

비극은 반드시 울어야 하지 않고 사연하거나 흐느껴야 하는 것이 아닙니다. 실로 비극은 묵默합니다.

그러므로 밤은 울기 전의 울음의 향수요 움직이기 전의 몸짓의 삼림森林이요 입술을 열기 전 말의 풍부한 곳집이외다.

나는 나의 서재에서 이 묵극默劇을 감격하기에 조금도 괴롭지 않습니다. 검은 잎새 밑에 오롯이 눌리기만 하면 그만이므로. 나의 영혼의 윤곽이 올빼미 눈자위처럼 똥그래질 때입니다. 나무 끝 보금자리에 안긴 독수리의 흰 알도 무한한 명일을 향하여 신비론 생명을 옴치며 돌리며 합니다.

설령 반가운 그대의 붉은 손이 이 서재에 조화로운 고풍스런 램프 불을 보름달만 하게 안고 골방에서 옮겨올 때에도 밤은 그대 불의의 틈입자에게 조금도 황당하지 않습니다. 남과 사귐성이 찬란한 밤의 성격은 순간에 화원花園과 같은 얼굴을 바로 돌립니다.

소묘 5

램프

　램프에 불을 밝혀 오시오 어쩐지 램프에 불을 보고 싶은 밤이외다.

　하얀 갓이 연잎처럼 아래로 수그러지고 다칠세, 끼워 세운 등피 하며 가지가지 맵시가 모두 지금은 고풍스럽게 된 램프는 걸려 있는 이보다 앉은 모양이 좋습니다.

　램프는 두 손으로 받쳐 안고 오는 양이 아담합니다. 그대 얼굴을 농담이 아주 강한 옮겨 오는 회화로 감상할 수 있음이외다. 딴 말씀이오나 그대와 같은 미美한 성性의 얼굴에 순수한 회화를 재현함도 그리스도교적 예술의 자유이외다.

　그 흉측하기가 송충이 같은 석유를 달아 올려 종이 빛보다도 고운 불이 피는 양이 누에가 푸른 뽕을 먹어 고운 비단을 낳음과 같은 좋은 교훈이외다.

　흔히 먼 산모롱이를 도는 밤 기적이 목이 쉴 때 램프 불은 적은 무리를 둘러쓰기도 합니다. 가련한 코스모스 위에 다음 날 찬비가 뿌리리라고 합니다.

마을에서 늦게 돌아올 때 램프는 수고롭지 아니한 고요한 정열과 같이 자리를 옮기지 않고 있습디다.

마을을 찾아 나가는 까닭은 막연한 향수에 끌리어 나감이나 돌아올 때는 가벼운 탄식을 지고 오는 것이 나의 일지日誌이외다. 그러나 램프는 역시 누구 얼굴에 향한 정열이 아닌 것을 보았습니다.

다만 흰 종이 한 겹으로 이 큰 밤을 막고 있는 나의 보금자리에 램프는 매우 자신 있는 얼굴이옵디다.

전등은 불의 조화造花이외다. 적어도 등불의 원시적 정열을 잊어버린 가설架設이외다. 그는 위로 치오르는 불의 혀 모양이 없습니다.

그야 이 심야에 태양과 같이 밝은 기공技工이 이제로 나오겠지요. 그러나 삼림에서 찍어 온 듯 싱싱한 불꽃이 아니면 나의 성정은 그다지 반가울 리 없습니다.

성정이란 반드시 실용에만 기울어지는 것이 아닌 연고외다.

그러므로 예전에 아씨시오 성 프란체스코는 위로 오르는 종달새나 아래로 흐르는 물까지라도 자매로 불러 사랑하였으나 그중에도 불의 자매를 더욱 사랑하였습니다. 그의 낡은 망토 자락에 옮겨 붙는 불꽃을 그는 사양치 않았습니다. 비상히 사랑하는 사랑의 표상인 불에게 헌 베 조각을 아끼기가 너무도 인색하다고 하였습니다.

이것은 성인의 행적이라기보다도 그리스도교적 poesie*의 출발이외다.

램프 그늘에서는 계절의 소란을 듣기가 좋습니다. 먼 우레와 같이 부서지는 바다며 별같이 소란한 귀뚜리 울음이며 나무와 잎새가 떠는 계절의 전차戰車가 달려옵니다.

창을 사납게 치는가 하면 저윽이 부르는 소리가 있습니다. 귀를 간조롱이** 하여 이 괴한 소리를 가리어 들으렵니다.

역시 부르는 소리외다. 램프 불은 줄어지고 벽시계는 금시에 황당하게 중얼거립니다. 이상도 하게 나의 몸은 마른 잎새같이 가벼워집니다.

창을 넘어다 보나 등불에 익은 눈은 어둠 속을 분별키 어렵습니다. 그러나 역시 부르는 소리외다.

램프를 줄이고 내어다 보면 눈자위도 분별키 어려운 검은 손님이 서 있습니다.

"누구를 찾으십니까?"

만일 검은 망토를 두른 촉루髑髏***가 서서 부르더라고 하면 그대는 이러한 불길한 이야기는 기피하시라.

---

* 시적인 정취.
** 가지런히.
*** 해골.

덧문을 굳이 닫으면서 나의 양식은 이렇게 해설하였습니다.

죽음을 보았다는 것은 한 착각이다.

그러나 '죽음'이란 벌써부터 나의 청각 안에서 자라는 한 항구한 흑점이외다. 그리고 나의 반성의 정확한 위치에서 내려다보면 램프 그늘에 차곡 접혀 있는 나의 육체가 목이 심히 말라 하며 기도라는 것이 반드시 정신적인 것보다도 어떤 때는 순수히 미각적인 수도 있어서 쓰디쓰고도 다디단 이상한 입맛을 다십니다.

"천주의 성모 마리아는 이제와 우리 죽을 때에 우리 죄인을 위하여 빌으소서 아멘."

수수어* 1-1

    한가로워 한가로워 글이나 쓰겠다는 이가 부러울 리 없으나 바빠서 바빠서 창을 밝히고 자리를 안존히 할 겨를이 없어 붓대를 친할 수 없음이 섭지 않으랴.

    하도 바빠 초서를 쓰기 어렵다는 말이 있으니 초서도 본시 급한 때 빨리 쓰기 위한 글씨가 아니리라. 구르는 바퀴를 따라 붓이 또한 달릴 수 있다면 희한히 좋을 것이로되 줄을 바르게 세로 긋고 가로 치고 칸칸에 또박또박 한 자씩 써 굽어보면 뛰어들까 싶지도 않아 벅차기가 호수와 같다. 글이란 원래 한 가지도 능한 것이 없는 선비가 쓰는 것이런가. 어떤 소설가의 말에 자기는 평생에 일꾼이 무거운 돌을 옮기듯이 문자를 날랐노라고 하였거니 그이쯤 늙고 격

---

* '愁誰語'는 '누구에게 근심을 이야기하랴'라는 뜻이다.

을 이루어야 그러한 말이 있을 만하다고 높이 보았다. 그도 글만 쓰게 된 편한 사람의 말이지 이 신산한 살림살이에 얽매여 어찌 그러하기를 바라리. 한갓 그래지이다 바랄 수 있다면 어느 때 어느 곳에서든지 러시아워 전차 속에서나 황혼을 싣고 돌아가는 버스 안엘지라도 마음의 풍요한 꽃봉오리가 이울지* 않아 글로 다만 한 줄이라도 옮기어지기만 하면 족하다. 짧은 글을 소홀히 할 자이 누구냐. 짧을수록 엄격하기 방문方文에 질 배 있으랴. 나도 늙어 맑고 편히 살으리라. 두보와 같이 술을 빚어 마시리라. 봄비에 귤나무를 옮겨 심으리라. 손을 씻고 즐거운 글을 쓰리라.

---

* 이울다: 시들다, 쇠약해지다.

수수어 1-2

아스팔트

걸을 양이면 아스팔트를 밟기도 한다. 서울 거리에서 흙을 밟을 맛이 무엇이랴.

아스팔트는 고무 밑창보다 징 한 개 박지 않은 우피 그대로 사폿사폿 밟아야 쫀득쫀득 받치는 맛을 알게 된다. 발은 차라리 다이아처럼 굴러간다. 발이 한사코 돌아다니자기에 나는 자꾸 끌린다. 발이 있어서 나는 고독치 않다.

가로수 이파리마다 발발潑潑하기* 물고기 같고 유월 초승 하늘 아래 밋밋한 고층 건축들은 삼나무 냄새를 풍긴다. 나의 파나마**는 새파랗듯 젊을 수밖에. 가견家犬, 양산, 단장 그러한 것은 한아閑雅한 교양이 있어야 하기에 연애는 시간을 심히 낭비하기 때문에

---

* 물고기처럼 팔팔한 모양.
** 여름에 쓰는 파나마모자.

나는 그러한 것들을 길들일 수 없다. 나는 심히 유창한 프롤레타리아트! 고무 볼처럼 퐁퐁 튀기어지며 간다. 오후 네 시 오피스의 피로가 나로 하여금 궤도 일체를 밟을 수 없게 한다. 장난감 기관차처럼 장난하고 싶구나. 풀포기가 없어도 종달새가 내려오지 않아도 좋은, 폭신하고 판판하고 만만한 나의 유목장 아스팔트! 흑인종은 파인애플을 통째로 쪼개어 새빨간 입술로 쪽쪽 들이켠다. 나는 아스팔트에서 조금 비껴 들어서면 된다.

탁! 탁! 튀는 생맥주가 폭포처럼 싱싱한데 황혼의 서울은 갑자기 팽창한다. 불을 켠다.

수수어 1-3

항구에 자옥이 내려앉은 아침 안개나 유목장 위에 면양 떼와 노니는 흰 구름이나 그러한 빛이 곱다. 그보다도 요염하기는 한아하게 고리를 지어 오르는 마도로스파이프에 타는 지삼이* 연기 빛이 아니냐.

일전에 체신국에 다니는 친구 하나이 만듦새 참한 파이프를 가졌기에 알고 보니 토이기** 제품일러라. 입술 닿는 데만 검은 뿔로 되고 나뭇결과 빛깔이 진득이 고운 품이 감람기름에 절어 나온 듯하더라.

회회 돌려 속을 빼 보니 새처럼 창자가 장치되어 있다. 니코틴을 거르기 위한 기공일러라. 십자군과 항쟁하여 성지나 점령하고

---

* 칼로 썬 담배.
** 터키.

희랍 사람과 원수나 짓는 마호메트교 토이기도 이런 아기자기한 공예가 있구나 했다. 허나 그것은 귀에 끼울 정도의 물부리에 지나지 않았다. 사나이는 역시 고부장하고 뚱뚱하고 완만스럽고 익살맞은 골통대가 어울리는 것이라 고불고불한 창자가 장치된 토이기제 마도로스파이프 불시로 갖고 싶더라. 알코올이 없는 술 혹은 '홉'의 원료가 조금도 없는 순수한 비루*란 생각할 수 없는 일이나 니코틴이 아주 걸러져 나와 빛깔과 향취가 더욱 더욱 세련되어 니코틴이 아주 없는 순수한 담배연기 흰 나리꽃 같은 정조를 담은 청춘을 아무리 그슬리려야 그슬릴 수 없을 것이요 샤를 보들레르적 생리를 완전히 극복한 신경엔 달밤에 젖은 안개같이 아늑하리라. 붉은 입술에 걸어 둘 만하고 옷가슴에 한 떨기 꽃을 만하고 벽화로 옮겨가 구름이 될 만하고 프로테스탄트 목사님들이 성서 문제에까지 확충시킬 리도 없으리라.

  토이기제 마도로스파이프를 어기뚱 물고 포도鋪道로 나가리라. 다만 담배를 피운다는 구실만으로 유쾌할 것이요 일체 무관한 스캔들에 자신을 얻을 것이요 보신각 바로 옆에서 백주에 월남月南 이 선생을 만나 끄떡 한 번 하고 폭폭 피우며 지나갔다.

  파라솔을 가지지 않으려거든 파이프를 물어라 혹은 연蓮대 자

---

* 네덜란드어 bier(맥주)의 일본식 발음.

른 듯한 파이프를.

무실한 흡연에 화려한 방종! 청춘과 교양을 맡은 구역에서 가질 만하려니.

그대들의 그림자가 3년 안에 어느 골목으로 사라질지 모를 바에야!

평퐁 알을 얼마나 많이 넘기기보다 파이프 연기 고리를 얼마나 많이 공중에 걸어 둔다는 것은 좋은 시합이기도 할 것이라. 학과가 마치인 후 담장이 기어 올라간 벽돌을 의지하여 모두 포싹포싹 피운다든지 경기병輕騎兵이 지나가는 오토바이가 달리는 플라타너스 푸른 잎새가 무성한 아스팔트 위로 제복을 벗은 오후 고운 크림 빛 원피스 산산한 맛에 가장 무심하게 가장 근신勤愼스럽게 흰 연기 꼬리를 남기며 지날 만도 하려니 대개 사감舍監을 슬프게 하는 것은 이러한 화려한 말괄량이 짓에 있고 사감의 슬픈 임무도 또한 언제든지 적절한 것이다. 그러나 화려한 것이란 흔히 슬픈 것이어니 5월 모란이 화안히 피고 개인 날 창마다 훨적 열어 놓고 앉아도 혹은 사분사분 걸어도 어쩐지 슬픔이 따르지 않던가. 연기는 마침내 공허하기 연기에 지나지 않은지라. 옥토끼같이 겁 많은 눈에 설지 않은 눈물을 자극하는 외에 무슨 의미가 있으랴. 설지 않은 시초가 눈 비비는 동안에 아이아이 내처 울게도 되는 것이라 한창 피기 전후에는 무슨 구실을 만들어서라도 울고 싶지 않았던가. 그러기에 돌연히 탈선한 난亂박자로 피아노를 발작시키기도 하고 G선을 부욱 부욱 할퀴다시피 하여 원작자를 도리어 놀라게 하는 때도 있다.

수수어 1-4

노인과 꽃

　　노인이 꽃나무를 심으심은 무슨 보람을 위하심이오니까. 등이 굽으시고 숨이 차신데도 그래도 꽃을 가꾸시는 양을 뵈오니, 손수 공들이신 가지에 붉고 빛나는 꽃이 맺으리라고 생각하오니, 희고 희신 나룻이나 주름살이 도리어 꽃답도소이다.
　　나이 이순을 넘어 오히려 여색을 기르는 이도 있거니 실로 누陋하기 그지없는 일이옵니다. 빛깔에 취할 수 있음은 빛이 어느 빛일는지 청춘에 맡길 것일는지도 모르겠으나 쇠년衰年에 오로지 꽃을 사랑하심을 뵈오니 거룩하시게도 정정하시옵니다.
　　봄비를 맞으시며 심으신 것이 언제 바람과 햇빛이 더워 오면 고운 꽃봉오리가 촛불 켜듯 할 것을 보실 것이매 그만치 노래老來의 한 계절이 헛되이 지나지 않은 것이옵니다.
　　노인의 고담한 그늘에 어린 자손이 희희戱戱하며 꽃이 피고 나무와 벌이 날며 잉잉거린다는 것은 여년과 해골을 장식하기에 이렇듯 화려한 일이 없을 듯하옵니다.

해마다 꽃은 한 꽃이로되 사람은 해마다 다르도다. 만일 노인 백세후에 기거하시던 창호가 닫히고 뜰 앞에 손수 심으신 꽃이 난만할 때 우리는 거기서 슬퍼하겠나이다. 그 꽃을 어찌 즐길 수가 있으리까. 꽃과 죽음을 실로 슬퍼할 자는 청춘이요 노년의 것이 아닐까 합니다. 분방히 끓는 정염이 식고 호화롭고도 홧홧한 부끄럼과 건질 수 없는 괴롬으로 수놓은 청춘의 웃옷을 벗은 뒤에 오는 청수하고 고고하고 유한하고 완강하기 학과 같은 노년의 덕으로써 어찌 죽음과 꽃을 슬퍼하겠습니까. 그러기에 꽃의 아름다움을 실로 볼 수 있기는 노경에서일까 합니다.

멀리 멀리 나 땅 끝에서 오기는 초뢰사初瀨寺의 백목단 그중 일점一點 담홍빛을 보기 위하여.

의젓한 시인 폴 클로델은 모란 한 떨기 만나기 위하여 이렇듯 멀리 왔더라니, 제자 위에 붉은 한 송이 꽃이 심성의 천진과 서로 의지하며 즐기기에는 바다를 몇씩 건너온다느니보다 미옥美玉과 같이 탁마된 춘추를 지니어야 할까 합니다.

실상 청춘은 꽃을 그다지 사랑할 바도 없을 것이며 다만 하늘의

별, 물속의 진주, 마음속에 사랑을 표정하기 위하여 꽃을 꺾고 꽂고 선사하고 찢고 하였을 뿐이 아니었습니까. 이도 또한 노년의 지혜와 법열을 위하여 청춘이 지나지 아니치 못할 연옥과 시련이기도 하였습니다.

오호 노년과 꽃이 서로 비추고 밝은 그 어느 날 나의 나룻도 눈과 같이 희어지이다 하노니 나머지 청춘에 다이* 설레나이다.

---

* 유달리, 제법.

수수어 2-1

밤 열한 시를 넘어 돌아오게 되니 집사람이 이르기를 적선동 형 馨이가 저녁 여섯 시에 자기 사관으로 부디 와 달라는 말을 남기고 갔다고 한다. 저를 내가 아는 터에 제가 부르는 까닭을 내 모를 리 없다. 하도 서운하여 그렇다면 낮에 미리 전화로 기별을 하여 주었다면 퇴근길에 달리 새지 않고 제한테로 갈 것인데, 허나 야심한 뒤 단칸방을 찾아가는 수가 없다. 넥타이를 풀자 이내 코를 골았다는 것은 다음 날 지천* 삼아 들은 말이나, 이왕 집안 별명 '수염 난 갓난이' 대접을 받을 바에야 잠도 그쯤 들어야 할 것이 아닌가.

품品이 좋은 것으로 한 되쯤으론 택시 신세를 혹시 지우지 않을사 한데 그것은 양量의 소질로 의논할 바이요 남은 것은 격을 높

---

* 지청구(꾸지람)의 방언.

일 것이며 분별을 기를 것이라. 애당초 섞이어 쓸 축이 있고 얼리지 못할 패가 있다. 자리를 먼저 보기를 지관地官과 같이 문서가 있어야 할 것이라. 옷깃을 저사코* 풀지 않을 것이요 마음과 웃음은 풀 것이로되 입은! 아니, 입은 풀지라도 말을 함부로 풀 수 없는 일이라. 실상 이 놀음이란 홀로 풀지 않아도 못 쓰려니와 또는 그리해도 못 쓰는 것이다. 요컨대 끝까지 선인善人의 잔치인지라 그러한 자신이 없이는 이 자리에 앉지 못하리라. 혹시 스스로 얽히고 맺히어 풀지 못할 심질心疾이 있는 자는 모름지기 소심스러이 배우면 효效를 얻을 것이나 필경 보제補劑로 마시는 외에 지나지 못할지며 태생이 어리석은 자는 흉악한 야수처럼 되어 화를 국가에 끼칠 것이요 간교한 무리는 이 복된 음식을 시정으로 끌고 다니며 이욕을 낚는 미끼로 쓰니 복된 음식이 흔히 노발하여 불측한 죄를 내릴 수 있다. 진흙에 쓰러지고 입술을 서로 바꾸던 자리에 도리어 치고 이를 가는 저주를 받지 않았던가. 붓이 어찌 이리 딴 길로 헤매는 것이냐.

다음 날 저녁에는 형이 부르지 않을지라도 자진하여 가려고 한 것이 역시 달리 길이 열리어 시각을 놓치고 말았다. 집사람이 또 이르기를 형이가 또 왔다 갔다는 것이다. 고맙구나. 추위로 들어서 처음 눈다운 눈이 쌓인 날이 어제다. 순한 집 개도 눈이 오면 좋아라

---

* 결사코.

동무를 찾아 나가는데 형이도 눈에는 견딜 수 없었던 것이지. 말이 적은 형이는 고독하면 무엇인지 모를세라 씩씩 맞는 버릇이 있다.

다음 날 저녁 여섯 시에는 어김없이 대어 갔더니 즐겁지 않으랴 셋이 고스란히 기다리고 있었구나. 두 내외와 일승병一升甁이. 병이 소허少許 덜리었기에 연고를 물었더니 그대로 두고 보며 기다리기란 과연 양난兩難한 일이더라고. 기껏해야 두 홉쯤 줄었으니 천하에 무슨 명목으로 이를 치죄할 줄이 있으랴. 대추를 감춘 광에 쥐를 두고 적선함이 옳을지로다.

이윽고 형의 애인이 모르는 듯 일어 나가 칼이 도마에 내리는 소리가 기름불과 함께 조용조용스럽더라.

수수어 2-2

    간肝회와 개성 찜이 나수어 왔다. 병 속에서 고이 기다리던 맑고 빛나는 '품品'이 별안간 부피이 부풀어 오르는사 싶다. 이것은 무슨 적의에 가까운 짓이냐 혹은 원래 호연한 덕을 갖춘지라 애애靄靄한* 보람을 미리 견디지 못함이런가. 정히 그럴진대 기어 나오랴. 그대를 어찌 기게 하랴. 내 은배銀杯로 너를 옮기리라. 거뜬히 들어 너의 덕을 기릴 양이면, 오호 덕이 높은 자는 기적을 행하리니 언 가지를 불어 눈같이 흰 매화를 트이게 하라. 금시 트이어라.

    찜도 가지가지려니와 개성 찜이란 찜이 다르다. 선배가 찬방饌房 절차를 세세 살펴 무엇하리요 그저 듣기도 전에 칭찬을 극극極極 베풀어도 틀릴 배 없는 진미인 줄 여기어라.

---

* 애애하다: 분위기가 부드럽고 포근해 평화롭다. 또는 안개나 구름 따위가 짙게끼어 자욱하다.

은행이며 대추며 저육이며 정육이며 호도며 버섯도 세 가지 종류라며 그 외에 몇 가지며 어찌어찌 조합된 것인지 알 수 없으나 산산하고도 정녕丁寧하고 날쌔고도 굳은 개성적 부덕婦德의 솜씨가 묻히어 나온 찜이 어찌 진미가 아닐 수 있겠느냐. 허나 기름불 옆에서 새빨간 짐승의 간을 저미어 양념을 베푼다는 것은 그것이 더욱 깊은 밤에 하이얀 손으로 요리된다는 것이 아직도 진저리나는 괴담으로 여김을 받지 아니함은 어쩐 사정이뇨. 병 안에 든 '품'이 별안간 흥분함도 대개 이러한 간을 보아 그리함인지도 모른다. 마침내 괴담이 아니 되고 마는 이유가 병 안에 든 '품'의 덕으로써 그러함이니 그러기에 간과 '품'을 알 양이면 비린내 나는 것은 대개 그 이름만으로도 해결하겠거니와 아직 파래서 간 데 족족 차이는 것, 차이고도 깨닫지 못하는 것, 할 수 없이 새침하여지는 것, 진실로 덤비는 것, 죽도록 생각해 내어도 미움 받는 것, 대상점大商店 간판만 치어다보아도 변증법적 분개를 남발하는 것, 부흥회에 나아가 이마가 부서지도록 회개하여도 실상 그것이 신경쇠약의 극치일 수 있는 것, 아녀자에게 볼모로 잡히어 꼼짝 못하는 인격자, 감환感患이 코에 걸린 채 입춘절을 넘는 것, 장서가 낡아 감을 따라 점점 울울하여지는 것 등쯤은 문제가 되지 아니하니

취하여 음淫하지 않고 난亂하지 않고

배저杯底에 천지의 동정動靜을 비추인다.

도연陶然한 이후에 형이는 산토끼 같은 눈이 쪼그라지도록 웃으니 이 사람은 남의 무릎을 쓰다듬으며 이야기하는 것이 일쑤다.

하나 앞에 네 홉씩이면 예절답게 되었거니와 이러한 자리를 다스림에는 옷깃을 바르히 하고 사뢰노니 오직 조선의 빛난 부덕이 없을 수 없다.

좀생이별들이 아실아실 추위 타는 밤 밤도 이슥했으니 나오라고 창밖에 대한大寒이 부른다. 품을 파고 헤치고 드는 봄바람다히.*

돌아오는 길 아스팔트 위로 걸음이 가비야울 적 문득 호젓한 모퉁이 길 언 차돌이 그리우니 앉아 보고 만져 보고 단 뺨도 부비어야 하겠기에.

---

* 다히: 처럼.

수수어 2-3

내금강 소묘 1

　표훈사 채 못 미쳐서 인가가 서너댓 채 있어 지나자면 자연 마당은 새려 마루며 안방 근처에 이런 반반한 여자들이 있을까 별로 깊이 투득해 알아질 것도 아니지마는 담뱃갑 사과깨나 놓이었기에 영신환이 있느냐고 물었더니, 장안사에서 아니 사셨으면 올라가시다가 만폭동 매점에서야 사신다는 것이다. 말 접대라든지 쪽에 손이 돌아간 맵시가 서울사람의 풍도가 있기에 이런 이가 대개는 한 번 험한 꼴을 본 이거나 혹은 어찌타 미끄러져 산그늘에 핀 꽃이 되었으려니 하였다.
　철品*이는 입술이 점점 노래지고 이마에 구슬땀이 솟아 송송 매어달린 품이 암만해도 만만하지 않은데 그래도 개실개실 따라온다.

---

* 시인 박용철(1904~1938).

장안사에서 먹은 그 시커먼 냉면이 살아 오르는 모양이나 이 사람이 벌써부터 이러면 내일 비로봉을 넘을까가 문제다.

안팎 십리길, 칡넝쿨에 걸리며 돌부리를 차며 찾아보고 온 명경대는 화원에 들어서기 전에 먼저 까실까실한 선인장 한 포기를 대한 느낌이 있어 한 밤 자고나 내일 깊숙이 들어가 펼쳐 볼 데를 생각하면 황홀한 예감에 기쁨이나 걱정이나 말이나 다리가 미리 아끼어만 진다.

표훈사 법당 앞에 들어서서 차라리 비창한 걸음으로 따라오는 철이 보고 정양사까지 되겠느냐고 물은 것은 실상 탈이 난 정도를 알아보자는 것이, 그래도 대어 선다는 것이다. 절 뒤에 흐르는 개천으로 하여 길이 끊어져 징검돌다리로 이은 목을 디딤디딤 건너서 보니 이제부터 숨이 차게 까스락진 정양사 오르는 길이 된다. 이렇게 고집을 피우는 사람보고 안 되겠네 내려가 누워 있게 하고 어린애 다루듯하니, 그러면 자네 혼자 올라갔다 오게 하며 새파라니 돌아서는 꼴이 안쓰럽기도 하나 위해 한다는 말이 절로 우락부락하게 나간다.

한 삼십 분 동안 흑흑거리며 올라가는 길인데 길가에 속새풀이 숱해 솟았다. 어려서 약방에서 얻어다가 일갓집 누이와 이를 닦던 약이 본고장에서 보면 하도 많은 푸른 풀이로구먼. 꽃도 잎도 없이 보리 순처럼 마디진 풀이 쏙쏙 솟아 풀피리로 불면 애연한 소리가 골을 울릴 듯하다.

　고볼고볼 기어오르는 길이 숨이 턱에 받친다. 한옆에 절로 솟는 별똥백이 새암물이 고여 있다. 후후 불어 훔켜 마시고 나니 속이 씽그라히 피부와 함께 차다.

　절 마당에 들어서서 먼저 뜨이는 것은 육모진 조그만 불당인데 저것이 유명한 정양사 불당이라고 하였다. 나무쪽을 나막신만큼 파고 아로새기어 조각조각 맞추어 놓은 것이요 들보라든지 서까래가 없는 단청이라든지 절묘한 조화造花와 같다.

　그러나 정양사는 집보다도 터가 더욱 절승하다. 내금강 연봉이 모조리 한눈에 들어오는데 낙조에 물들어 빛깔이 시각으로 변해 나간다. 말머리로 보면 말머리요 소로 보면 소요 매가 날개를 접고 있는가 싶으면 토끼가 귀를 쓰다듬는 모상이다. 달이 뜨는 듯 해가 지는 듯 뛰어나온 날가지* 구기어진 골짜구니 날래 솟은 봉우리가 전체로 주름 잡힌 황홀한 치마폭으로 보아도 그러려니와 겹겹이 접히어 무슨 소린지 서그럭서그럭 소리가 소란한 모란꽃 송이송이로 보아도 역시 그러하다. 현란한 색채의 신출귀몰한 변화에 차라리 음악적 쾌감이 몸을 저리게 한다.

---

* 산줄기.

수수어 2-4

내금강 소묘 2

　춘천 쪽으로 지는 해가 꼬아리처럼 붉게 매어달리고 트일 듯이 개인 하늘이 바다 빛처럼 짙어 가는데 멀리 동쪽으로 비로상봉에는 검은 구름이 갈가마귀 떼같이 쏘알거리고 있다. 쾌히 개인 날도 저 봉 위에는 하루 세 차례씩 검은 구름이 엄습한다고 한다. 내일 낮쯤은 우리 다리가 간조롱히 하늘 끝 낮별 가장자리를 밟겠구나.
　산 그림자가 갑자기 어두워지며 등에 흠씩 젖은 땀이 선뜻선뜻하여 8월 중순 기후가 벌써 춥다시피 하다.
　내려올 때는 좀 무서운 생각이 일도록 산이 검어지므로 지팡이가 아니었더라면 고꾸라질 뻔하게 단숨에 내려왔다. 표훈사로 내려와 중향衆香 여관을 찾았더니 매캐한 석유불이 켜진 방에서 정말 꽁꽁 소리가 난다. 주인을 불러 먼저 죽을 묽게 쑤게 하고 마늘을 한 줌 실하게 착착 이겨 소주를 쳐오라고 하였다. 전에 효험 본 일이 있기로 철이를 한번 황치荒治로 다스릴 필요를 느끼었다. 철이는 아프지는 않고 아랫배가 뚤뚤 뭉치어 옴짓 못하겠다는 것이다.

옴짓 못하는 것과 아픈 것이 어떻게 다른 것인지 않는 사람 보고 웃을 수도 없고 그걸 뚫어야 하네 뚫어야 해 싫다는 것을 위협하듯 먹였더니 눈에 눈물이 글썽글썽해 가며 흐물흐물 먹더니 다시 누어 엎댄다. 살아 오르는 시커먼 냉면을 죽일 자신이 있어서 하는 일이라 그대로 사루마다* 바람으로 일어서 나가 잣나무 사이를 돌아 물가로 갔다. 감기가 들까 염려가 되도록 찬물에 조심조심 들어가 목까지 잠그고 씻고 나서 바위로 올라가 청개고리같이 쪼그리고 앉으니 무엇이 와서 날름 집어삼킬지라도 아프지도 않을 것 같이 영기靈氣가 스미어 든다. 어느 골짝에서는 곰도 자지 않고 치어다보려니 가꾸로 선 듯 위태한 산봉우리 위로 가을 은하는 홍수가 진 듯이 넘쳐흐르고 있다.

산이 하도 영기로워 이모저모로 돌려 보아야 모두 노려보는 눈 같고 이마 같고 가슴 같고 두상 같아서 몸이 스스로 벗은 것을 부끄러울 처지다. 한편으로 생각하면 진정 발가숭이가 되어 알몸을 내맡기기는 이곳에설까 하였다. 낮에 명경대에서 오는 길에 만난 양녀洋女 두 명이 우락牛酪**을 척척 이겨다 붙인 듯한 웃통을 온통

---

* 남성용 팬티.
** 버터.

벗고 가슴만 그도 대보름날 액막이로 올려다 단 지붕 위의 종이 달 만큼 동그랗게 두 쪽을 가릴 뿐이요 거들거리고 오기에 망칙해서 좋지 않소! 하였더니 매우 좋소! 하며 부끄러운 줄 모르는 양녀와 농담을 주고받고 한 일도 있었거니와 금강산이 그다지 기름진 것으로 이름이 높은 곳이 아닌 바에야 천한 살을 벗어도 산그늘이 아주 검어진 뒤에 벗는 것이 옳을 게라고 하였다.

개운히 씻고 났다느니보담 몸을 새로 얻은 듯 가볍고 신선하여 여관방에서 결국 밥상을 혼자 받게 되었다. 머얼건 죽만 몇 번 마시고 나서 한눈으로 밥상을 살펴보는 철이의 등 뒤에 그림자는 장승처럼 구부정 서 있다. 고비고사리며 도라지며 취에 소전골에 갖은 절간음식이 모두 그림자가 길게 뉘어 있다.

소리라고는 바람도 자고 뒤뜰 홈으로 흘러 떨어지는 물이 쫄쫄거릴 뿐이요 그래 좀 후련한가 물어보면 좀 나은 것 같으이, 그래 내일 비로봉 넘겠는가 하면, 넘지 넘어, 이야기하며 먹노라니 벅차게 큰 튀각이 유난히도 버그럭 소리가 나는 것이었다.

수수어 3-1

이목구비

　사나운 짐승일수록 코로 맡는 힘이 날카로워 우리가 아무런 냄새도 찾아내지 못할 적에도 셰퍼드란 놈은 별안간 씩씩거리며 제 꼬리를 제가 물고 뺑뺑이를 치다시피 하며 땅을 호비어 파며 짖으며 달리며 하는 꼴을 보면 워낙 길든 짐승일지라도 지겹고 무서운 생각이 든다. 이상스럽게도 눈에 보이지 아니하는 도적을 맡아 내는 것이다. 설령 도적이기로서니 도적놈 냄새가 따로 있을 게야 있느냐 말이다. 딴 골목에서 제 홀로 꼬리를 치는 암놈의 냄새를 만나도 보기 전에 맡아 내며 설레고 낑낑거린다면 그것은 혹시 몰라 그럴싸한 일이니, 견주어 말하기에 예禮답지 못하나마 사람끼리에도 그만한 후각은 설명할 수 있지 아니한가.
　도적이나 범죄자의 냄새란 대체 어떠한 것일까. 사람이 죄로 인하여 육신이 영향을 입는다는 것은 체온이나 혈압이나 혹은 신경

작용이나 심리 현상으로 세밀한 의논을 할 수 있을 것이나 직접 농후한 악취를 발한대서야 견딜 수 있는 일이냐 말이다. 예전 성인의 말씀에 죄악을 범한 자의 영혼은 문둥병자의 육체와 같이 부패하여 있다 하였으니 만일 영혼을 직접 냄새로 맡을 수만 있다면 그야말로 견디어 내지 못할 별별 악취가 다 있을 것이니 이쯤 이야기하여 오는 동안에도 어쩐지 몸이 군시럽고 징그러워진다. 다행히 후각이란 그렇게 예민한 것으로 되지 않았기에 서로 연애나 약혼도 할 수 있고 예를 갖추어 현구고*도 할 수도 있고 자진하여 손님 노릇하러 가서 융숭한 대접도 받을 수 있고 러시아워 전차 속에서도 그저 견딜 만하고 중대한 의사議事를 끝까지 진행하게 되는 것이 아니었던가. 더욱이 다행한 일은 약간의 경찰범 이외에는 셰퍼드란 놈에게 쫓길 리 없이 대개는 물려 죽지 않고 지내 온 것이다.

그러나 사람으로 말하면 그의 후각의 불완전함으로 인하여 고식지계姑息之計를 이어 나가거니와 순수한 영혼으로만 존재한 천사로 말하면 헌 누더기 같은 육체를 갖지 않고 초자연적 영각靈覺과 지혜를 갖추었기에 사람의 영혼 상태를 꿰뚫어 간섭하기를 햇빛이 유리를 지나듯 할 것이다. 위태한 호숫가로 달리는 어린아이 뒤에 바로 천사가 따라 보호하는 바에야 죄악의 절벽으로 달리는 우

---

* 신부가 예물을 가지고 처음으로 시부모를 뵙는 일.

리 영혼 뒤에 어찌 천사가 애타하고 슬퍼하지 않겠는가. 물고기는 부패하려는 즉시부터 벌써 냄새가 다르다. 영혼이 죄악을 계획하는 순간에 천사는 코를 막고 찡그릴 것이 분명하다. 세상에 셰퍼드를 경계할 만한 인사는 모름지기 천사를 두려워하고 사랑할 것이어니 그대가 이 세상에 떨어지자 하늘에 별이 하나 새로 솟았다는 신화를 그대는 무슨 이유로 믿을 수 있을 것이냐. 그러나 그대를 항시 보호하고 일깨우기 위하여 천사가 따른다는 신앙을 그대는 무슨 이론으로 거부할 것인가. 천사의 후각이 햇빛처럼 섬세하고 또 신속하기에 우리의 것은 훨씬 무디고 거칠기에 우리는 도리어 천사가 아니었던 행복을 누릴 수 있는 것이었으니 이 세상에 거룩한 향내와 깨끗한 냄새를 가리어 맡을 수 있는 것이니 오월달에도 목련화 아래 설 때 우리의 오관을 얼마나 황홀히 조절할 수 있으며 장미의 진수를 뽑아 몸에 지닐 만하지 아니한가.

　셰퍼드란 놈은 목련의 향기를 감촉하는 것같이도 아니하니 목련화 아래서 그놈의 아무런 표정도 없는 것을 보아도 짐작할 것이다. 대개 경찰범이나 암놈이나 고깃덩이에 날카로울 뿐인 것이 분명하니 또 그리고 그러한 등속의 냄새를 찾아낼 때 그놈의 소란한 동작과 황당한 얼굴 짓을 보기에 우리는 저윽이 괴롬을 느낄 수밖에 없다. 사람도 혹시는 부지중 그러한 세련되지 못한 표정을 숨기지 못할 적이 없으란 법도 없으니 불시로 침입하는 냄새가 그렇게 요염한 때이다. 그러기에 인류의 얼굴을 다소 장중히 보존하여 불시로 초조히 흐트러짐을 항시 경계할 것이요 이목구비를 고르고 삼갈 것이로다.

수수어 3-2

毘盧蜂

담장이
물 들고,

다람쥐 꼬리
숫이 짓다.

山脈우의
가을ㅅ길 —

이마 바르히

해도 향그롭어

집행이
자진 마짐

흰돌이
우놋다.

白樺 홀홀
허울 벗고,

꽃 닢에 자고
이는 구름,

바람에
아시우다.

九城洞

골작에는 흔히
流星이 무친다.

黃昏에
누뤼가 소란히 무치기도 하고,

꽃도
귀향 사는곳,

절터ㅅ드랫는데
바람도 모히지 안코

山그림자 설핏하면
사슴이 일어나 등을 넘어간다.

한해 여름 팔월 하순 다가서 금강산에 간 적이 있었으니 남은 고려국에 태어나서 금강산 한 번 보고지고가 원이라고 이른 이도 있었거니 나는 무슨 복으로 고려에 나서 금강을 두 차례나 보게 되었던가.

　한더위에 집을 떠나온 것이 산 위에는 이미 가을 기운이 몸에 스미는 듯하더라. 순일*을 두고 산으로 골로 돌아다닐 제 얻은 것이 심히 많았으니 나는 나의 해골을 조찰히 골라 다시 지니게 되었던 것이다. 설령 흰돌 위 흐르는 물기에서 꽃같이 스러진다 하기로 소니 슬프기는새려 자칫 아프지도 않을 만하게 나는 산과 화합하였던 것이매 무슨 괴조조하게 시니 시조니 신음에 가까운 소리를 했을 리 있었으랴. 급기야 다시 돌아와 이 진애塵埃투성이에서 겨우 개 무덤 따위 같은 산들을 날마다 바로 보지 아니치 못하게 되고 보니 금강은 마침내 병인 양하게 나의 골수에 비치어 사라질 수 없었다. 금강이 시가 되었다면 이리하여 된 것이었다.

　「비로봉」, 「구성동」, 「옥류동」 세 편을 죽도록 앨 써 얻어 기록하였더니 그중에도 제일 아까운 「옥류동」 1편을 용철이가 가져다가 분실하여 버렸다. 꽃 도적을 다스릴 법이 있기 어렵거든 시를 잃은 잘못을 무엇이라 책하랴. 원래 구본웅 군과 계획하여 온 《청색지》 첫 호에 실리어 큰소리하자 한 것이 뜻한 바와는 어그러지고 말았다. 진득한 꽃으로 남의 눈에 뜨이지 않고 사라진 송이가 좀도 많을까 보냐. 분실되고 만 나의 시 「옥류동」아 한껏 아름다웠으려무나.

---

* 열흘 동안.

수수어 제2회분을 미리 쓰지 못하고 수인囚人과 같이 초조함에 견딜 바 없으매 오후 두 시에 돌아가는 초속도 윤전기는 그러면 너의 목이라도 갖다 바치고 대령하라는 셈이다. 겨우 기억되는 대로 금강제金剛題 두 편을 바치노니 사형 기사에나 명문에나 한갈로* 냉혹한 윤전기 앞에서 실상 끝까지 아끼어야 할 것 없어 하노라.

《청색지》 첫 호에 뼈를 갈아서라도 채워 넣어야 할 것을 느끼며 이만.

---

* 한결같이.

수수어 3-3

육체

몽끼라면 아시겠습니까. 몽끼, 이름조차 맛대가리 없는 이 연장은 집터 다지는 데 쓰는 몇 천 근이나 될지 엄청나게 크고 무거운 저울추 모양으로 된 그 쇳덩이를 몽끼라고 이릅디다. 표준어에서 무엇이라고 제정하였는지 마침 몰라도 일터에서 일꾼들이 몽끼라고 하니깐 그런 줄로 알 밖에 없습니다.

몽치란 말이 잘못되어 몽끼가 되었는지 혹은 원래 몽끼가 옳은데 몽치로 그릇된 것인지 어원에 밝지 못한 소치로 재삼 그것을 가리려고는 아니하나 쇠몽치 중에 하도 육중한 놈이 되어서 생김새 등치를 보아 몽치보다는 몽끼로 대접하는 것이 좋다고 나도 보았습니다.

크나큰 양옥을 세울 터전에 이 몽끼를 쓰는데 굵고 크기가 전신주만큼이나 되는 장나무를 여러 개 훨씬 윗등을 실한 쇠줄로 묶고 아랫등은 벌리어 세워 놓고 다시 가운데 철봉을 세워 그 철봉이 몽끼를 꿰뚫게 되어 몽끼가 그 철봉에 꽂힌 대로 오르고 내리게 되었으니 몽끼가 내려질리는 밑바닥이 바로 굵은 나무기둥의 대가리가 되어 있습니다. 이 나무기둥이 바로 땅속으로 모조리 들어가게 된 것이니 길이가 보통 기와집 기둥만큼 되고 그 위로 몽끼가 벽력같이 떨어질 거리가 다시 그 기둥 키만 한 사이가 되어 있으니 결국 몽끼는 땅바닥에서 이층집 꼭두만치는 올라가야만 되는 것입니다. 그 거리를 몽끼가 기어오르는 꼴이 볼 만하니 좌우로 한편에 일곱 사람씩 늘어서고 보면 도합 열네 사람에 각기 잡아당길 굵은 삼밧줄이 열네 가닥, 이 열네 가닥이 잡아들이는 힘으로 그 육중한 몽끼가 기어올라가게 되는 것입니다. 단번에 올라가는 수가 없어서 한 절반에서 삽시 다른 장목으로 고이었다가 일꾼 열네 사람들이 힘찬 호흡을 잠깐 돌리었다가 다시 와락 잡아당기면 꼭두 끝까지 기어올라갔다가 내려질 때는 한숨에 내려박치게 되니 쿵웅 소리와 함께 기둥이 땅속으로 문직문직 들어가게 되어 근처 한길까지 들썩들썩 울리며 꺼져 드는 것 같습니다. 그러한 노릇을 기둥이 모두 땅속으로 들어가기까지 줄곧 해야만 하므로 장정 열네 사람이 힘이 여간 걸리는 것이 아닙니다.

그리하여 한 사람은 초성 좋고 장구 잘 치고 신명과 넉살 좋은 사람으로 옆에서 지경 닦는* 소리를 매기게 됩니다. 하나가 매기면 열네 사람이 받고 하는 맛으로 일터가 흥성스러워지며 일이 수월하게 부쩍부쩍 늘어갑니다. 그렇기에 매기는 사람은 점점 흥이 나고 신이 솟아서 노래 사연이 별별 신기한 것이 연달아 나오게 됩니다. 애초에 누가 이런 민요를 지어냈는지 구절이 용하기는 용하나 좀 듣기에 면구한 데가 있습니다. 대개 큰아기, 총각, 과부에 관계된 것, 혹은 신작로, 하이칼라, 상투, 머리꼬리, 가락지 등에 관련된 것을 노래로 부르게 됩니다. 그리고 에헬렐레 상사도로 리프레인이 계속됩니다. 구경꾼도 여자는 잠깐이라도 머뭇거릴 수가 없게 되니 아무리 노동꾼이기로 또 노래를 불러야 일이 수월하고 불고하기로 듣기에 얼굴이 부끄러 와락와락 하도록 그런 소리를 할 것이야 무엇 있습니까. 그 소리로 무슨 그렇게 신이 나서 할 것이 있는지 야비한 얼굴 짓에 허리 아래 등과 어깨를 으씩으씩 하여 가며 하는 꼴이 그다지 애교로 사주기에는 너무도 나의 신경이 가늘고 약한가 봅니다. 그러나 육체노동자로서의 독특한 비판과 풍자가 있기는 하니 그것을 그대로 듣기에 좀 찔리기도 하고 무엇인지 생각케도 합니다. 이것도 육체로 산다기보다 다분히 신경으로 사는 까닭인가 봅니다.

    그런데 몽끼가 이 자리에서 기둥을 다 박고 저 자리로 옮기려면

---

* 지경 닦다: 일정한 테두리의 땅을 닦다.

불가불 일꾼의 어깨를 빌리게 됩니다. 실한 장정들이 어깨에 목도로 옮기는데 사람의 쇄골이란 이렇게 빳잘긴* 것입니까. 다리가 휘청거리어 쓰러질까 싶게 간신간신히 옮기게 되는데 쇄골이 부러지지 않고 배기는 것이 희한한 일이 아닙니까. 이번에는 그런 입에 올리지 못할 소리는커녕 영치기 영치기 소리가 지기영 지기영 지기영 지기지기영으로 변하고 불과 몇 걸음 못 옮기어서 흑흑 하며 땀이 물 솟듯 합디다. 짓궂은 몽끼는 그 꼴에 매달려 가는 맛이 호숩은지** 덩치가 그만해 가지고 어쩌면 하루 품팔이로 살아가는 삯군 어깨에 늘어져 건드렁 건드렁 거리는 것입니까. 숫제 침통한 웃음을 견딜 수 없었습니다. 그 사람네는 이마에 땀을 내어 밥을 먹는다기보다는 시뻘건 살덩이를 몇 점씩 뚝뚝 잡아떼어 내고 그리고 그 자리를 밥으로 때워야만 사는가 싶도록 격렬한 노동에 견디는 것이니 설령 외설하고 음풍에 가까운 노래를 부를지라도 그것을 입술에 그치고 말 것이요 몸뚱아리까지에 옮겨 갈 여유도 없을까 합니다.

---

* 단단하고 질긴.
** 밑으로 떨어질 듯 아찔한지.

수수어 4

봄

　머리 감기 위하여 이발소에 가는 셈이다. 머리가 길어 허우룩한 것쯤은 괴롭지 않으나 추위가 다 가고 햇볕이 곱기가 바로 깁실* 같고 보니 감은 지가 닷새가 못 되어 버쩍 가렵다.

　공동욕장에서 머리를 감는 것이란 불유쾌한 것 중의 하나이다. 물은 가실 물이 따로 있다 하더라도 그 그릇에 몸은 맡길지언정 머리를 감기가 싫다. 감고 나서 말릴 일이 여간 일이 아니다.

　목욕은 나가서 하고 머리는 집에 돌아와 다시 서둘러 감게 되니 집의 사람이 수고로울 밖에.

　그러나 추위 중에 젖은 머리를 헹그러니** 치어들고 말리기에 적당하도록 방이 외풍 없이 훈훈한 것이 아니고 보니 마침내 이발

---

* 비단실.
** 어울리지 않게.

소에 가는 것이 머리를 깎기 위한 것이라기보다 머리를 감는 것이 위주가 되고 그보다도 머리를 말리는 편의가 더하다.

학교에서 좀 일찍 나온 것이 옷을 갈아입고도 이발할 시간이 있고 저녁 먹을 사이와 다시 양복을 바꿔 입고 음악회에 대어 가기에 여유가 있다.

양복은 단벌로 삼동내 버티어 왔으나 바지저고리는 재작년에 장만한 것이나마 빨아 꾸미어 갈아입고 보니 새옷이다.

조선 법으로 보면 내가 아직 물색옷*은 아닐지라도 명주옷이 흰 것이라고 그대로 입는 것은 아니다.

그러나 흰 바지저고리라곤 명주로 된 것 한두 벌밖에 없으니 구태여 아니 입고 버틸 수도 없다.

명주가 호사가 되는 것일지는 모르나 명주에서는 냄새가 좋다. 까부라지도록 뻐쳐 돌아와서도 명주 고름에서 날리는 냄새로 몸이 풀린다.

마고자는 인제 입을 맛이 적다.

전에 장만한 조끼가 회색이려니와 조끼란 워낙 저고리에 포기기에 천한 실용품이다. 그저 동저고리 바람이 아실아실한 봄추위를 타기에 그다지 싫은 것도 아니려니와 야릇하게도 정서를 자아내어

---

* 물감을 들인 옷.

소매로 깃 도래로 기어드는 바람을 구태여 사양할 것도 아니다.

 동리 앞 늙은 홰나무 아랫집 이발소까지 한참 걸어야 된다.
 이발소가 촌스럽기가 마늘밭 상추밭이 바로 옆에 있는 탓도 있으려니와 여름철에는 지나가던 병아리도 들어와 뽕뽕 지즐대고 돌아 나간다.
 안집 어린아이가 생철 나팔을 뚜뚜 불며 들어오는가 하면 개가 들어와 손님 발을 씩씩 맡기도 한다.
 동네가 조용하고 떨어져 있고 보니 이러한 이발소도 해로울 게 없다.
 안경을 벗으면 꼼짝 못하는 눈이라 한눈이 팔릴 데 없이 머리와 몸을 고스란히 이발사에게 일임해 버리는 것이 오로지 휴양에 가까운 일이다.
 그러나 옆의 자리에 단발머리 소녀를 앉히고 등에 어린아이를 업은 채 띄어 앉아 기다리는 부인이 대개 어느 정도로 젊은이라거나 치마저고리 빛이 철을 다가서 곱고 칠칠한 것이야 안경을 벗고 눈을 감았다 떴다 하며 머리를 베고 기대 누웠을지라도 짐작 못할 바 없다.

 "머리가 숱은 적으셔도 매우 부드럽습니다."

"기름은 안 바르셔도 좋으시겠는데요."

이발소에서 흔히 듣는 상매적商賣的 페어 워드fare word인 줄을 안 후로는 머리에 대한 자신을 아니 갖기로 한다.

면도가 끝나자 일어나 머리를 감을 양으로 발을 옮기려니 어떤 청년이 들어서며

"아이구! 요즘 몸이 노곤해 죽겠다!"

"아픈 덴 없이 몸이 노작지근하니 웬 셈일까!"

노동자로는 때가 벗어 보이고 그저 놀고먹도록 편할 사람으로도 생각되지 않는 동저고리 바람에 검정 조끼 입은 청년이다.

"잠은 잘 자시유?"

"잠이야 잘 잡지요."

"입맛은?"

"없어 못 먹지요."

"젊은 양반이라 그저 아니 자는 게로군!"

"아닌뎁쇼! 엿방망이는 한 이틀 밤 했습죠만."

"그렇지! 턱없이 노곤할 리 있나!"

허허! 웃으며 말마디를 흐리우기는 하였으나 아뿔싸! 하는 생각에 뺨이 화끈한다.

이발소 사람들의 딱 다문 침묵에 더욱이 송구하다.

젊은 부인의 안면 표정이 어떠한 것인지를 이 근시안으로서 읽

을 수는 없으나 돌아서서 머리를 수그리고 뜨끈뜨끈한 물을 받는 것이 부끄럽기 맞는 것 같다.

얼른 안경을 쓰고 나서 정세를 살피고 싶다.

젊은 부인이 그러한 실언쯤은 우습게 여기는 것일지 혹은 어느 귀에 들어올 것이냐고 가볍게 흘리는 것일지 알 수 없으나 어쩐지 그쪽 위치가 몹시 엄격하다.

안경을 쓰고 가루분을 바를 수도 없는 노릇이요, 머리를 말린 후 향수를 바르며 치장하기 위하여 앉은 자리가 종시 편편치 않다.

저고리는 물 묻을까봐 맡긴 것이 즉시 입히는 것이 아니고 안으로 감추어 입었던 농자색 스웨터가 드러나고 팔뚝을 온통 감출 수가 없다.

라디오 프로는 코러스로 넘어간다. 저녁 음악회에 나올 합창단이 미리 방송에 나선달 수도 없고 대체 어느 소속인지 요량할 수 없는 아마추어에서도 훨씬 소박한 합창임에 틀림없다.

그렇다고 어느 정도까지 즐겁고 유쾌한 코러스가 아닌 것도 아니다.

실언으로 인한 불안을 저윽이 완화할 수 있다.

급기야 안경을 받아 쓰고 저고리를 찾으니 고이 개키어 놓였다는 것이 부인이 앉은 자리 옆 둥근 테이블 위에 석간을 깔고 놓였다.

저고리를 입고 옷고름을 매어 정시하고 보니 번듯한 이마넓이며 뺨에 혈색 좋은 살이 너그러운 것이며 으글으글한 눈에 어깨가 동글고도 획진 것이 매우 풍염하고 화기를 갖춘 가정부인이다. 이십오륙 세쯤 된 이가 벌써 어린아이를 둘을 데불었다.

살피건대 실언이 별로 파문을 지은 것 같지는 않으나 엿방망이꾼으로 자처하는 청년을 보아하니 파리하고 검은 얼굴에 보통 동네 청년인 모양인데 설령 사복 경관이 아까 그 소리를 들었다곤 치더라도 도박 범인으로 잡아갈 맛도 없을 것 같다.

하여간 이 청년이 떠벌리는 바람에 부지중 동저고리 바람끼리 평민적 기풍을 발한다는 것이 부녀자를 가까이 두고 예의에 어그러지는 실언을 한 것임에 틀림없다.

어느 합창단일까 하고 석간을 펴 들고 방송 프로 난을 짚어 보니 맹아학교 합창단인 것을 알았다.

부인이 어린아이를 업고 밖으로 잠깐 나간 틈에 혼잣소리로 한다는 것이
"으응! 맹아학교 생도들이구먼!"
하였다.

이발소에서 벗어나온 후 걸음걸이가 침착치 않고 기분이 적지

아니 부동浮動되는 것임에 틀림없다.

바람이 해질 무렵에 더욱 수월수월하니 나무를 흔들며 상쾌하다.

가까운 이웃에 신혼살림을 차리고 사는 R의 집으로 주책없는 발이 절로 옮긴다.

이리 오너라도 부르지 않고 그대로 들어서며

"R 있나?"

"들어오시오!"

"음악회 구경 가세!"

"해도 지기 전에 동저고리 바람으로 가시려우? 들어오시구려!"

"아아 이 위에 외투나 여며 입고 소프트를 눌러 쓰면 되지 않나?"

R의 부인은 아직도 여학생같이 생광生光한다.

어서 나들이 차림을 하시라고 수선을 떨고 집으로 돌아와서 저녁상을 대하며 인제는 R의 내외가 와서 재촉하기를 기다린다.

II

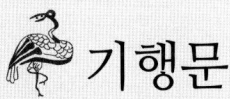 기행문

잠시 집을 떠나서 나그네가 되는 것이
흡사히 오래간만에 집을 찾아드는 것과 같이
기쁠 수도 있는 일이기도 하다.
집을 떠나는 기쁨!
그래도 집이 있고 이웃이 있고
어버이를 모시고 처자를 거느리는 사람이라야
오직 가질 수 있는 기쁨으로 돌릴 수 있다.

♣ 「남유」와 「다도해기」_《조선일보》, 1938년 8월 6~30일.
♣ 「선천」, 「의주」, 「평양」, 「오룡배」_《동아일보》, 1940년 1월 28일~2월 15일.
♣ 「남해 오월 점철」_《국도신문》, 1950년 5월 7일~6월 28일.

남유南遊 제1신

꾀꼬리

　꾀꼬리도 사투리를 쓰는 것이온지 강진*골 꾀꼬리 소리는 소리가 다른 듯하외다. 경도京都 꾀꼬리는 이른 봄 매화 필 무렵에 거진 전차길 옆에까지 내려와 울던 것인데 약간 수리목이 져 가지고 아담하게 굴리던 것이요, 서울 문밖 꾀꼬리는 아카시아 꽃 성히 피는 철 이른 여름에 잠깐 듣고 마는 것이나 이곳 꾀꼬리는 늦은 봄부터 여름이 다 가도록 운다 하는데 한 놈이 여러 가지 소리를 내는 것입니다.

　바로 장독대 뒤 큰 둥구나무가 된 평나무 세 그루에서 하루 종일 울고 아침 햇살이 마악 퍼질 무렵에는 소란스럽게 꾀꼬리 저자를 서는 것입니다.

---

* 김영랑의 고향인 전남 강진.

꾀꼬리 보학譜學에 통하지 못하였고 나의 발음기관이 에보나이트 판이 아닌 바에야 이 소리를 어떻게 정확하게 기록하여 보내 드리리까?

이 골 태생 명창 함동정월咸洞庭月의 가야금 병창 〈상사가相思歌〉 구절에서 간혹 이곳 꾀꼬리의 사투리 같은 구절이 섞이어 들리는가 하옵니다.

그도 그럴싸하게 들으니 그렇게 들리는 것이지 어떻게 그럴 수 있겠습니까.

꾀꼬리도 망령의 소리를 발하기도 하는 것이니 쪽쪽 찢는 듯이 개액객거리는 것은 저것은 표족한 처녀의 질투에서 나오는 발악에 가깝기도 합니다.

남유 제2신

석류 · 감시甘枾 · 유자

　감이 가지에 열자 익기 전에 달기부터 하는 감을 감시라고 일컫는데 이 나무가 현해탄을 건너왔건마는 이 강진골에 와서도 잘도 자랍니다. 벌써 자하문 밖 능금만큼씩 쥐염쥐염 매달려 살이 붙었습니다.

　석류라면 본시 시디신 것으로 알아 왔더랬는데 이곳 석류는 익으면 아주 다디단 것이랍디다. 감류甘榴라고 이릅디다.

　벌써 육칠 세 된 아이들 주먹만큼이나 굵어졌으니 음력 8월 중순이면 찍찍 벌어져 으리으리한 홍보석 같은 잇몸을 들어 보인답니다. 유자나무를 맞댐해 보았더니 앙당하게 짙은 잎새가 진득히 푸르고 어인 가시가 그렇게 사납게 다닥다닥 솟은 것입니까. 괴팍스럽기는 하나마 격이 천하지 않은 나무로 보았습니다.

　구렁이나 뱀이 허리를 감아 올라가면 이내 살지 못하고 말라 버린다 합니다. 정렬貞烈한 여성과 같은 나무의 자존심을 헤아릴 수 없지 않습니까!

지리산 호랑이는 딱총을 맞아도 다만 더러운 총을 맞았다는 이유로 분사憤死한다는데 이곳 유자나무도 그러한 계통을 받은 것이나 아닐지. 열매가 익으면 향취가 좋고 빛깔이 유난히 노랗다 합니다.

맛이 좋아서 치는 과실이 아니라 품이 높아서 조상을 위하는 제사에나 놓는다 하니 뱀에 한 번이라도 감기어 쓰겠습니까!

남유 제3신

오죽烏竹 · 맹종죽孟宗竹

참꽃 개꽃이 한창 피명지명 하는 음력 2, 3월에는 이 고장 사면 산천에 바람꽃이 뿌옇게 피도록 소란한 바람을 겪어야 한답니다. 그 바람을 다 치르고 4월 그믐께로 다가들면 고운 햇볕과 부드러운 초하初夏 기후에 죽순이 쭉쭉 뽑아 올라간답니다. 죽순도 어리고 보면 해풍도 잠을 재 주어야만 잘도 자라는 게지요. 달포를 크면 평생 가질 키를 얻는 참대나무가 자가웃 기럭지 이전에는 능히 식탁에 오를 만하다 합니다. 싱싱하고 연하고 향취 좋은 죽순을 너무 음식 이야기에 맡기기는 아깝도록 귀하고 조찰한 것이 아니리까?

여리고 숫스럽게 살찐 죽순을 이른 아침에 뚝뚝 꺾는 재미란 견주어 말하기 혹은 부끄러운 일일지 모르나 손아귀에 어쩐지 쾌적한 맛을 모른 체할 수 없다는 것은 시인 영랑의 말입니다. 그러나 하도 많이 돋아 오르는 것이므로 실상 아무런 생채기가 아니 나는 것이랍니다. 울 뒤 오륙백 평이 모두 대수풀로 둘리우고 빗소리 바람소리를 보내는 댓잎새는 사시로 푸르른데 겨울에는 눈을 쓰고도 진득히 검푸르다는 것입디다. 참대 왕대. 검고 윤이 나는 오죽. 동이 흐벅지게 굵은 맹종죽. 하늘하늘 허리가 끊어질 듯하나 그대로 견디어 천성으로 동양화 취趣를 갖춘 시누대.

남유 제4신

체화棣花

꽃이 가지에 피는 것이 아니오리까? 가지뿐이 아니라 덩치에, 덩치에서도 아랫동아리 뿌리 닿는 데서부터 꽃이 피어 올라가는 꽃나무가 있습다. 꽃이 가지에 붙자면 먼저 화병花柄이 달리어야 하겠는데 어찌도 성급한 꽃인지 화판花瓣이 직접 수피를 뚫고 나와 납족납족 붙는 것이랍디다. 어린아이들 몸동아리에 만신 홍역 꽃이 피듯 하는 꽃이니 하도 탐스런 정열에 못 견디어 빛깔마저 진홍이랍디다. 강진골에서는 이것을 체화라고 이르는데 꽃이 이운 자리마다 열매가 맺어 달렸으니 완두콩 같은 알이 배었습디다. 먹기 위한 열매도 아니요 기름을 짜거나 열매를 뿌리어 다시 나무를 모종할 수 있거나 한 것도 아니겠는데 그저 매달려 있기 위한 열매로 보았습니다. 이와 같이 정열이 이운 자리에는 무슨 결실이 있을 만한 일이나 대개 무의미한 결실이 이다지도 수다히 주르르 따른다는 것은 나무로도 혹은 슬픈 일일 수도 있을 것이요 사람에게도 이러한 비유는 얼마든지 볼 수 있지 않습니까. 강화나무에 맺는 열매는 모두 한 성이라 한문으로 형제간을 상징하는데 이 강화나무를 쓰지 마는 사람의 정열에서 맺는 열매는 흔히 성도 다를 수가 있으니 그것은 얼마나 슬픈 형제들이오리까!

남유 제5신

때까치

    평나무 위에 둥그런 것은 까치집에 틀림없으나 드는 것도 까치가 아니요 나는 놈도 까치가 아닙니다.
    몸은 가늘고 길어 가슴마저 둥글지 못하고 보니 족제비처럼 된 새입니다.
    빛깔은 햇살에 번득이면 감색이 짜르르 도는 순흑색이요 입부리는 아주 노랗습니다. 꼬리도 긴 편이요 눈은 자색이라고 합디다. 까치가 분명히 조선 새라고 보면 이 새는 모양새가 어딘지 물 건너 적(的)이 아니오리까? 벙어리가 아닌가고 의심할 만치 지저귀는 꼴을 볼 수가 없고 드나드는 꼴이 어딘지 서툴러 보이니 까치집에는 결국 까치가 울어야 까치집이랄 수밖에 없습디다.
    음력 정이월에 까치가 마른 나뭇가지와 풀을 물어다가 보금자리를 둥그렇게 지어 놓고 3, 4월에 새끼를 치는 것인데 뜻 아니한 침략을 받아 보금자리를 송두리째 빼앗긴다는 것입니다. 이 침략자를 강진골에서는 '때까치'라고 이르는데, 까치가 누구한테 배운 것도 아닌 보금자리를 얽는 정교한 법을 타고난 것이라고 하면, 그만 재주도 타고나지 못한 때까치는 남의 보금자리를 빼앗아 드는 투쟁력을 가질 뿐인가 봅니다.

알고 보면 때까치는 조금도 맹금류에 들 수 있는 놈이 아니요 다만 까치가 너무도 순하고 독하지 못한 탓이랍니다. 우리 인류의 도의로 따질 것이면 죄악은 확실히 때까치한테 돌릴 것이올시다. 그러나 이 한더위에 나무를 타고 올라가 구태여 때까치를 인류의 법대로 다스리고 까치를 다시 불러올 맛도 없는 일이고 보니 때까치도 절로 너그러운 인류의 정원을 장식하게 되는 것입니다.

그러나 만일 보금자리를 빼앗긴 까치 떼가 대거 역습하여 와서 다시 탈환하는 꼴을 볼 수가 있을 양이면 낮잠이 달아날 만치 상쾌한 통쾌를 느낄 만한 것입니다.

남유 제6신

동백나무

　　동백꽃을 제철에 와서 못 본 한이 실로 크외다. 그러나 워낙 이름이 높은 나무고 보니 꽃철은 아닐지라도 허울만으로도 뛰어나게 좋지 않습니까? 울 안에 선 오륙 주가 연령과 허우대로 보아도 훨씬 고목이 되었건만 잎새와 순이 어찌 이리 소담하게 좋으며 푸른 것이오리까! 같이 푸르러도 소나무의 푸른빛은 어쩐지 노년의 푸른빛이겠는데 동백나무는 고목일지라도 항시 청춘의 녹색입니다. 무수한 열매가 동글동글 열리어 빛깔마저 아리땁게도 붉은빛입니다. 열매에서 향유가 나와 칠칠한 머릿단을 다시 윤이 나게 하는 것입니다.
　　예의와 풍습으론 조금도 다른 점을 볼 수 없다 할지라도 울창히 어우러진 동백수풀 그늘 안에 들어서고 보니 남도에도 남도에를 왔구나 하는 느낌이 굳세어집니다. 기차로 한 밤 한 낮을 허비하여 이 강진골을 찾아온 뜻은 친구의 집 울 안에 선 다섯 그루 동백나무를 보러 온 것인가 봅니다.

하물며 첫 정월에도 흰 눈이 가지에 내려앉는 날 아주 푸른 잎 잎에 새빨간 꽃송이는 나그네의 가슴속에 어떻게 박힐 것이오리까! 더욱이 그것이 마을마다 집집마다 있다시피 한데야 어찌합니까! 무덤 앞에 석물은 못 장만할지라도 동백나무와 반송을 심어서 세상에도 쓸쓸한 처소를 겨울에도 봄과 같이 꾸민다 하오니 실로 남방에서 얻을 수 있는 황홀한 시취詩趣가 아니오리까.

다도해기

이가락離家樂

잠시 집을 떠나서 나그네가 되는 것이 흡사히 오래간만에 집을 찾아드는 것과 같이 기쁠 수 있는 일이기도 하다.

집을 떠나는 기쁨! 그래도 집이 있고 이웃이 있고 어버이를 모시고 처자를 거느리는 사람이라야 오직 가질 수 있는 기쁨으로 돌릴 수밖에 없다.

가루家累*라는 말을 쓰기로 하자. 가루에 얽매어 보지 못한 망아지같이 자유로울 수 있는 사람이 지금 형편으로는 미상불 부러웁기 그지없다.

허나, 내가 부러워하는 훗훗이 신세 편한 사람들이여, 집안일 나 모름세 하고 훌떨어 아내에게 처맡기고 물 따라 구름 따라 훌훌

---

* 집안의 여러 가지 번거로운 일.

히 떠나가는 기쁨은 그대가 애초에 알 수가 없으리라.

　라빈드나라트 타고르 시에 이러한 뜻으로 된 것이 있었던 줄로 기억되는 것이 있으니, 어린 아기가 본래 초사흘달나라에서 아무것도 부족한 것이 없이 행복하였지만 어머니 무릎에 안기어 우는 부자유가 더 그리워 이 세상에 내려온 것이라는 것이다. 완전한 자유보다는 사랑에 사로잡히는 것이 더 즐겁다는 뜻으로 된 시다.

　글쎄 내가 이 세상에 태어난 것도 타고르의 시풍으로 장식해야 할 것인지 아닌지 모르겠으나 가뭄에 툽툽하고 무더운 골목길에 나서서 밤하늘에 달을 아무리 치어다보아야 이러한 인도풍의 신비가 염두에도 오르지 아니한다.

　나는 마침내 생활과 가정에 흑노黑奴와 같이 매인 것이요, 가다가는 성급한 폭군도 되는 것이요, 무슨 꼬임에 떨어져 나가듯이 며칠 동안은 고려할 여유조차 가지지 않고 빠져나가는 에고이스트로 돌변하는 것이다.

　말하자면 집안에서 실상 에고이스트로서의 교양을 실행할 만한 사람이 나 이외에는 없는 것이다. 모기와 물것에 시달피면* 시달피었지 더위와 자주 성치 않은 어린아이들로 찢기면 찢기었지 잡았던 일거리를 손에서 털고 일어서듯 할 만한 사람이 나 이외에는 있

---

* 시달피다: 괴로움을 당하다.

지 않다. 먼저 아내로 예를 들어 말할지라도 집안에 내동댕이쳐둔 살림 기구처럼 꼼작 없이 집을 지키는 이외에는 집을 간혹 비워 두는 지식이 전혀 없다. 혹은 솔선하여 남편을 선동해서 어린것들과 가까운 거리의 해풍이라도 쏘임 직도 한 것이 먼저 자기해방의 일리—利가 되는 것인 줄을 도모지 모르는 것에 틀림없다. 나는 이것을 구태여 불행한 일로 생각지는 않게 되었다.

이리하여 내가 다도해를 거쳐 한라산에를 향하여 떠나던 전전날부터 대수롭지 않은 준비였으나 실상 아내가 나보다 더 바삐 굴던 것이다. 등산화를 꺼내어 기름으로 손질을 하는 둥 속셔츠를 몇 벌 새로 재봉침에 둘러내는 둥 손수건감을 두르는 둥 등산복일지라도 빳빳해야만 척척 감기기를 덜한다고 풀을 먹여 다리는 둥 나가서도 자리옷은 있어야 한다고 고의적삼을 새로 박는 둥, 부산히 구는 것이었다.

운동구점에 바랑을 사러 나갔을 적에는 자진하여 따라나서는 것이었다. 나그넷길을 뜨는 것이란 그 계획에서부터 어쩐지 신선한 바람이 부는 것이라. 등산 바랑을 지기는 실상 내가 지고 가는 것이겠는데 그날은 어쩐지 아내도 심기가 구긴 데가 없이 쾌활히 구는 것이었다. 같이 나온 길에 종로로 진고개로 남대문으로 휘돌아 온 것이었다. 데파트*에도 들르고 간단한 식사도 같이한 것이다. 그는 과언인 편이기는 하나 그날은 상당히 말이 있었고 거름도 가볍고

쾌하게 따르던 것이었다.

　수학여행이나 등산에 경험이 아주 없는 그는 이리하여 그런 기분을 얼마쯤 찾을 수 있는 양으로 살피었던 것이다.

　떠나던 날 밤은 하늘과 바람에 우정雨情**이 돋는데도 불구하고 구태여 열한 살 난 놈을 데리고 역에까지 나가 떠나는 것을 보겠다는 것이다. 몇 군데 알리면 우정 나와서 여정을 화려하게 꾸미어 보내 줄 이도 있었겠는데 아내가 하도 서두르는 바람에 그대로 그 뜻을 채워 주었던 것이다.

　자리를 미리 들어가 잡아 주며 강진까지 가는 생도 하나를 찾아 앞자리를 앉도록 하고 그리고 나가서 차창 앞에 서서 시간을 기다리는 것이었다. 귀찮다든지 고맙다든지 미안스럽다든지 가엾다든지 그러한 새삼스러운 감정과 눈으로 그를 불빛 휘황한 플랫폼에 세워 놓고 바라본 것은 아니었다.

　그날 밤 그가 입었던 모시백이 치마가 입고 나서기에는 너무 굵고 억센 것이었고 빛깔이 보통 옥색일지라도 좀 더 짙을 수도 있지 않을까 생각되었다. 소나기가 쏟아질 듯하니 어린것 데리고 어서 들어가라고 재촉하여 보내 놓고도 기차가 떠날 시간은 아직도 남은 것이었다. 유리에 내려와 붙는 빗방울에 이마며 팔뚝을 내어 적

---

* 백화점. department store의 약자.
** 비가 올 것 같은 느낌.

시우는 맛은 서늘옵고 쾌한 것이니 이만한 빗발 같으면 밤새워 놋낫* 맞으며 자며 갈 만도 하다고 생각할 때 호남선 직통 열차는 11시 30분에 떠나는 기적을 길게 뽑던 것이었다.

---

* 계속해서. '놋날같이'(노끈을 드리운 듯 빗발이 죽죽 내리쏟아지는 모양)와는 뜻이 다르다.

다도해기

해협병海峽病

　목포서 아홉 시 반 밤배를 탔습니다. 낮배를 탔더라면 좀도 좋았으리까마는 회사에서 제주 가는 배는 밤배 외에 내놓지 않았습니다. 배에 오르고 보니 제주 가는 배로는 이만만 해도 부끄러울 데가 없는 얌전하고도 예쁜 연락선이었습니다. 선실도 각등各等이 고루 구비하고도 청결한 것이었습니다. 우리는 좀 늦게 들어갔더랬는데도 자리가 과히 비좁지 않을 뿐 아니라 누울 자리 앉을 자리를 넉넉히 잡았습니다. 바로 옆에 어떤 중년 가까이 된 부인 한 분이 놀라웁게도 풀어헤트리고 누워 있는데 좀 해괴하고도 어심에* 꽤 씸한 생각이 들어 무슨 경고 비슷한 말을 건네어 볼까 하다가 나그넷길로 나선 바에야 이만 일 저만 꼴을 골고루 보기도 하는 것이란

---

* 마음속으로.

생각이 나서 그만 잠자코 있었습니다. 등산복을 훌훌 벗어 버리고 바랑 속에 지니고 온 갈포 고의적삼으로 바꾸어 입고 나니 퍽도 시원했습니다. 10년 전 현해탄 건네어 다닐 적 뱃멀미 앓던 지긋지긋한 추억이 일기에 다짜고짜 드러눕고 다리를 폈습니다. 나의 뱃멀미라는 것은 바람이 불거나 안 불거나 뉘(파도)가 일거나 안 일거나 그저 해협을 건널 적에는 무슨 예절처럼이라도 한통 치러야 하는 것이었습니다.

 이번에도 멀미가 오나 아니오나 누워서 기다리는 체재體裁를 하고 있노라니 징을 치고 호각을 불고 뚜 —가 울고 하였습니다. 뒤통수가 징징거리는 엔진의 고동을 한 시간 이상 받았는데도 아직 아무렇지도 않았습니다. 선실에 누워서도 선체가 뉘를 타고 오르고 내리는 것을 넉넉히 증험할 수가 있는데 그럴 적에는 혹시 어떤 듯하다가도 그저 그대로 참을 만하게 넘어가는 것입니다. 병 중에 뱃멀미는 병 중에도 연애병과 같은 것이라 해협과 청춘을 건네어 가려면 으레히 앓을 만한 것으로 전자에 여긴 적이 있었는데 나는 이제 뱃멀미도 아니 앓을 만하게 나이를 먹었나 봅니다. 실상 그럴 수밖에 없는 것이 지금 내가 누워서 지나는 곳이 올망졸망한 무수한 큰 섬 새끼 섬들이 늘어선 다도해 위가 아닙니까. 공해가 아니요 바다로 치면 골목길을 요리조리 벗어나가는 셈인데 큰 바람이 없는 바에야 무슨 큰 뉘가 일 것이겠습니까. 천성으로 훌륭한 방파림을 끼고 나가는데 멀미가 나도록 배가 흔들릴 까닭이 없었던 것입니다. 이러고 보면 누워 있을 까닭이 없다고 일어날까 하고 망설이노라니 갑판 위에서 통풍기를 통하여 "지용! 지용! 올라와! 등대! 등대!" 하는 영랑의 소리였습니다(우리 일행은 영랑과 현구, 나, 세 사람이었습니다). 한숨에 갑판 위에 오르고 보니 갈포 고의가 오동그라질 듯이 선선한 바람이 숱해도 부는 것이 아닙니까.

아아! 바람도 많기도 하구나! 섬도 많기도 하구나! 그저 많다는 생각 외에 없어서 마스트 끝에 꿰뚫리고도 느직이 기울어진 대웅성좌를 보고도, 수로 만리를 비추고도 남을 달을 보고도, 동서남북 사위팔방을 보고도, 그저 많소이다! 많소이다! 하는 말씀밖에는 아니 나왔습니다. 많다는 탄사가 내처 지당한 생각으로 변해서 그저 지당하온 말씀이올시다, 지당한 말씀이올시다 하였습니다.

배는 과연 쏜살같이 달리는 줄을 알았사오며 갑판이 그다지 넓다고는 할 수 없으나 수백 인이라도 변통하여 앉을 수 있었습니다. 구석구석에 끼리끼리 모여 앉고 눕고 기대고 설레고 하는데 케토*를 펴고 덮고 서로 자는 척하다가 나중에는 서로 홀트어 잡아 뺏는 장난을 시작하여 시시거리고 웃고 하는 패가 없나, 그중에도 단발

---

* 담요. blanket에서 온 일본말.

머리에 유카다 입은 젊은 여자가 제일 말괄량이 노릇을 하는데 무슨 철도국원 같은 이삼 인이 한데 어울려 시시대는 것이었고, 어떤 자는 한편에서 여자의 무릎을 베고 시조를 듣고 있는 자가 없나, 옆에 붙어 앉아 있는 또 한 여자는 어떠한 여자인지 대중할 수 없습니다. 차림차림새는 살림하는 여자들 같으나 무릎에 사나이를 눕히고 노래를 부른다는 것이 아무리해도 놀던 계집에 틀림없었습니다. 장의자 위에 무릎을 꿇고 이마를 붙이고 달팽이처럼 쪼그리고 자는 다비* 신은 할머니도 있었습니다. 가다가 추자도에서 내린다는 소학생들이 베개를 나란히 하고 케토를 덮고 있기에 나는 용서도 청할 것 없이 그 아이들이 덮은 케토자락 한 옆을 잡아당기어 그 위에 누워서 하늘을 보기로 했습니다. 아이들도 괴이쩍게 여기는 것이 아니었습니다.

  이러는 동안에도 하도 많은 섬들이 물러가고 물러오고 하는 것이었습니다. 달밤에 보는 것이라 바위나 나무라든지 어촌이나 사람을 짐작할 수 있는 것은 아니나 거뭇거뭇한 덩어리들이 윤곽이 동긋동긋하게 오히려 낮에 볼 수 없는 섬들의 밤 얼굴이 더 아름답지 않습니까. 그러나 하도 많은 것이 흠이 아닐까 합니다. 저 섬들이 총수總數가 늘 맞는 것일시 제사리를 서로 바꾸지나 않는 것일

---

* 지카다비. 노동자용 작업화.

지 몇 개는 하루아침에 떠들어온 놈이 아닐지 몇 개는 분실하고도 해도 위에는 여태껏 남아 있는 것이 아닐지 모르겠으며 개중에는 무뢰한 도서島嶼들이 있어서 도적島籍에도 가입치 않은 채로 연안에 출몰하는 놈들이 없지 않을까 합니다.

나는 똑바로 누워 있는 나의 콧날과 수직선 위에 별 하나로 일점을 취하여 놓고 배가 얼마쯤이나 옮겨가는 것인지를 헤아려 보려고 하였습니다. 몇 시간을 지나도 별의 목표와 나의 시선이 조금도 어그러지는 것이 아니었습니다. 우리가 지구 위로 기어다닌다는 것이 실상 우스운 곤충들의 놀음과 같지 않습니까. 그래도 우리 일행이 전속력을 잡아탔음에 틀림없는 것이, 한잠 들었다 깨었다 하는 동안에 뜀뛰기로 헤일지라도 기좌도, 장산도, 석수영, 가사도, 진도, 새섬을 지나지 않았겠습니까!

다도해기

실적도失籍島

배가 추자도에 다다랐을 때 잠이 깨었습니다. 지지과地誌科 숙제로 지도를 그리어 바칠 적에 추자도쯤이야 슬쩍 빼어 버리기로서니 선생님도 돋보기를 쓰셔야 발견하실까 말까 생각되던 녹두알만 하던 이 섬은 나의 소학생 적에는 시험 점수에도 치지 않았던 것입니다. 이제 달도 넘어가고 밤도 새벽에 가까운 때 추자도의 먼 불을 보니 추자도는 새벽에도 샛별같이 또렷한 것이 아니오리까! 종래 고무로 지워 버리지 못하고 그대로 말은 이 섬에게 이제 꾸지람을 들어야 할까 봅니다. 그러나 나의 슬픈 교육은 나의 어린 학우들의 행방과 이름조차 태반이나 잃어버렸는데도 너의 이름만은 이때껏 지니고 오지 않았겠나! 이 밤에 너의 기슭을 어루만지며 너의 곤히 잠든 나룻을 슬치며 지나게 된 것도 전생에 적지 않은 연분이었던 모양이로구나 하였습니다.

갑판에서는 떠들썩하고 희희거리던 사람들이 모두 깊이 잠들었습니다. 평생에 제주해협을 찾아오기는 코를 실컷 골기로 온 양으로 생각되는 사람도 있었습니다. 어쩐지 나는 아까워서 눈을 다시 붙이고 잠을 청해 올 수가 없었습니다. 배가 점점 가까이 다가감을 따라 섬의 불빛이 늘어서기를 점점 넓게 하는 것이 아니겠습니까. 섬에도 전등불이 켜진 곳은 실상 그중에도 한 부분에 지나지 않을 것이요, 그중에도 술과 담배나 울긋불긋한 뺨을 볼통히 하고 있는 사탕이나 사슴이나 원숭이를 그린 성냥갑이나 파는 집에 지나지 않을 것이니, 선인船人과 어부들이 모여 에튀 주정하며 쌈하며 노름하며 반조고로하고 요망한 계집들이 있어 더 한층 흥성스러운 그러한 종류의 거리에 뿐일 것이 아니겠습니까. 그 외에 개짐승이나 나무나 할아버지 손자 형수 시동생 할 것 없이 불도 없이 검은 바닷소리와 희유스럼한 별빛에 싸이어 자는 어촌이 꽤 널리 있을 것입니다. 어쩐지 성급하게도 배에서 뛰어내려 한숨에 기어올라 가보고 싶어지는 것이 아닙니까. 이상스럽게도 혀끝에 돌아가는 사투리며 들어보지 못한 민요며 연애와 비애에 대한 풍습이며 그러한 것들이, 어쩐지, 보고 싶어 하는 생각이 불 일듯 하는 것이 아닙니까. 설령 쫓아 올라가서 무턱대고 두들긴 문 앞에서 곤한 잠에서 부시시 일어나온 사나운 할머니한테 무안을 보고 말음에 지나지 않을지라도 이 섬은 나의 호기심을 모두 합하여 쭈그리고 있는 것입니다.

배가 바로 섬에 닿는 것이 아니라 상당한 사이를 두고 닻을 내리고 쉬는 것입니다. 노를 저으며 오는 작은 목선들이 마침 기다렸었노란 듯이 몰려와서 사람을 내리우고 짐을 풀고 하며 새벽 포구가 와자지껄하며 불빛이 요란해지는 것입니다. 웬 짐짝과 물화가 이렇게 많이 풀리는 것입니까. 또 실리는 물건도 많은 것입니다. 밤이라 섬의 윤곽을 도저히 볼 수 없으나 내가 소학생 적에 가볍게 무시하였던 그러한 절도絶島는 아닌 것이 틀림없습니다. 희뚝희뚝하는 작은 목선에 실리어 섬으로 가는 젊은 여자 몇은 간단한 양장까지 한 것이었고, 손에 파라솔까지 가진 것이니 여자라는 것은 절도絶島에서도 몸짓과 웃음이 유심히 사람의 눈을 끄는 것이 아닙니까. 그것이 더욱이 말썽스럽지 않은 섬에서 보니깐 더 싱싱하고 다혈적이고 방심한 것이 아니오리까. 밤에 보아도 건강한 물기가 드는 듯한 얼굴에 웃음소리 말소리가 물결 위에 또랑또랑 울리며 가는 것입니다. 그러나 이 아닌 이른 새벽에 무엇이 그렇게 재깔거릴 것이 있는 것이며 웃을 거리가 많은 것입니까. 사투리는 사투릴지라도 대개 알아들을 수 있는 말이며 짐 푸는 일군들의 노랫소리는 실상 전라도에서도 경기도에서도 듣지 못한 곡조였으나 구슬프고도 힘차고 굳센 소리였습니다. 생활과 근로가 있는 곳이면 어디서든지 절로 생길 수 있는 노래 곡조인 것에는 틀림없습니다.

목선 한 척이 또 불을 켜들고 왔는데 뱃장 널빤지쪽을 치어들고 보이는 것은 펄펄 뛰는 생선들이 아닙니까! 장어, 붉은 도미, 숭어 따위가 잣길이*씩이나 되는 놈들이 우물우물하지 않습니까! 값도 놀랍게도 헐한 것입니다. 사라고 권하기도 하는 것이요 붉은 도미 흐벅진 놈을 사서 갑판 위에서 회를 쳐서 먹고 싶은 것입니다. 독하고도 맛이 감치는 남도 소주를 기울이면서 말이지요. 눈이 초롱초롱하고 펄펄 살아 뛰는 놈을 보고서 돌연한 식욕을 일으키는 것은 사람의 본성이 아닐 수 없을 것입니다. 그러나 나의 절제로써 가볍게 넘기지 못할 그러한 맹렬한 식욕에까지 이른 것도 아니니 그야 하필 붉은 도미에 뿐이겠습니까? 이렇게 나그넷길로 나서고 보면 모든 풍경에 관한 것이나 정욕이나 식욕이나 이목耳目에 관한 것이 모두 싱싱하고 다정까지도 한 것이나 대개는 대단치 않은 절제로써 보내고 지내고 그리고 바로 다시 떠나가야 할 수밖에 없는 것입니다.

---

* 한 자 정도의 길이.

다도해기

일편낙토—片樂土

한라산이 시력 범위 안에 들어와 서기는 실상 추자도에서도 훨씬 이전이었겠는데 새벽에 추자도를 지내 놓고 한숨 실컷 자고 나서도 날이 새인 후에야 해면 위에 덩그렇게 선연嬋姸히 허우대도 끔찍이도 크게 나타나는 것이 아닙니까! 눈물이 절로 솟도록 반갑지 않으오리까. 한눈에 정이 들어 즉시 몸을 맡기도록 믿음직스러운 가슴과 팔을 벌리는 산이외다. 동방화촉에 초야를 새울 제 바로 모신 임이 수줍고 부끄럽고 아직 설어 겨울 뿐*이러니 그 임의 그 얼굴 그 모습이사 동창이 아주 희자 솟는 해를 품은 듯 와락 사랑홉게 뵈옵는 신부와 같이 나는 이날 아침에 평생 그리던 산을 바로 모시었습니다. 이즈음 슬프지도 않은 그늘이 마음에 내려앉아 좀처

---

* 낯선 것을 이기지 못할 뿐.

럼 눈물을 흘린 일이 없었기에 인제는 나의 심정의 표피가 호두껍 질같이 오롯이 굳어지고 말았는가 하고 나머지 청춘을 아주 단념 하였던 것이 제주도 어구 가까이 온 이날 이른 아침에 불현듯 다시 살아나는 것이 아니오리까.

　동행인 영랑과 현구도 푸른 언덕까지 헤엄쳐 오르려는 물새처 럼이나 설레고 푸덕거리는 것이요, 좋아라 그러는 것이겠지마는 갑 판 위로 뛰어 돌아다니며 소년처럼 희살대는 것이요, 빽빽거리는 것이었습니다. 산이 얼마나 장엄하고도 너그럽고 초연하고도 다정 한 것이며 준열하고도 지극히 아름다운 것이 아니오리까. 우리의 모륙母陸이 이다지도 절승한 종선從船을 달고 엄연히 대륙에 기항하 였던 것을 새삼스럽게 감탄하지 않을 수 없었습니다. 해면에는 아 직도 야색夜色이 개이지 않았는지 물결이 개운한 아침 얼굴을 보이 지 않았건만 한라산 이마는 아름풋한 자줏빛이며 엷은 보랏빛으로 물든 것이 더욱 거룩해 보이지 않습니까. 필연코 바다 저쪽의 아침 해를 미리 맞음인가 하였으니 허리에 밤 잔 구름을 두르고도 그러 고도 그 위에 다시 훤칠히 솟아오릅니다.

　배가 제주 성내 앞 축항 안으로 들어가자 큼직한 목선이 선부들 을 데리고 마중을 나온 것이었습니다. 갑자기 소나기 한 줄금을 맞 으며 우리는 목선에로 옮겨 타고 성내로 상륙하였습니다. 흙은 검 고 돌은 얽었는데 돌이 흙보다 더 많은 곳이었습니다. 그러고도 사람의 자색은 희고도 아름답지 않습니까. 소나기 한 줄금은 금시에 개이고 멀리도 밤을 새워 와서 맞는 햇살이 해협 일면에 부챗살 펴 듯 하였습니다. 섬에도 놀라울 만치 번화한 거리가 있고 빛난 물화가 놓이고 팔리고 하지 않습니까. 그보다도 눈이 새로 열리는 듯이 화안한 것은 집집마다 거리마다 백일홍 협죽도가 한창 꽃이 어울리어 풍광의 밝음을 돋우는 것입니다. 귤이며 유자며 지자枳子*들이 모두 푸른 열매를 달고 있는 것이요, 동백나무 감나무 석남石南 참대 들이 바다보다 푸르게 짙어 무르녹은 것입니다. 햇빛에 나의 간지러운 목을 맡기겠사오며 공기는 차라리 달아 혀에 감기는 것입니다. 꾀꼬리도 마을에 내려와 앉았는데 초롱초롱한 울음을 자랑하는 것이 아닙니까. 가마귀 지저귐도 무슨 흉조로 들을 수가 없습니다.

그러나 토리土利**는 사람을 위하여 그다지 후한 것으로 생각되지 않았사오며 제주도는 마침내 한라 영봉의 오롯한 한 덩어리에 지나지 않는 곳인데 산이 하도 너그럽고 은혜로워 산록을 둘러 인축人畜을 깃들이게 하여 자고로 네 골을 이루도록 한 것이랍니다. 그리하여 사람들은 돌을 갈아 밭을 이룩하고 우마를 고원에 방목하여 생업을 삼고 그러고도 동녀童女까지라도 열 길 물속에 들어 어패와 해조를 낚아 내는 것입니다. 생활과 근로가 이와 같이 명쾌

---

* 탱자.
** 땅의 형세에 따라 얻는 이로움이나 편리함.

히 분방히 의롭게 영위되는 곳이 다시 있으리까? 거리와 저자에 넘치는 노유老幼와 남녀가 지리와 인화로 생동하는 천민天民들이 아니고 무엇이오리까. 몸에 깁을 감지 않고 뺨에 주朱와 분을 바르지 않고도 지체와 자색이 전아 풍요하고 기골은 차라리 늠름하기까지 한 것이 아니오리까. 미녀가 구덕(제주 여자는 머리로 이는 일이 없고 구덕이라는 것으로 걸빵하여 진다)과 지게를 지고도 사리고 부끄리는 일이 없습니다. 갈포나 마포麻布 토산으로 적삼과 치마를 지어 입되 떫은 감물柿汁을 물들여 그 빛이 적토색과 다를 데가 없습니다. 그러나 그것이 도리어 흙과 비에 젖지 않으며 바다와 산에서 능히 견딜 수 있는 것이니 예로부터 도적과 습유拾遺*가 없고 악질과 음풍이 없는 묘묘杳杳한 양상洋上 낙토에 꽃과 같이 아름다운 의상이 아니고 무엇이오리까.

---

* 남이 잃어버린 것을 주움.

다도해기

귀거래

   해발 1,950미돌米突*이요 이수로는 60리가 넘는 산 꼭두에 천고의 신비를 감추고 있는 백록담 푸르고 맑은 물을 고삐도 없이 유유자적하는 목우들과 함께 마시며 한나절 놀았습니다. 그러나 내가 본래 바다 이야기를 쓰기로 한 것이오니 섭섭하오나 산의 호소식好消息은 할애하겠습니다. 혹은 산행 120리에 과도히 피로한 탓이나 아니올지 내려와서 하룻밤을 잘도 잤건마는 축항 부두로 한낮에 돌아다닐 적에도 여태껏 풍란의 향기가 코에 아른거리는 것이요 고산식물 암고란열매(시레미)의 달고 신 맛에 다시 입안이 고이는 것입니다.
   깨끗한 돌 위에 배낭을 베개 삼아 해풍을 쏘이며 한숨 못 잘 바

---

* 미터.

도 없겠는데 눈을 감으면 그 살지고 순하고 사람 따르는 고원의 마소들이 나의 뇌수를 꿈과 같이 밟고 지나며 꾀꼬리며 휘파람새며 이름도 모를 진기한 새들의 아름다운 소리가 나의 귀를 소란하게 하는 것이 아닙니까. 높은 향기와 아름다운 소리는 어진 사람의 청덕淸德 안에 갖추어 있는 것이라고 하면 모든 동방의 현인들은 저윽이 괴로운 노릇이었을 것이, 내가 산에서 내려온 다음 날 무슨 덕과 같은 피로에 견딜 수 없는 것으로 눌러 짐작할 듯하옵니다. 해녀들이 일할 때를 기다리다 못하여 해녀 하나를 붙들고 물속엘 들어 뵈지 않겠느냐고 하니깐,

"반 시간 시민 우리들 배타그넹에 일하레 가쿠다."

우리 서울서 온 사람이니 구경 좀 시키라니깐,

"구경해그넹애 돈 주쿠강?"

돈을 내라고 하면 낼 수도 있다고 하니깐,

"경하민 우리 배영 갓찌 탕앙 가쿠가?"

돈을 내고라도 볼 만한 것이겠으나 어쩐지 너무도 Bargain's bargain(매매계약)적인 데는 해녀에 대한 로맨티시즘이 엷어지는 것입니다. 그리고 그를 따라 배를 타고 가다가는 여수 가는 오시午時 배를 놓치고 말 것이 아닙니까.

우리는 축항을 달리 돌아 한편에서 해녀라기보다는 해소녀 일단을 찾아냈으니 호-이 휘파람소리(물속에서 나오면 호흡에서 절로 휘파람

소리가 난다)에 두름박을 동실동실 띄우고 푸른 물속을 갈매기보다도 더 재빨리 들고 나는 것입니다. 제주에 온 보람을 다 찾지 않았겠습니까. 물속에 드는 시간이 대개 2, 30초가량이요 많아야 1분 동안인데 나올 적마다 청각 미역 소라 등속을 훔켜들고 나오는 것입니다. 그러면서 떠들며 이야기하며 하는 것이니 우리는 그들이 뭍에로 기어 올라오기를 기다리고 있었던 것입니다. 십육칠 세쯤 되어 보이는 해녀들이 인어와 같은 모양을 하고 올라오는 것입니다. 잠수경을 이마에 붙이고 소중의*[潛水衣]로 간단히 중요한 데만 가린 것에 지나지 않았으나 그만한 것으로도 자연과 근로와 직접 격투하는 여성으로서의 풍교風敎에 책잡힐 데가 조금도 없는 것이요, 실로 미려하게 발달된 품이 스포츠나 체조로 얻은 육체에 비길 바가 아니었습니다. 그러고도 천진한 부끄럼을 속이지 못하여 뺨을 붉히는 것입니다. 우리는 그중에 한 소녀를 보고 그것(잠수경)을 무엇이라고 하느냐고 물으니깐 "거 눈이우다." 안경을 '눈'이라고 하니 해녀는 눈을 넷을 갖고 소라와 전복과 조개가 기어다니며 미역과 청각이 푸르고 산호가 붉은 이상스런 삼림 속으로도 몇 차례씩 내려가는 것입니다. 하도 귀엽기에 소녀의 육안을 손가락으로 가르치며 저 눈은 무슨 눈이라고 하노 하니깐,

---

* '속곳'의 제주 방언.

"그 눈이 그 눈이고 그 눈이 그 눈입주기 무시거우깡?"

소녀는 혹시 성낸 것이나 아니었을까? 그러나 내가 웃어 버리니깐 소녀도 바로 웃었습니다. 물론 물에서 금시 잡아 내온 인어처럼 젖어 서서 있는 것이었습니다. 소라와 같이 생기었으나 그보다 적은 것인데 꾸정이라고 이릅니다. 하나에 얼마냐고 물으니,

"일전마씸."

이것을 어떻게 먹는 것이냐고 물으니,

"이거 이제 곧 깡먹으면 맛 좋수다."

까주기만 할 양이면 반드시 먹으려고 벼르고 있노라니 소녀는 돌멩이로 꾸정이를 깨어 알맹이를 손톱으로 잘 발라서 두 손으로 공손히 바치며,

"예- 이거 먹읍서."

맛이 좋고 아니 좋고 간에 우리는 얼굴을 찡그리어 소녀들의 고운 대접을 무색하게 할 수가 없었습니다. 헤엄치며 있던 소년 하나이 소녀의 두름박을 잡아다리어 가지고 물로 내동댕이치며 헤어 달아나는 것입니다. 소녀는 사폿 내려서더니 보기 좋게 다이빙 자세로 뛰어들어가 몇 간통*이나 헤어서 소년을 추적해 잡아 가지고 발가벗은 등을 냅다 갈기며,

---

* 간격.

"이놈의 새끼 무사경 햄시니!"

하도 통쾌하기에 손뼉을 치며 환호하였더니 소녀는 두름박을 뺏어 끼고 동실거리며,

"무사경 박수 첨시니?"

물에서는 소년이 소녀의 적수가 될 수 없는 것이었습니다. 그야 우리도 바다와 제주 처녀의 적수가 애초에 될 수 없었기에 다시 연락선을 타고 이번에는 여수로 항로를 잡지 않았겠습니까. 다도해 중에도 제일 아름답고 기절奇絶한 코스로 들어 다도해의 낮과 황혼과 새벽과 아침을 모조리 종단하면서……. 브라보!

선천宣川 1

　천북동川北洞 뒤가 대목산大睦山, 눈 위에 낙엽송이 더욱 소조하여 멀리 보아 연기에 쌓인 듯하다. 이 산줄기가 좌우로 선천 읍을 희동그라니 싸고돌아 다시 조그마한 내를 흘리어 시가지 중앙을 꿰뚫었으니 서남에서 동북으로 흐른다.

　삼동내 얼어붙은 냇물도 제철엔 제법 수세水勢 좋게 흘러 차라리 계곡수답게 차고 맑기까지 하다. 그러나 청천강 줄기같이 큰물이라곤 없는 곳이 들이랄 것이 없어 아늑한 분지로 되었다. 겨울에 바람은 없지만 여름에 무더위가 심한 편이요 아침에 밥들 지어먹은 연기가 열한 시 열두 시까지 서리고 있어 빠져나갈 틈이 없다니 이 골 사람들이 자칭 산골 사람이로라고 하는 것도 그저 겸사의 말도 아닐까 한다.

　그러나 호수로 4천이 넘고 2만 인구가 호흡하는데 초가라곤 별로 없고 기와집 아니면 양옥이다. 산골에서 여차하면 양옥을 짓고 사는 이곳 사람들은 첫눈에 북구인 같은 심중한 기질을 볼 수 있다. 별장지대풍의 소비적 소도시인지라 소매 상가를 지날 때 양식식료품, 모사毛絲 의류, 화장품, 약품, 과자 등이 어딘들 없을까 잡다하다 느니보다 많은 진열 배치된 품이 착실하기 Quality street다운 데가 있으니 물건 팔기 위한 아첨이라든지 과장하는 언사를 들을 수 없고 등을 밖으로 향하여 앉아 성경 읽기에 골독하다가 손님이 들어서면 물건을 건네고 돈을 받은 후에 별로 수고로운 인사도 없이 다시 돌아앉아 책을 드는 여주인을 볼 수 있는 것이 예사다.

　장로교가 거진 풍속화하였다는 것을 이 일단으로도 짐작할 만하니 내가 새삼스럽게 장로교 경영의 남녀 학교라든가 병원, 양로원, 고아원이라든가를 열거해야만 할 것도 없이 선천은 사회시설의 모범지다. 개인으로 공화당, 도서관, 학관을 겸한 선천회관을 제공한 이가 없겠나, 동, 서, 남, 북 교회 등 4대 예배당이 읍을 4소교구로 분할하여 주사酒肆 청루青樓에 배당한 토지가 없이 되었다. 더욱이 남교회라는 예배당은 거대한 이층 연와건축인데 일천수백 명을 앉힐 만한 홀이 2개가 있다. 1소교구 신도의 각자 의연義捐으로 된 것인데 건축 경비 6만 원이라는 거액이 어떠한 방법으로 판출辦出되었는가 하면, 일례를 들건대 월급 50원에 가족을 거느리는 신도가 일구一口 50원을 의연하되 불과 3, 4삭에 완납하였다.

남교회 건축에 관한 부채는 깨끗이 청산되고도 여유가 있었다. 여자 사회가 얼마나 발달되었는지 청년회 합창대 등은 물론하고 춘추로 그네뛰기와 때로 대회를 열되 순연히 여자만으로써 주최하며 시어머니 며느리가 2인3각으로 출전하여 우승하였고 상품으로 평안도 놋 쟁반 크다만한 것을 탔다고 했다.

선천 2

동백나무도 이곳에 와서는 방에서 자란다. 이중 유리창으로 눈빛이나 햇빛을 맞아들이게 밝은 네 칸 온돌 안의 동백나무는 자다가 보아도 새록히도 푸르고 참하다.

분에 심기어 가지가 다옥다옥 열리운 것이 적은 반송盤松과 같아서 나무로 치면, 사철 푸르다느니보다 사철 어린애로 있다. 나는 동백나무의 나이를 요량할 수 없다.

나무의 나이를 묻는다는 것이 혹은 글자나 하는 사람의 쑥스런 언사이기도 하려니와 실상은 동백나무와 키와 나란한 은희가 올에 몇 살에 났는가를 이름보다도 먼저 알았다.

은희가 인제 네 살에 나고 보면 동백나무도 키가 같다 할지라도 네 살에 났다고 하면 억울할 것이다. 혹은 곱절이거나 10년이 위일는지도 모른다. 군가지가 붙는 대로 가위로 가다듬고 보니 몸맵시가 어리어 은희와 같이 나무가 사철 어린아이로 있는 것이니 은희가 옆에 서거나 앉거나 할 때 은희는 눈이 더욱 까만 꾀꼬리가 된다. 검은 창이 유난히도 검은 눈이 쌍꺼풀지고 속눈썹이 길다. 웃으면 입가가 따지어 보면 정제한 것이 어떻게 보면 야긋이 기웃해지며 눈자위는 조금 들어가는가 싶다. 쫑쫑 들어박힌 무슨 씨갑시와 같은 이쪽마다 가장자리에 까무잡잡한 선이 인공적으로 돌린 것 같다. 어린 콧마루가 족 선 것이 벌써 서도 여성으로서 조건이 선명한데 아직 혀를 완전히 조종할 줄 모르는 사투리는 서도에서도 다시 사투리 맛이 난다.

아무나 보고도 옙 할 까닭을 모르는 권리를 가진 은희는 큰아바지 보고나 서울선생님을 보고나 자기의 친절이 즉시 시행되지 않는 경우에는 "그르카래는데 와 그네!"하며 조그만 군조軍曹처럼 질타한다. 째랑째랑 산뜻산뜻한 이 어린 군조한테 우리는 압도한다. 이른 아침 자리에서 일기도 전에 은희가 가져오는 꽁꽁 얼은 사과를 명령적으로 먹게 되는 것이니 먹이고 나선 "사과가 제 혼자 절루 얼었다"는 것이요, "서울은 가서 멀 하갔네, 그림책 보구 여게서 살디"하면 우리는 훨씬 예전의 우리의 '교과서'를 펴고 일일이 경청해야 하며 그리고 대답해야 한다.

그러고 보니 동백나무는 역시 나이가 들어 보이는 것이 나이가 들지 않고서야 이렇게 검도록 짙푸를 수야 없다.

은희가 노큰마니한테로, 중큰마니한테로, 큰아버지한테로, 서울선생님한테로 왔다 갔다 하며 좋아라고 발하는 소리가 소프라노 위의 끝까지 올라간다.

 동백나무도 보스락 보스락거리는가 하면 창밖에는 며칠째 쌓인 눈 위에 다시 쌀알 눈이 내린다.

 중큰마니가 돌리시는 물레소리에 우리는 은은한 먼 춘뢰春雷를 듣는다. 우루릉 두루릉.

선천 3

　노큰마니는 중큰마니의 친정오마니시오 중큰마니는 은희의 친큰마니가 되신다. 노큰아바지도 중큰아바지도 예전 이야기에서나 있으신 듯이 은희는 모른다. 노큰마니 한 분은 평양서 사시다가 사리원 큰아바지한테 가셔서 지나신다. 사리원 노큰마니는 중큰마니의 시오마니가 되신다. 사리원에도 노큰아바지도 중큰아바지도 아니 계신다. 이리하여 본가로나 진외가로나 장증손長曾孫 은희는 사리원서 보아도 반짝반짝하는 한 개 별이요 선천서 보아도 한 개 별로 반짝반짝한다. 은희가 자기의 계보적 위치를 알기에는 산술 배우기보담 어렵겠으므로 나는 일부러 이렇게 수수께끼처럼 하여 서울선생님을 데불고 오신 서울 큰아바지는 은희의 아버지의 삼촌 작은아자씨가 되시고 사리원 큰아바지는 삼촌 둘째아자씨가 되시는 것을 일러두고 그친다.

은희가 양력으로 네 살에 나니깐 음력으로 아직도 세 살이다. 그러나 음력설 때에는 양력설 때보다 더 자라 있을 것이다. 그렇게 보면 이제부터 미구에 동백나무의 키를 지나고도 훨씬 어른이 될 날도 볼 것이 아닌가. 식물에도 무슨 심리가 있다고 하는데 나는 동백나무가 어느 때 슬프고 않은 것을 관찰할 수가 없다. 혹은 외광과 불빛의 관계겠지마는 동백나무가 그저 검푸러 암담한 모습을 할 때와 잎새마다 반짝반짝하는 눈을 뜨듯이 생광生光이 되는 적이 있는 것을 본다. 암담한 빛을 짓는 때는 우리는 심기가 완전히 쾌한 날이 아니기도 하여 은희의 현관 옆 양실洋室에 가서 난로에 통나무를 두두룩히 피우고 붉은 불빛에 얼굴을 달구며 유리창에 내리는 함박눈을 본다.

어느 날 오후에 은희가 잠이 들었을 때 우리는 차를 타고 의주, 안동을 지나 오룡배五龍背까지 갔다. 하루 후에 낙영 군이 뒤를 따라와서 전하는 말이 은희가 잠을 깨고 나선 우리가 없어진 것을 발견하고 노발하여 노큰마니한테 가서 울고 중큰마니한테 가서 울고 달랠 도리가 없었더라는 것이다.

내 말이 맞았다. 선천서 신의주까지 낮에도 램프 불을 켠 차실車室 안에서 아무래도 은희가 잠이 깨서 몹시 울었으리라고 한 것이 맞고 말았다.

국경 근처로 일주간이나 돌아다닐 제 우리는 노상 은희 말을 하였다. 돌아오는 길에 선천에 다시 들린 것은 반드시 들려야 할 것은 아니었다.

  현관까지 뛰어나오며 환호하는 은희는 뛰고 나는 것이 한 개의 난만한 조류가 아닐 수 없었다. 우리는 은희를 천정 반자까지 치어 들어 올리었다.

  동백나무도 이 저녁에는 잎새마다 순이 트이고 불빛도 유난히 밝은데 우리들의 식탁은 잔치와 같이 즐거웠고 떠들썩하기까지 한 것이었다.

의주 1

　영하 25도 되는 날, 버스 안에서 발이 몹시 어는 것을 여간 동동 거리는 것으로써 견딜 것이 아니었다. 버스에서 내리는 즉시 통군정統軍亭 언덕배기를 구보로 뛸 작정으로 한 시간 이상 발끝을 배빗 배빗하노라니 이건 심술궂기가 시골 당나귀로구나. 앞뒤 궁둥이가 모조리 뛰어오르는가 하니 몸은 천정을 떠받고 찡그린다.
　물 건너서는 자차분한 산이랄 것도 없는 것들이 가로 걸쳐 실상 만주 벌판이 어떻다는 것을 모르겠더니 신의주로부터 의주 가까이 오는 동안에 과연 대륙이라는 느낌이 답새운다. 끔찍이도 넓다. 그러나 사하진沙河鎭서부터 오룡배 근처처럼 지긋지긋이 쓸쓸해 보이지 않는다.
　조선 초가집 지붕이 역시 정다운 것이 알아진다. 한데 옹기종기 마을을 이루어 사는 것이 암탉 둥우리처럼 다스운 것이 아닐까. 만주벌은 5리나 10리에 상엿집 같은 것이 하나 있거나 말거나 하지 않았던가. 산도 조선 산이 곱다. 논이랑 밭두둑도 흙빛이 노르끼하니 첫째 다사로운 맛이 돈다. 추위도 끝 닿은 데 와서 다시 정이 드는 조선 추위다. 안면 혈관이 바작바작 바스러질 듯한데도 하늘빛이 하도 고와 흰 옷고름 길게 날리며 펄펄 걷고 싶다.

우리가 노상 새 옷 입고 싶은 것도 강 한 줄기로 사이를 갈라 산천 풍토가 이렇게도 달라지는 까닭에 있지 않을지.

발끝이 거진 마비되는가 할 때, 머리는 잠깐 졸을 수 있을 만치, 우리 여행은 그만치 짐될 것이 없었던 것이다. 지난밤 물 건너 신시가에서 글라스 폭격을 감행한 패기가 이제사 다소 피곤을 느낄 만할 때 우리는 흔들리며 뛰며 그러고도 닭처럼 졸아 징징거리는 엔진 소리에 잠시 견딜 만하였던 것이다.

머리가 저윽이 가뿐하여지는 것을 느끼며 남문을 들어서 나직나직한 기왓골이 이랑지에 흐르는 거리에 섰다.

단숨에 통군정에 오르자던 것이 낙영이가 앞을 서서, 의주 약방집 빨갛게 익은 난로를 둘러앉아 발을 녹이던 것이었다.

주인집 '체네'는 참 미소녀라고 감탄한 것이 낙영이 한훤寒暄으로 소녀가 아니라 젊은 주부인 줄을 알았다.

주부는 바로 문을 닫고 들어가고 우리 몸은 충분히 더웠다. 나머지 시간이 바쁘게 원 그렇게 어리어 보일 수가 있는가고, 길吉*의 놀라함은 정식으로 발표되었다.

　검정 두루막 입은 주인이 들어왔다. 인사도 채 마치기 전에 전화통에 붙어서서 방에 불이나 따끈따끈히 지펴 놓고 그리고 어찌어찌 하라는 지휘인 모양인데 일이 벌어지는 모양이로구나 하는 생각뿐으로서 나는 그저 잠잠하였다.

　통군정에 길은 흥미를 갖지 아니한다. 멀리도 일부러 찾아와서 통군정에 오르기는 어서 내려가자고 재촉하기가 목적이었던지 나야 그럴 수가 없었고 또한 관찰한 바가 비범한 바가 없지도 않았으나 구련성九連城 넘어 달려오는 설한풍을 꾸짖어 가며 술회하기에는 코가 부어지는 것이요 단작스런 글씨 쪽들이 실상은 낙서감어리도 못 되는 것을 업수이 여기고 내려왔으나 지나 대륙에 향하여 구멍을 빼꼼히 뚫어 놓고 심장이 그다지 놓이지 못하였던 서문을 활 한바탕쯤 되는 거리에 두고 아니 보고 온 것을 이제 섭섭히 여긴다.

---

* 화가 길진섭(1907~　).

의주 2

"오호, 끔즉이 춥수다이!" 하며 들어서는 아이의 이름이 추월秋月이라는 것을 알았다. 귀가 유난히 얼어 붉었는데 귓불이 홍창 익은 앵두처럼 흐물어져 안에서부터 터질까 싶다. 그림이나 글씨 한 점 없는 백로지로 하이얗게 바른 이 방 안에 추월이는 이제 그림처럼 앉았고 그리고 수줍다.

술이 언 몸을 골고루 돌아가기에 얼마쯤 시간이 걸리는 것이었던지 아직도 잔이 오고 가기에 저윽이 뻐근한 의무 같은 것을 느낄 뿐이요 농담이라거나 우스개가 잔뜩 호의를 갖추고 팽창할 따름으로 활시위에서 활이 나가기 전 상태에서 잔뜩 겨누고 있을 때

"추월아, 넌 고향이 어디냐?"

"녕미嶺美웨다."

"언제 여기 왔어?"

"7월에 왔시요."

7월에 온 추월이는 방이 더워 옴에 따라 귓불이 녹아 만지기에 따끈따끈하나 빛깔이 눈 위에 걸어온 그대로 고운 것이 가시고 말았다.

"추월아 너 밖에 나가서 다시 얼어 오렴아."

추월이가 웃는 외에 달리 무슨 말이 없었을 때 차차 웃음소리가 이야기를 가져오고 화선花仙이마저 추위를 부르짖으며 들어와 예하며 앉는다.

의주 약방 주인 김 군이 검정 두루막을 벗어 화선이가 일어나 걸었다. 김이 서리고 훈기가 돌고 방이 차츰 따끈따끈하여질 때 들어오는 병 수가 점점 늘어 간다. 아까 길吉의 명함이 나가는가 하였더니 '유도 4단'이 '자字'처럼 불리어지는 최 군과 나이 삼십에 웃으면 여태껏 볼이 옴식옴식 패이는 얼굴이 여자보다도 흰 장 군이 들어온다. 한훤寒喧과 폭소가 어울리어 갑자기 자리가 흥성스러워지자 종시 시침을 떼고 앉았던 길이 사동을 시키어 미리 사 두었던 신의주까지 당일 행 자동차표를 물러 보기로 한다.

순배가 한 곳으로 몰린다. 화선이의 말문이 열리기 위하여 우리는 수종隨從을 들어야 한다. 길의 스케치북이 화신이 손에 옮기어 갔을 때 화선이는 첫 장부터 끝까지 열심스럽다. 물 건너 '왕리메王麗妹'를 그린 여러 폭의 크로키가 펼쳐진다.

"화선이 말 좀 하라우 얘!"

"아니 데 센상님 이거하고 삽네까?"

길이 일탄을 받고 어깨를 흔들며 웃었다.

"이거하고 살다니?"

화선이가 저윽이 당황하여졌는가 하였을 때 뺨이 붉어지기 전에 웃음이 얼굴을 흩트리며

"내레 언제 그랬읍네까? 센상님 직업이 무어시과? 그르는 말입습디예!"

화선이가 도사리고 앉음앉음새가 새매와 같았던 것이 빨리도 완화되자 김 군의 교묘한 사식司式*으로 주기酒氣가 바야흐로 난만에 들어간다.

짠지에 분디를 싸서 먹는 맛을 추월이가 가르쳐 주었다.

분디는 파릇한 열매가 좁쌀알만 할까 한 것이 아릿하기도 하고 맵싸하기도 하여 싸늘한 향취가 어금니를 지나 코로 돌아 나올 때 창밖에 찢는 듯한 바람소리의 탓일지 추운 듯 슬픈 듯한 향수와 같은 것까지 느끼는 것이었다. 감상이라는 것이 무형한 것이기에 어느 때 어느 모양으로 엄습하여 오는 것일지 보증할 바이 아니겠으나 혹은 내가 한데 몰리어 오는 잔을 좌우수左右手에 받치어 들고

---

* 다루는 방식.

울 듯하고도 즐거운 것이 아닐 수도 없다.

"개뽈따귀 개저오라구 그래라 얘!"

"한마디 듣자꾸나 얘!"

서창 미닫이 유리쪽에 성에가 나머지 햇살을 받아 처참하기까지 하고 옆에 붙은 국엽菊葉의 투명하도록 파릇한 빛이 살아 오른다. 장고를 '개뽈따귀'라고 치며 기개를 돕기에는 아직도 일다.

의주 3

　자리를 옮기기로 하여 골목길을 걸어 마을 가듯 할 수 있는 것이 즐거웁다. 이제는 추위를 대수롭게 여기지 않을 만치 되었고 서로 스스러워 아니하여도 좋게 되었다. 스스러울 것이 없을 만치 되기까지가 실상은 그다지 많은 시간이 걸리는 것이 아닌 것이 우리 틈에 걷는 화선이는 막내 누이처럼 수선을 떨기 시작하기가 어렵지 않았다. 입으로 왕성한 흰 증기를 뿜을 수 있는 나머지에 점점 "오오! 치워!" 할 뿐이지 소한 바람에도 뺨을 돌려대기가 그다지 싫지 않다. 그리고 눈 위에 다시 달을 밟으며 이야기 소리는 낭랑히 골목 밤을 울리며 간다. 시골 대문이란 잘 때 닫는 것이라 무심코 눈을 돌리어도 길 옆집 안방 건넌방 영창에 물 들은 불빛을 볼 수 있다. 우리에게 훨씬 익은 생활이 국경거리에서 새삼스럽게 정답게 기웃거려지기도 하는 것이다. 기왓골 아래 풋되지 않은 전통을 가진 의주 살림살이에 알고 가고 싶은 것이 많다. 우리 총 중에서 익살을 깨트려 컹! 컹! 왕왕 짖는 소리를 흉내 내어 동넷집 개를 울리게 할 양이면 미닫이를 방싯 열고 의아하는 나머지에 의걸이 장롱에 호장저고리에 남치마 태를 눈 도적 맞은 이도 있고 우리가 끄는 신 소리가 나막신 소리처럼 시끄럽게까지 하다.

들어가 앉고 보면 요정이 아니라 일러도 좋은 안방 아니면 건넌방 같은 방 아랫간이 짤짤 끓는다. 우리는 깡그리 보료 밑에 손을 묻고 뺨을 녹이고 궁둥이를 도사리고 추위를 과장한다. 영산홍이 어느새에 왔댔는지 의주 밤이 점점 행복스러워간다. 끈에 뽑혀 오지도 않고 뽑혀 갈 바도 없이 우리는 오보록이 조찰히 놀 수 있는 것이다. 영산홍이가 미리 프로를 만들었음인지 화선이 보고 무어라고 눈짓을 찌긋찌긋 하더니 일동일정―動―靜이 유창하게 진행된다.

일국지명산―國之名山으로 풍덕새가 날아들어
우노라 경술년庚戌年 풍년이 대대로 감돌아든다.

화선이가 장고를 안고,

말은 가자고 네 굽을 치는데 임은 부여잡고 낙루만 한다.

영산홍이가 가두歌頭를 번갈아 바꾼다.

밤이면 달이 밝고 낮이면 물이 맑고
산아 산아 수양산아 눈이 왔다 백두산아 ―

의주 산타령이란 전에 들었던 성싶지 않은 유장하고 유쾌한 노래다. 나는 자못 감개가 깊어 간다. 통군정서 바라보이던 구련성 뭇 봉우리가 절로 올라갔다 내려왔다 다시 우줄우줄 걸어온다. 야작夜酌이 난무순亂無順으로 순배가 심히 빈번하다. 영산홍이의 쾌변이 난만하여질 때 우리는 서울 말씨가 의외에 빳빳하여 혀가 아니 도는 것이 알아진다.
"아이구 데 셴상님 말씀이 다 과다오는구만."
"말줌 하시래이에! 조상님들이 말씀을 하시다가 돌아가선난디 와 말삼이 없습네가?"
담론풍발談論風發이 잠깐 절심絶心이 되면(연발하던 총불이 별안간 멈추면) 다시 잔이 오고 가고 잔이 멈칫하면 개뿔따귀가 운다. 〈서도팔경〉에 〈의주 경발림〉이 연달아 나온다. 영산홍이가 일어섰다. 화선이가 장고를 메고 따라선다. '유도 4단'이 일어섰다. '개량집사改良執事'의 별명을 듣는 장 군이 앉아서 꼼작 않고 배길 때 저고리 빛이 연둣빛에 가깝다. 읍회의원 김 군은 끝까지 익살스러운 사식으로 유흥을 진행시킨다. 놀 양 한 고비가 본때 있게 넘어갈 때 영산홍이의 조옥 서서 내려간 치마폭이 보선을 감추고도 춤이 열리고 화선이 장고채가 화선이를 끌고 돌린다. 다시 앉아서 견딜 때 흥분과 홍조로 남긴 채 그대로 식은 찬 잔을 기울인다. 요구가 질서를 잃어도 분수가 있지 장타령을 청하는가 하면 장님 독경에 염불까지 합청合請한다.

"얘! 일 전짜리 엿가래 꼬듯 한다. 흔한 솜씨에 한마디 하라우얘!"

"아니 용하다 용하다 하면 황퉁이* 벌레 집어먹까쉬까?"

실상 조금도 사양하지 않고 그대로 일일이 실행된다. 이래서 영산홍이 화선이는 '수탄 화넝'** 받는 의주 색시로 이름이 높다.

"잡수시라우예, 좀 더 잡수시래예!"

밤늦어 들어온 장국에 다시 의주의 풍미를 느끼며 수백 년 두고 국경을 수금守禁하기는 오직 풍류와 전통을 옹위하기 위함이나 아니었던지……. 멀리 의주에 와서 훨씬 '이조적'인 것에 감상하며…….

---

* 황충이. 메뚜깃과의 곤충.
** 숱한 환영.

평양 1

평양에 내린 이후로는 내가 완전히 길ా을 따른다. 따른다기보담은 나를 일임해 버린다. 잘도 끌리어 돌아다닌다.

무슨 골목인지 무슨 동네인지 채 알아볼 여유도 없이 걷는다. 숱해 만난 사람과 소개 인사도 하나 거르지 않았지마는 결국은 모두 모르는 사람이 되고 만다. 누구네 집 안방 같은 방 아랫간 보료 밑에 발을 잠시 녹였는가 하면 국수집 이층에 앉기도 하고, 낳고 자라고 살고 마침내 쫓기어난 동네라고 찾아가서는 소낙비 피해 나가는 솔개처럼 휘이 돌아오기도 하고, 대동문턱까지 무슨 기대나 가진 사람같이 와락와락 걸어갔다 가는 발도 멈추지 않고 핵 돌아서 온다. 담배 가게에 가서 담배를 사고 우표 집에 가서 우표를 사고 백화점에 가서 쓸데없는 것을 사 들어 짐을 삼고 누구 집 상점 2층에 먼지에 켜켜 쌓인 제전帝展에 패스했던 〈모자母子〉라는 유화와 그리다가 마치지 못하고 이어 돌아가신 아버지의 초상화와 그의 대폭소폭의 4, 5점을 꺼내어 보고서는 다시 단속할 의사도 없이 나오고 만다. 어떤 다방에 들러서는 정면에 걸린 졸업기 제작 일 점이 자기의 승낙도 없이 걸린 이유와 경로를 추궁하는 나머지에 카운터에선 흰 쓰메에리* 입은 청년과 다소 기분이 좋지 않아 나오기도 한다.

청류벽淸流壁 길기도 한 벼랑이 눈 녹은 진흙을 가리지도 않고 밟을 적에 허리가 가늘어지도록 실컷 감상한다. 감상에 내가 즉시 감염한다. 오줌도 한데 서서 눈다. 대동강 얼지 않은 군데군데에 오리 모가지처럼 파아란 물이 옴직 않고 쪼개져 있다. 집도 친척도 없어진 벗의 고향이 이렇게 고운 평양인 것을 나는 부러워한다.

부벽루로 을밀대로 바람을 귀에 왱왱 걸고 휘젓고 돌아와서는 추레해 가지고 기대어 앉는 집이 'La Bohem.'

이 집에다 가방이며 화구며 귀찮으면 외투까지 맡기고 나간다.

나는 이 집이 좋다. 하루에 열 번 들른다. 커피를 나수어 올 때마다 체네가 잔과 잔 받침과 다시茶匙를 먼저 얌전스레도 가져다 소리 없이 놓고 다시 돌아가 얼마쯤 조용한 시간이 흘러도 좋다. 말이라는 것이 조금도 필요치 않을 적이 많다. 남의 얼굴이란 바라보

---

* 깃을 세워 목을 바싹 여미게 지은 양복. 학생복으로 많이 입었다.

기가 이렇게 염치없이 즐거운 것을 깨닫는다. 체네만이 고운 것이 아니라 설령 데켄*에 얽둑얽둑한 중년 남자가 버티고 앉았다손 칠지라도 조금도 싫지 않거니와 그의 얼굴에 미묘한 정서의 광맥을 찾으며 다시 고요히 흐르는 악음樂音에 맞추어 연락 없는 애정까지 느낀다. 그야 젊은 사람이 더 좋아 뵈고 청년보다도 체네가 사랑스럽기까지 한 것이 자연한 경향이겠으나 우리는 서로 이 얼굴로 저 얼굴로 옮기어 한 곳에 집중할 수 없는 것이기도 하여서 실상은 대화를 바꿀 거리도 없는 것이요 따라서 음악은 참참이 자꾸 바뀌는 것이다.

    차가 큰 그릇에 담기어 와서 공순히 따리울 때 실낱같은 흰 김이 떠오르는 향취로 벌써 알아지는 것이 있다. 나그넷길에 나서서 자주 무슨 인스피레이션에 접촉한다. 느긋한 피로에 졸림과 같은 것을 느낄 때 난로 안의 석탄불은 바야흐로 만개한다. 문득 도어를 밀고 들어서는 이의 안경이 보이얗게 흐리어지자 이것을 닦고 수습하느라고 어릿어릿하는 것을 우리는 우정 잠자코 반가운 인사를 아끼다가 이어 자리를 찾느라고 머리를 두르며 가까이 오는 것을 기다려 손을 꼬옥 부여잡아 본다. 놀라워하고 반가워하여 마지않는 것을 보고 나서야 우리는 만족한다. 후리후리 큰 키에 수척하고 흰

---

* 저켠.

얼굴에 강렬한 선을 갖춘 마스터까지 우리 자리에 와서 함께 앉아 경의를 갖는다.

이 얘기 저 얘기 앳 랜덤*한 것이 즐거웁고 흥분까지 한다.

길吉의 어느 시대의 생활과 슬픔이었던 것이라는 그림 아래 우산 牛山**의 〈석류〉가 걸려 있다. '정물'이라는 것을 'still life고요한 생명'이라고 하는 외어外語는 얼마나 고운 말인 것을 느낀다.

모딜리아니 화집을 어떻게 구하여 온 것을 마스터한테 물어보며 가지고 싶기까지 한 것을 느낀다. 모가지마다 가늘고 기이다랗고 육체를 그리기 위한 것이 아니요 육체 안에 담긴 슬프고 어여쁜 것을 시詩하기 위하여 동양화처럼 일부러 얼굴도 가슴도 손도 나압작하게 하고도 유순하게도 서양적 pathetics에 정진하다가 미완성으로 마친 모딜리아니 그림에 나는 애연히 서럽다. 다시 일어나 우리는 바깥 추위와 붉은 거리의 등불이 그리워 한 쌍 흑아黑蛾처럼 날아 나간다.

---

* at random. 무작위로.
** 화가이자 수필가이자 학자인 김용준(1904~1967)의 호.

평양 2

 몇 해 만에 만나는 친구 사일지라도 평양 사람들은 다른 도시 사람들처럼 손을 잡고 흔들며 수선스럽게 표정적이 아니어도 무관하다. 양위분 기후 안녕하시냐든가 아기들 잘 자라느냐든가 물음직도 한 일이요 아니 물어도 실상 진정이 없는 것도 아닌 바에야 서울 이남 사람들은 한 가지 빠칠세라 모조리 늘어놓는 것이요, 평양 사람들은 그저 "원제 왔댔소?" 정도로 그친다. 수년 만에 서로 만난 처소가 조용한 다방 한 구석에서라도 벽오동 중허리 툭 쳐서 서로 마주 세운 생목처럼 담차고 싱싱하게 대하고 앉는다. 저 사람이 어쩌다 군관학교에 갈 연령을 놓치고 말았을까 아깝게 생각되는, 만나는 사람마다 군인처럼 말이 적다. 말이 청산유수 같다는 말은 평양 사람한테 맞지 않는다. 원래 말을 꾸밀 만한 수사를 갖지 않았다. 말소리가 대체로 큰 편은 아니요, '다' 자 줄에 나오는 어음을 다분히 차지한 언어가 공기를 베이며 나갈 제 쉿쉿 하는 마찰음이 섞인다. Intonation의 구조는 실상 순수한 서울말과 같이 되어서 싹싹하고 칠칠한 맛이 더욱이 여성의 말은 라틴 계통의 언어처럼 리드미컬하다. 흐느적거리고 끈적거리는 것이 도무지 없다. 평양 여성은 어디나 다를 것 없이 다변인 편이겠으나 수다스럽지 않고 평양 남자의 듬직한 과묵은 도리어 과분히 직정적인 것을 속으로 견디는 것을 볼 수 있다. 단적이요 휴지부가 많이 끼이는 설화에도 소박한 인정이 얼마든지 무르녹을 수 있다. 여자는 모조리 흰 편이겠으나 남자는 거의 검은 얼굴에 강경한 선이 빛나고 설령 그 사람이 TB 3기에 들었을지라도 완전히 녹초가 되지 않고 아직도 표한한 눈매를 으스러트리지 아니한다. 원래 나가서 맞고 들어와서도 "그 새끼 한대 답새* 줄랬다가 그만뒀다"는 것이 이곳 사람들의 기질이 되어서 오해도 화해도 심히 빠를까 한다.

적은 사람이 큰 자를 받아 쓰러트리고 약한 놈이 센 놈을 차서 달싹 못하게 만드는 것이 평양식 쌈일까 하는데 평양 사람이라도 쌈패는 따로 있는 것이지 점잖은 사람이 그럴 수야 있을까마는 대체로 대동강 줄기를 타고 오르고 내리는 연안에 난 사람들이 미인과 굳센 남자가 많고 평양에 와서 더욱 특색이 집중된다. 하여간 십

---

* 답새다: 두드려 패다.

년 친한 친구의 귀쌈을 갈긴다니깐! 그것이 다음 날은 씻은 듯 잊고 소주에 불고기를 나누어 먹는다니 명쾌한 노릇이다.

그러나 시대와 비애의 음영이 그들의 영맹獰猛한 안면근육에서도 가실 날이 없는 것도 사실이다. 문약의 퇴색한 빛을 갖지 않을 뿐이다. 멋 부리는 것과 '노적'대는 것을 평양 사람들은 싫어한다. '멋'이라는 것이 실상은 호남에서도 다시 남쪽 해변 가까이 가객과 기생을 중심으로 한 사회에서 발전된 것이 아닐까 한다. 그림 글씨와 시와 문에서 보는 것은 그것이 멋이 아니라 운치다. 멋은 아무래도 광대와 명창에서 물들어 온 것이 아닐까 하는데 남도 소리의 흐르는 멋이 〈수심가〉에는 없을까 한다. 그러나 남도 소리라는 것이 봉건 지배계급을 즐겁게 하기 위함이라든지 아첨하기 위하여 발달된 일면이 있는 것을 부정할 수 없는 것이라면 어떨지! 결국 음악적 원리에서 출발한 것이 둘이 다 못 될 바에야 〈수심가〉는 순연히 백성 사이에서 자연발생으로 된 토속적 가요라고 볼 수밖에 없을까 한다. 단순하고 소박한 리듬에서 툭툭 불거져 나둥그는 비애가 어딘지 남도 소리에서보다도 훨씬 근대적인 것이기도 하다. 살얼음 아래 잉어처럼 소곳하고 혹은 바람에 향한 새매처럼 도사리고 부르는 토산 기생의 〈수심가〉는 서울서 듣던 것과도 다르다. 기생도 호흡이 강경하여 손님이 몇 번 권하는 술을 사양하기 세 번이 되고 보면 "정말 단둘이 하자오?" 하는 선뜻한 태도가 그것이 실상 이제부터 친하여 보자는 뜻이라는 것이라고 한다. 잔이 오고 가는 것이 야구와 같다. 서울서같이 어느 한 기생이 좌석을 독재한다든지 한 아이 옆에서 다른 아이가 이울어 피지 않는다는 것이 없다. 포동포동 펑펑 소리가 나도록 서로 즐겨 논다. 혹시 기분이 상해 자리에 남을 맛이 없을 양이면 발끈 일어서 피잉 나가는 것이다. 그렇다고 평양 남자가 당황해서 붙들고 말릴 리도 없다. 서울 손님이란 이런 때 일어서서 "얘! 유감아 너 날과도 친하자꾸나 야!" 하며 어깨를 안아 발을 가벼이 차서 앉히면 평양 여자도 여자이기에 대동강 봄 버들처럼 능청한 데도 있다. 새매는 새매라도 길이 든 새매라 머리와 깃을 쓰다듬어 주고 보면 다소곳이 맡기고 의지한다.

평양 3

"선네—에!"

"선네— 있소오?"

"거 누구요?"

"나야—"

"애개개—길 아재씨!"

"들어오라우요!"

포둥포둥 살찐 노랑 닭 몇 마리 발을 매인 채 모이 없는 토방 밑에 거닐고 있다. 햇살을 함폭 받아 낯모를 손님을 피하지 않는다.

가느다란 겹살 미닫이를 열고 들어서기 스스럽지 않다.

풀기 없는 남치마에 쪼그러트리고 앉아 뒤로 마므짓 물러나가며

"언제 왔소오?"

"발서 왔는데."

"그르믄서두 우리 집에 안 왔소오?"

"욜루루 내려 앉으라우요."

"괜찮아 괜찮아 그까짓거."

남빛 모본단 보료 깐 아랫간에 외투도 아직 입은 채 앉아 눈이 의걸이, 장롱, 체경, 사진, 경대, 화병, 불란서인형 걸린 입성을 돌아본다.

머리맡 병풍 쪽 그림은 당사주 책에 나오는 인물들같이 고와도 좋다. 윗간 미닫이 손 쥐는 데는 박쥐를 네 귀에 오려 붙이어 햇볕을 받고 아랫간 미닫이에는 부지 쪽 안의 국엽이 파릇이 얼었다.

"이재 덕수 씨 만내구 왔디?"

"구름! 상이 시뻘겋드구만 어젯밤 어데서 한잔 했는디―"

"아재씨두! 어젯밤 나하구 놀았는데!"

"흥, 잘됐구만!"

"우리는 패니 와서 놀디두 못하구 가는 사람인데."

"길 아재씨두 그름네까?"

"사실은 어젯밤 내가 실수할 뻔했는데……. 참 곱던데!"

"아이고 아재씨 멀 그래요! 발세 내가 다 아는데!"

"알기는 뭘 알아?"

"정화가 아재씰 퍽 도하하던데요 멀그래!"

"다아들 동무들 안 오나."

"아니야— 이제 올게디."

"오랄가?"

"그만두라우."

머리를 고쳐 빗기 위한 앉음새 뒤태도를 아재씨는 오롯이 차지할 수 있고, 경대 안에는 얼굴끼리 따로 포갤 수밖에 없다.

살그머니 훔치듯 하여 미끄럽게 나가는 연필 촉에 머리 빗는 뒷몸매가 목탄지에 옮겨 놓일 때 선네는 목이 간지럽기도 하다.

"어데 나 좀!"

"가만 이서!"

"날래 그리라우?"

"또 어렇가라우."

"잉! 됐서."

머리카락이 까아만 명주실같이 보드랍게, '기사미' 담배 말리듯 쪽이 가볍게 말린다. 솔잎 같은 핀이 한 줌이 든다.

"아재씨 그것 좀 주시라요."

"조코레또 하나 잡서 보세유."

"나 서울 말세 쓰갓다."

"나 참 다라시가 없어 요즘은."

"그게 돈 게야 다라시*가 없어야 도티."

"그를가?"

"기침 나는데 오사케**만 먹구!"

"선네는 페양 깽구*** 단장이야!"

"흠, 졸병!"

"페양은 여자들두 떠받습니까아?"

"녀자는 못 떠받아요."

"덤심 잡샀소오?"

"이자 먹었어."

"정말 잡샀소오?"

연상 머리를 요리 돌리고 조리 돌리고 석경을 들어 뒤로 돌려 비추고 경대 안에서 옳다고 하도록 기다려 쪽 맵시 이마태가 솟아오른 듯 마치자마자 돌아앉기에 급하게 크로키에 손이 걸어오며

"아재씨 이거 하나 안 된 거 있쉐다."

"그렇게 앉았으니까 그렇디."

"이거 얼간이야!"

툭 친다.

"그래두 아재씨 술술 그레—"

스케치북 페이지가 넘어가며

---

* '유혹하는 사람'이라는 뜻이 일본말.
** 술.
*** 갱(gang).

"이거 어디오?"

"금강산이오."

"금강산 난 못 가 봐서 몰라."

"참 저 별거 다 있구나!"

"이거 누굴디 참 몸매 곱다."

"가야 하지 않겠소? 그만 실례하지 첨 와서 미안하지 않소오? 길?"

"아이구 왜 이래요 좀 더 놀다가소 고레."

회색 바탕에 가느다란 붉은 선이 섞인 목도리가 볼모로 선네 목으로 빼앗기듯이 옮겨 가며 우리는 일어서며 으레 하는 수인사보다는 훨씬 섬세하고 혹은 서울서도 몰랐던 수줍기까지 한 것이었을지도 모른다.

"아재씨 언제 오갔소?"

"인쟈 안 오가서, 망 맞어서!*"

"아재씨 안동 갔다 오는 길에 이 목텐 날 주구 가라우, 잉!"

가녈핀 흰 목에 다시 가벼이 졸라매이듯 안기듯 하는 회색 바탕에 붉은 선 목도리가 밉지 않은 체온에 넉넉히 붙들려 다시 옮기어 올 때, 토방 닭들은 제대로 옮긴 별을 찾아 자리를 옮기었다.

---

* 막 맞이해서. 함부로 대해서.

오룡배伍龍背 1

 선천으로 다시 돌아갔다가 긴한 볼일을 마치고 다음 날 저녁때 안동을 되고파* 오기로 한 낙영이를 보내 놓고 나니 만주 추위가 버썩 더 추워 온다.
 나는 신시가 육번통 팔정목, 아주머니 없으시고 어린 조카아이들 있는 삼종형님 댁에서 형님과 자고 아침을 같이 먹어야 한다. 길吉은 역전 일만日滿호텔 이층 북향실에서 내 짐과 내 가방과 자기 화구를 지키고 자야 한다. 육번통에서 역전까지 마차 삯 이십 전이 드는 거리에 눈이 오면 치우고 오면 치우고 하여 가로 옆에 쌓아 올린 것이 사방토제砂防土堤와 같이 키가 크다. 그 위로 추위와 전선이 우르릉 우르릉 포효하며 돌아다닌다.

---

* 되곱쳐. 다시.

형님은 은행에 시간 당해 가시고 나는 이발소에 가서 세수를 하기로 한다. 체경에 얼굴을 바짝 대고 나는 걱정스럽다.

　이제 만일 여드름이 다시 툭툭 불거져 나온다면 진정 치가 떨리도록 슬퍼 못 살을 노릇이겠으나 나그넷길에 나서 한 열흘 되니 눈가로 입가로 부당한 잔주름살이 늘었다. 놀며 돌아다니기도 무척 고된 것이로구나.

　이 추위에 일부러 추운 의주 안동을 찾아 나선 것도 나선 것이려니와 애초부터 볼일이라고는 손톱만치도 없이 그저 보기 위해 놀기 위해 나선 것이고 보니 결국 이것도 일종 난봉이 아니었던가 한다. 난봉도 슬프고 고된 것이로구나 하며 글 제목을 어떻게 '무목적의 애수' 이렇게 생각해 내어 보며 얼굴과 머리가 빤빤해진 것을 거울 속에 찾아낸다. 기분도 아찔하도록 쾌한 것을 느끼며 형님 댁에 돌아오면 아이들이 보는 족족 기어오르고 매달리고 감긴다. 아주머니 없으신 방에 장롱 의걸이 반다지가 빛이 나 보이지 않는다고 생각한다. 설령 약으로 기름으로 자개와 놋쇠 장식을 닦고 닦아서 윤을 낸다고 한다손 치더라도 달리 쓸쓸한 빛이 돌까 싶다.

　간밤에 위층에서 와사* 난로를 피우고 형님과 술을 통음하고 나서 형님이 주정하시는 바람에 나는 내려와 큰조카 아이를 붙들고

---

* 가스.

운 생각을 하고 나의 옅은 정이 부끄러워진다. 다시 눈가가 뜻뜻해 오르는 것을 피하여 성에가 겹겹이 낀 유리창에 옮기어 얼굴을 숨긴다. 야릇하게도 애절한 만주 새납 소리와 긴 나발 소리가 뚜우 뚜우 하며 지나간다. 만주 사람들은 죽어서 나가거나 혼인 행차에 꽃을 달고 따르거나 새납과 나발이 따른다. 경우를 따라서 새납 곡조를 어떻게 달리하는 것인지 분간해 들을 수가 없다.

"아저씨 안동약국에서 전화 왔었어요."

"장 선생한테서?"

"네."

나는 전화기 앞으로 옮긴다.

" …… 어제는 참 수고하셨지요? 네에! 길한테서 전화가 왔어요? 네에! 네에! 이제 곧 가 보겠습니다. 네에! 네에! 그러면 이따 저녁 때 가 뵙겠습니다."

전화는 다시 일만호텔로 옮긴다.

" …… 그럼! 일어났소? 아침은? 빅토리아에 나가서 한잔 마시구! 호텔에서 한잔 마시구! 반짜는 몇 잔이나 마시구? 당신이 차만 마시는 금붕어요? 그래! 그래! 그럼 그동안 다마나 치구 있구려! 오라잇!"

셋째 조카아이 치과에 가는 길에 구열求烈이와 셋이 마차를 탔다. 아이들은 털로 곰처럼 싸 놓아야 외출을 할 수 있다. 일만호텔 앞에서 나는 "돌라! 돌라!" 하며 내리고 두 아이는 그대로 앉아 성립 병원으로 향하는데 마차부가 "쥐! 쭈어바!" 하면 말이 달달 다리다가 "우우웨!" 하니깐 방향을 바꾸어 달린다. 이상스럽게도 가볍고 보드라운 방울소리가 울린다. 실상은 마차가 방울소리처럼 가볍게 흔들며 가는 것이다. 구름 한 점 없이 파아랗게 얼은 추운 하늘이 쨍쨍 갈라질까도 싶은데 낚싯대처럼 치어들은 채찍에는 붉은 술실이 감기어 햇빛에 타는 듯이 나부낀다.

옥돌실玉突室*에서 게임이 마치는 동안이란 나는 신경질이 일어나는 동안이다. 내가 빅토리아에서 커피를 한 잔 놓고 버티고 있노라니 길이 휘이 젓고 들어온다.

손가락을 들어 튀기어 딱! 소리를 내어 웨이트리스를 부르니 무슨 기계처럼 걸어와 앞에 따악 버티고 선다.

"워드카!"

"워드카 입빠이?"**

백계 노서아 여자는 해군으로 잡아다 썼으면 생각된다.

워드카는 마알간하니 싸늘해 보인다.

"이걸루 커피가 몇 잰젠고?"

---

* 당구장.
** 보드카 가득?

"넉 잔째."

"한 잔은 어디서?"

"옥돌실에서 한 잔 또 먹었지!"

커피에 워드카 섞이어 넘어간 것이 등으로 몰리는지 등이 단다.

오룡배까지 가는 기차 시간을 따지어 보니 우리는 정거장까지 막 뛰어나가야만 한다.

오룡배 2

　가솔린 차 안의 보온장치가 무엇이었던지 알아보지 못하였으나 외투를 벗을 수도 없이 꼭 끼어서 홧홧하기 땀이 난다.
　결박당한 듯이 비비대고 견디기가 견딜 말한 것이, 내가 어느 기회에 마주 사람들과 이렇게 친근하여 보겠기에 말이지. 길이 앉히어 주는 대로 앉기는 하였으나 포켓에 든 손이 나올 수 없고 나온 손이 다시 제자리에 정제하기가 실로 곤란한 노릇이니, 가솔린 차 안에 인체와 호흡이 이렇게 치밀하여서야 만철滿鐵 당국보다도 내객인 내가 어떻게 반성할 만한 여유를 가질 수 없다.
　멀리 타국에 나와서 호텔 이층에서 잠꼬대가 역시 충청도 사투리였던가! 스스로 놀라 깬 적이 지나간 밤중에 있었거니와 만주인 청복靑服 사이에 보깨어 괴로운 소리가 역시 조선말인 것을 깨달을 때 나는 문득 무료하다. 길은 턱을 받치고 허리를 떠받치고 연상 허허 웃으며 떠드는 것이 내가 일일이 응구 아니하여도 좋은 말뿐이다.

짐승의 방광을 말리어 그릇으로 한 것 같은 그릇에 고량주를 담아 들은 것이야 여기서만 볼 수 있는 것이겠으나, 기름병 든 사람 울긋불긋한 이부자리 보퉁이를 어깨 위에 세우고 버티는 사람, 그중에도 놀라웁기는 바가지짝 꿰어 든 사람이 있으니, 조선 풍속과 어디 다를 것이 있더란 말가.

이 사람들이 떠들기를 경상도 사람들처럼 방약무인하다. 차가 어쩐지 추풍령 근처에 온 것 같다.

한 여인네가 젖가슴에 파묻힌 발가숭이가, 아랫동아리가 기저귀도 차지 않은 정말 발가숭이인 것을 알았으니 만주 여자의 저고리가 목에서부터 바른편으로 나간 매듭단추를 끄르고 보면 어린 아이를 집어넣어 얼리지 않기에 십상 좋게 되었다. 어머니도 천생 조선 어머니가 아닌가! 발가숭이는 잠이 들고 어머니는 젊고 어여쁘기까지 하다. 이렇게 우리가 꼼작할 수 없이 서서 대체 실내 고온도가 공급되는 것을 그저 '스팀'이나 가솔린에 돌릴 수 없는 것이니, 만주 농민들은 마늘냄새가 나느니 무슨 내가 나느니들 하나 별로 그런 줄을 모르겠고, 가난과 없는 것이란 이렇게 뒤섞이어 양명陽明하고 훈훈하도록 비등하는 것이 흥이 나도록 좋다.

대체 어디서 털쪽이 그렇게 많이 나오는 것인지 털쪽을 붙이지 않은 사람이 별로 없다. 털외투에 털모자를 갖춘 부자 사람은 말할 것 없으나 마래기*가 털이요 귀걸이가 털이요 저고리 안이 털이요 발목에도 털이다. 그렇게 골고루 갖춘 사람이 실상은 몇이 못 되고 마래기와 신에는 털이 조금씩은 붙는다. 그것으로 가난한 추위가 남루하게 드러난다. 생껍데기를 요롷게도 벗기우는 만주 짐승은 대체 어디서 이 찬 눈을 견디고 사는 것일까. 털쪽도 여자한테는 골고루 못 참례되는 것인지 솜이 뚱뚱한 푸른 무명 옷 위아래에 발에 대님을 치고 머리에 조화를 꽂고 그저 섰는 이가 많았다.

바로 앞에 선 아이가 열두서넛 났을까 한데 하도 귀엽길래,

"소고랑小姑娘, 그대가 어디로 가는가?"

"울룽페로 가노라."

"우리도 일양一樣 울룽페로 가노라."

"소고랑, 그대가 기세야幾歲耶?"

"십유삼세十有三歲로라."

"가애可愛인저! 심가애甚可愛인저!"

전연 엉터리없는 만주어를 함부로 써서 그래도 통하는 것이 놀랍지 않은가. 옆에 손을 잡고 선 노인이 아무래도 할아버진 모양인데 엉성하기 말지게미 같은 윗수염을 흩트리며 빙그레 웃고 섰다. 이 노인이 어디서 본 이 같은데 도모지 생각이 아니 난다. 보기는

---

* 중국 청나라 때 관리들이 쓰던 모자.

어디서 봤단 말가. 만주 하마탕蝦蟆塘 근처에 사는 농민을 내가 본 기억이 있노라는 생각이 우스워서 나는 나대로 웃고 앉았다.

만주에 와서 판이한 것은 실내와 실외의 춥고 더운 것이니 실내가 과연 덥다.

장갑 낀 손으로 성에를 긁어 흩트리고 내다보이는 추위가 능글능글하게도 쭈그리고 있다. 이제 유리창을 열고 뛰어나간다면 밭이랑 산모롱이에 도사리고 있는 놈들한테 발기발기 찢기울 듯싶다.

땅속이 한 길 이상이 언다는 만주 추위가 우리가 다녀간 뒤에 바로 풀리어 봄이 왔으면 좋겠다고 생각한다. 이런 땅을 쪼개고 솟아 고이는 펄펄 끓는 물이 있다는 것이 끔찍하게도 사치스런 기적이 아닐 수 없다. 오룡배 온천까지 와서 우리가 아직도 한창때요 건강한 것이 으쓱 행복스럽다. 총대 들고 섰는 만주인 철도 경비병 앞으로 바짝 다가서며 금장에 별이 몇 갠가 조사하고 우리는 개찰구로 나선다.

오룡배 3

 온천장 호텔은 적어도 3, 4일 전에 교섭하기 전에는 방을 차지할 수 없고 무상시로 출입할 수 있는 취락관聚樂舘이라는 탕은 당분간 폐관이라고 써 붙이었으니 마침내 보양관保養舘이라는 병자들이 가족을 데불고 오는 탕에라도 찾아갈 수밖에 없다.

 현관에 들어서자 농촌 청년인 듯한 조선 사람 둘이 올라가기에도 주저되는 모양이요 그저 나오기에도 멀리 온 길에 그럴 수 없는 모양이다. 여급도 별로 인도해 올릴 의사가 없이 곁눈으로 흘리우고 왔다 갔다 할 뿐이다.

 방이 비었느냐고 물은 것이 실상은 방마다 비다시피 하였다. 슬리퍼를 찍찍 끌고 들어가 차지한 방이 다다미 위에 스팀이 후끈 달아 있다. 외투를 벗어 내동댕이치다시피 하고 다리를 뻗고 있노라니 갑자기 피로를 느낀다. 바꾸어 입을 옷을 가져온다든지 차를 나수어 온다든지 마땅히 있어야 할 순서가 없다. 초인종으로 불러온 여급이 어쩐지 고분고분하지 않다.

이러한 곳이란 쩔쩔매도록 친절해야만 친절 값에 가겠는데 친절은새레 냉냉한 태도에 견디기 어렵다.

일일이 가져오라고 해야만 가져온다. 초인종으로 재차 불러오니 역시 뻣뻣하다.

"늬 집에 술 있니?"

"있지라우."

"술이면 무슨 술이야?"

"술이면 술이지 무슨 술이 있는가라우?"

"무엇이 어째! 술에도 종류가 있지!"

"일본주면 그만 아닌가라우?"

"일본주에도 몇 십 종이 있지 않으냐!"

정초에* 이 여자가 건방지다 소리를 들은 것이 자취自取**가 아닐 수 없다.

"맥주 가져오느라!"

"몇 병인가라오?"

"있는 대로 다 가저와!"

---

* 처음부터.
** 자기 스스로 만들어 그렇게 됨.

호령이 효과가 있어서 훨씬 몸세가 부드러워져 맥주 세 병이 나수어 왔다.

센뻬이*를 가져오기에도 온천장 거리에까지 나갔다 오는 모양이기에 거스름돈을 받지 않았더니 고맙다고 좋아라고 절한다.

눈가에는 눈물 자국인지도 몰라 젖은 대로 있는가 싶다.

"성났나!"

"아아니요!"

사투리가 후쿠오카나 하가다 근처에서 온 모양인데 몸이 가늘고 얼굴이 파리하여 심성이 꼬장꼬장한 편이겠으나 호감을 주는 것이 아니요 옷도 만주 추위에 빛깔이 맞지 않는 봄옷이나 가을옷 같고 듬식듬식 놓인 불그죽죽한 동백꽃 무늬가 훨씬 쓸쓸하여 보인다. 어찌 보면 순직하여 보이는 점도 없지 않다. 이런 데 있는 여자가 손님이 거는 농담이라거나 희학에 함부로 몸짓을 흩트린다든가 생긋생긋 웃는다든가 하여서는 자기의 체신을 보호하기 어려울 것이리라고 동정하는 해석을 갖기도 한다.

이 추위에 맥주는 아무리 보아도 쓸쓸한 화풀이가 아닐 수 없다. 탕에라고 가 보니 좁디좁은 수조에 뼈쩍 마른 사람 둘이 개구리처럼 쭈그리고 있다. 몸을 가실 새 물을 받는 장치도 없다. 수건도

---

* 전병(煎餅).

비누도 없다. 나오다 보니 현관에 흰옷 입은 청년들이 그저 서 있다.

"한 시간에 자릿값만 몇 원이 될까 본데 여기 오실 맛이 무엇 있소? 보아하니 농사짓는 양반들이신 모양인데 그대로 가시지요."

옳은 말로 알아듣고 곱게 돌아간다.

호령으로 버릇을 고치기는 하였으나 하가다에서 온 여자이고, 의주에서 온 농촌 청년이고 간에 친절한 언사와 여간 팁쯤으로서 멀리 만주에까지 지고 온 가난과 없어서 그런 것이야 징치懲治할 도리가 있느냐 말이다.

만주인치고 온천에 오는 이가 별로 없다고 한다. 세수 한 겨울쯤 아니하기는 예사일 터인데 온천이란 쓸데없는 소비적인 것이 아닐 수 없으리라.

도데라*가 짧아서 길은 시골 심상소학생** 같다고 스스로 조소한다. 컵에 담긴 맥주는 스팀 옆에서 거품도 없이 절로 찬 것이 가시운다. 원고 쓰기에 좋은 방이라고 생각한다.

동창 유리의 성에를 닦고 들어오는 멀리 선 산이 구태여 악의를 가지고 대할 것은 아니라도 나무도 풀도 없는 석산이 안동 현 유일의 등산 코스가 된다는 것은 한심한 일이다. 그래도 오룡배에 왔었노라고 유리 앞에 서서 산을 그리는 길의 키도 쓸쓸해 보인다. 철판

---

* 조금 길고 크게 만든 솜옷.
** 초등학생.

이 우그러지는 듯한 바람이 몰려간다. 실큿한* 만주개 짖는 소리가 들린다.

 몇 해 전에는 여기서 비적이 일어 불질을 하였던 사건이 있었더라는 말을 들었는데 그래서 그랬던지 아까 정거장을 나설 때 무슨 철조망 같은 것이 역사 주위에 남아 있었던가 기억된다.

 "기미꼬상! 여기서 쓸쓸해 어찌 사노?"

 "할 수 없이 그대로 지나지라우."

 "경성은 살기 좋다지요?"

 패랭이꽃처럼 가늘고 쓸쓸한 이 여자는 그래도 열탕이 솟는 오룡배 다다미방에서 겨울을 나는 것이 좋을 것이라고 생각하며 맥주도 인제 맛이 난다고 나는 말하며 컵을 든다.

 유리 바깥 추위는 뿌우연 토우土雨같이 달려 있다.

---

* 싫은 느낌이 드는.

남해 오월 점철 點綴 1

기차

　우리가 타고 달리는 기차 뒤를 따르는 딴 열차를 나는 의논할 수가 없다. 내 뒤통수를 내 눈으로 볼 수 없듯이 나는 하루 종일 한 열차밖에 모른다. 편히 앉아 다리 뻗고 천리를 가는 동안에, 더욱이 나는 고도의 근시안을 가졌기 때문인지, 내 생각이 좁았던 것을 인제 발견했다. 생각이 좁아서 시야가 열리지 않았던 것이다. 시야가 될 자연한 환경 그 자체가 좁았던 것은 아니었다.
　또 나는 기차 전면 화통 앞을 볼 수가 없다. 그것은 괴롬이 되지 않는다. 순시로* 바로바로 전개되겠기에! 나는 나의 좌우로 열려나가는 풍경을 모조리 관상하고 음미할 수 있는 기쁨을 기차 타고 얻는다. 바로 나의 옆을 지나가는 기차들을 여러 차례 좇며 보았다.

---

* 시간이 지나가는 대로.

열차가 면목 일신해진 것을 보았다.

　유리 한 장 깨진 차창 하나 보지 못했다. 차체가 모두 맑게 닦이어 제비 깃처럼 윤이 나고 쾌속하게 역시 제비와 나란히 날아간다. 나는 흥이 난다. 내가 설령 삼등 말석에 발을 뻗고 앉았을망정 나는 검찰관과 같이 정확하고 엄밀한 차체의 구조와 모든 장식과 도포와 배치와 질서와 봉사를 조사하기 위해 일어선다.

　나는 슬리퍼 대신 짚세기를 끌고 전망차로부터 일일이 삼등실과 식당차 변소 칸까지 모조리 답파한다. 완전히 패스로구나. 일제 말기 내지 미군정 시절의 비절애절한 열차가 아니다. 완전하게 깨끗하고 구비하고 아름다워졌다. 나는 현직 교통부장관의 방명이 누구신지 마침 잊었다. 나는 남쪽의 대소 교통 동맥에 주야 근로하는 수만 종업원 조원께 감사해야 한다. 나는 일본 사람 하나 없는 기차를 탔다. 양인은 겨우 한두 사람 볼 수 있을 뿐, 우리끼리 움직이고 달리는 기차를 탔다. 나는 쇄국주의자가 아니다. 다만 우리 겨레끼리 한번 실컷 살아 보아야 나는 쾌활하다. 야미* 보따리 끼지 않은 세상에도 깨끗하고 아름답게 늙으신 경상도 할머니 앞에서 나는 감개무량하다. 나는 이 할머니를 배워 어여쁘게 앞으로 이십 년 늙으면 좋을 뿐이다.

---

* 뒷거래. 남의 눈을 피하여 하는 정당하지 않은 거래.

남해 오월 점철 2

보리

지난번 비는 사흘 연해 바람이 분 끝에 전곡 채소에 흡족하게 왔던 것이다. 나는 평생에 흙을 갈고 밑거름 웃거름 주고 씨를 뿌리고 매고 유유하게 대자연의 섭리에 일임하는 마음의 여유를 배웠다. 비가 흐뭇이 젖은 위에 땅을 쪼개고 솟아오르는 싹을 볼 때 평생 몰랐던 놀라움과 기쁨을 발견했다. 제일 먼저 나오는 것이 무 배추, 다음다음 나오는 것이 상추, 쑥갓, 깻잎, 원두, 올콩, 옥수수, 호박, 오이 등…… 나오기 몹시 기달리우는 것이 고추 감자 싹들이다.

그러나 내가 집을 떠나오던 날 아침 이것들 모조리 머리를 드는 것을 보았다. 화학비료라는 것이 좋은 줄을 안다. 그러나 퇴비, 인분, 오줌, 재를 잘 활용함에서 소출을 풍부히 할 수 있는 것과 더욱이 계분을 말리어 가루를 만들어 곡식 채소에 소량으로 공급할 제 놀라운 효과를 얻을 수 있는 것을 배웠다. 우분을 충분히 썩히어 밑

거름을 주면 몹시 가물 때에도 수분을 유지할 수 있는 것을 배웠다. 아침저녁으로 쌀뜨물을 토마토 모에 부어 주면 열매가 익어 맛이 단 것을 배워 알았다. 우리나라 재래식 비료로도 소출을 배나 내일 수 있을 뿐 아니라, 토질 그 자체를 개량할 수 있는 것을 배웠다.

남들 트랙터로 갈고 화학비료로 재배하는 것을 게을러 가지고 부러워해서 무엇하랴? 먼저 부지런하고 적극적 합리한 경작 실천에서 한국의 농업을 추진시켜야 한다. 대전서 올라온 충청도 고향 일가 구익 군을 수년 만에 만나 "고향에서는 모두 어떻게들 사는가?" "농지개혁 착수 이후 농민생활은 좋아졌지요." "굶는 사람은 없는가?" "굶어죽는 수야 있나요, 일하는 사람은 생활이 전보다 훨씬 낫구, 일 못하는 사람은 형편없습니다. 제 땅 가지고도 일을 배우지 못한 사람이 곤란합니다. 머슴을 둔다면 한 달 지불액이 이래저래 이만 원이 듭니다."

헌 나라가 물러가고 새 나라가 일어설 때 많은 사람이 당분간 다소 불리함을 각오하고 더 많은 사람이 유리해지는 것을 축복해야 한다. 차창 밖에 일망무제한 보리가 푸르구나.

남해 오월 점철 3

부산 1

　서울서 떠나기 전날부터 구름 없이 바람 없이 하늘빛 일광이 트이기가 희한한데도 불구하고 셔츠 바람에도 더웠다. 그저 더운 것이 아니라 무덥고 계절이 아직 이른데 찌더운 편이었다. 이래도 며칠 더 계속되면 저번 비에 터져 나온 밭곡식 채소들이 걱정스럽다. 못자리 물이 염려다. 그러나 나는 믿는 것이 있다. "여보게! 수가 났네!" "무슨 수요?" "비가 오겠네!" "이렇게 멀쩡하게 더운데 무슨 비가 오겠능기요?" "저번에는 사흘 두고 동풍이 불어 비가 오고 이번에는 연사흘 무더워서 비가 오는 것일세." "어디 두고 보입시다." "두고 보게! 예언한다!" "비고 뭣이고 덥어 죽겠오!"
　오후 여섯 시에 부산에 내렸다. 우연히 만난 우리가 오는 줄을 모르고 서울 애인 미스 J를 마중 나온 김 군을 가로챈 것이다. 미스 J는 이 차에 안 탔다. 부산 천지에 갈 데가 없겠느냐! 이중 다다미

육조방 삼면을 열어젖히고 속셔츠 바람에 앉았다. 나머지는 알아 무엇하느냐? 무지무지한 부산 사투리에 볶이는 판이다. 남도 노래는 경상도 색시 목청을 걸러 나와야만 본격인 것이다.

경상도 색시는 호담하고 소박하고 툭 털어놓는 데 천하제일이다. 최극한으로 인정적이다. 맘껏 손님 대접한다. 싱싱한 전복 병어 도미 민어회는 먹은 다음 날 제 시각에 돌아오니 과연 입맛이 다셔지는 것이었다. 취하고 보니 다리가 휘청거리는 것이 무슨 큰 죄랴. 쓰윽 닿고 보니 영도 향파* 댁이 아니고 어딜까 보냐! 담지국이 왜 맑은 것이냐? 담지(홍합)가 심기어 맑은 것이다. 술은 내일부터 안 먹는다. 오늘은 마시자! 어찌 드러누웠는지 불분명하다. 술 깨자 잠도 마저 깨니 빗소리가 토드락 동당거린다. 가야금 소리 같은 빗소리……"청계**야! 청계야! 비 온다! 비 온다!"

---

* 소설가 이주홍(1906~1987)의 호.
** 화가 정종여(1914~1984)의 호.

남해 오월 점철 4

부산 2

 들리기만 하는 빗소리에도 나는 풀밭 만난 양처럼 행복스러워진다. 그러나 해항 도시 부산은 애초 비가 잦은 곳이나 이 빗소리가 삼천리 강산 고루고루 들리는 것일지, 서울이라 문 밖 우리 집 조그만 밭뙈기에까지 쪼르륵 쪼르륵 빨려드는 빌지 나는 궁금하다. 어린 손자 놈이 새벽부터 보고 싶다. 이것도 기도하는 상태일지 나는 눈뜨고 죽은 듯이 누워 있다.
 친구들은 성히 코를 곤다. 적당히 느지막하게 일어나 세수하고 아침 먹고 다시 누워 잠들을 청한다. 몇 시쯤 되었는지 친구들을 홀닦아 일어 세워 끊이락 이으락 하는 우중에 우산도 없이 영도 나룻배 터로 나간다. 똑딱선이 내 유학생 때 퐁퐁퐁 소리 그대로다. 본시가지로 올랐다. 오십만 인구의 가가호호가 깡그리 음식집으로 보이는 것은 내 불찰일 것이다. 무지무지하게도 많다. 하꼬방*이 해

안지대 좌우로 즐비한 거리가 없나, 스시 가게로만 된 거리가 없나, 무수한 일본식 요릿집들, 맨 먹을 것 천지다. 길 초마다 생선을 무더기로 놓고 팔고 생선을 저미어 길에서 회로 팔고, 길에서 생선 배를 쪼개어 창자를 꺼내어 말릴 감으로 일들하고 있다.

생선 파는 장사가 이름도 모르고 파는 생선이 있다. 멍게라는 것이 있다. 우멍거지라고도 하고 우름송이라고도 한다. 꼭 파인애플 같이 생긴 바다의 갑충류다. 칼로 쪼개어 속살을 빼내면 역시 파인애플 과육으로 비유할 수 있다. 물기 많고 싱싱하고 이것을 길에 서서 먹고 걸어가면서 먹고 참외 깨물어 먹듯 하고들 있다. 우리는 이것을 사 가지고 하꼬방으로 들어가 초간장에 찍어 막걸리와 함께 먹는다. 나는 한 점 이외에 도리가 없다. 청계는 열다섯 개를 먹는다. "답니더, 이거 참 답니더." 비리고 떫은 것이 달다면 정말 단 것을 비리다고 할 사람 아닌가! 향기는커녕 나는 종일 속이 아니꼽다. 비는 울듯 내려 뿌리고 길은 질고 구질구질 축축하나 온 부산이 먹을 것 천지다. 밥에는 팥이 섞였으나 하여간 팥밥에 우동에 각종 생선에 고기에 맨 먹을 것뿐이다.

---

* 판잣집.

남해 오월 점철 5

부산 3

"먹을 거 많다고 너무 선전 마이소……. 모두 부산으로만 뫄들면 어떠칼랑기오?" 먹는 부산만이 부산일까 보냐? 무역 도시 어업 상공업 도시의 진면목을 찾아 보이려야 이 우중에 안내인도 없어 도리가 없다. 우리는 항박 포구로서 천연한 조건이 동양에 제일인 부산항 부두로 간다. 부두 바닥에 깔린 침목이 마룻장 빠지듯 모두 빠지고 시멘트가 바닥이 나고 이건 황량한 폐허가 되었다.

그 소란스럽던 쪽발 딸까닥 소리, 장화 뻐기던 소리, 군도 절거덕거리던 소리가 물에 씻어낸 듯 없다. 방이 어두워 일본 사람 바케모노*와 만나볼 형편이 되었구나! 인제부터 훨씬 판단이 올발라야 한다. 제국주의 일본의 부산 부두는 이 꼬락서니가 된 것이 타당하

---

* 도깨비.

다. 대한민국의 신흥 부산 부두는 이로부터 장식되는 것이다. 세계 민주국가의 상선들이 수줍은 듯 겸손히 닻을 내리고 우리나라 무수한 선박들의 호화로운 출범을 이 부두에서 날로 밤으로 볼 때가 빨리 와야 한다. 붓이 뛰어 우스운 조그만 이야기를 쓰자. 미 주둔군 시절에 이곳 부산서 미인 선원의 빨래를 맡아 빨아다 주는 한국 소년들이 약간의 빵과 병물을 숨겨 들고 빨래와 함께 미국 기선에 들어 창고 속에 숨어 샌프란시스코에 상륙 검거되었다.

유치장이라기보다 미인 경관들의 귀염과 친절을 받아 푼푼이 얻은 돈이 한 아이 앞에 삼백 달러씩 생겼다. 이 진기한 아이 콜럼버스들은 팔 척 호위경관을 대동하고 샌프란시스코 일대에 '신세계'를 찾아 방황했다. 급기야 그 배로 다시 부산으로 정식 무임 회항이 되었다. 이 유색인종 소년 콜럼버스의 신세계는 부산서 발견되고 말았다. 한 아이 앞에 돌아간 오백 달러씩이 지금 부산서 유수한 상업가가 된 밑천이 되었다. 조금도 교육 재료로 선전할 바 못되나, 한국 소년들의 모험성 대담성이 정상하게 발육되어, 이 정력이 지능으로 천연의 미항 대부산이 나폴리 이상으로 훌륭하고 아름답게 될 때가 언제 오기는 오는 것이다.

남해 오월 점철 6

부산 4

　향파 원작 겸 연출인 입학학생극이 동래여자중학교 연극부원들의 실연으로 부산여자중학교 대강당에서 열린다. 교장실에서 마이크로 "이십 분 동안에 점심을 먹고 대강당으로 모이시오." 간단한 방송이 각 교실로 퍼진다. 일천육백 명의 유순한 양 떼들이 여학교 중 방대하기 남한 제일인 부산여중 교사 방방곡곡에서 쏟아져 나와 대강당 우리 안으로 정제하게 들어간다. 훈육교사가 호통 아니 해도 무사한 학교가 있다. 윤이 자르르 나는 마루 위에 총총 앉히고 보니 솜털 안 벗은 복숭아들 같은, 오리알 제 똥 묻은 듯한 청소년들이 정히 천육백 명이다. 검은 커튼이 모조리 내리우자 막이 열리자 부대가 밝아졌다. 동래여중 연극부 일행 환영사가 부산여중 연극부장인 상급생 입으로 정중하게 열린다.

　"우리는 양 교의 친선을 예술을 통해서만 도모할 수 있음을 믿습니다. 우중에도 불구하시고 본교에 왕림하사 존귀하온 예술을 보여 주실 귀교 연극부 여러분께 진실로 감사하는 바입니다." 우레같은 박수.

환영 꽃다발이 일년생 죄그만 발 벗은 학생의 공손 지극한 두 손으로 전해진다. 다발을 안고 서니 말만 한 동래 처녀의 가슴이 가리운다.

"한국에서도 유명한 귀교 연극부 여러분! 우리들을 이처럼 환영해 주시니 우리가 이제 실연할 연극이 퍽 부끄럽습니다. 그러나 우리는 귀교 연극부와 일치단결하여 한국의 예술을 향상케 하는 영광을 갖고자 하는 바입니다." 박수갈채.

막이 내리자, 전등이 꺼지자, 징이 울자, 막이 열리자, 조명이 장치무대를 노출했다. 창밖에서 본격적으로 내리는 비가 자진하여 무대효과의 일역을 담당한다. 쏴아 쏴아…….

연극의 줄거리는 이렇다. 못살게 된 예전 아전의 집 딸이 못살게 된 예전 양반의 집으로 시집가서 아들 낳고 산다. 시어머니는 사납고 욕심 많고 남편은 선량한 시인이나 주책없고 살 줄을 모른다. 아내가 아이를 업고 담배 장사를 하여 산다. 남편은 시 쓴다고 흥얼거리고 있다. 이 비극은 이래서 전개된다.

남해 오월 점철 7

부산 5

학교교육 어문학 훈련에 있어서 시와 산문의 낭독이라는 것이 매우 중요한 것이요, 그 효과는 그 나라 국민으로 하여금 우수한 국어의 구사자가 되게 하는 것이요, 그 나라 국어를 국제적으로 품위를 높이는 것일까 한다.

한국 극의 효과는 좋은 대사를 암송하고 무대 뒤에서 동작과 함께 구연 실연함으로써 어문학 낭독 훈련의 절대한 효과일 것인가 한다. 〈나비의 풍속〉이 동래여중 여학생들의 열심히 공부한 표준어로 유창하게 진행된다. 죽어서 마침내 그칠 평생 고질과 같은 경상도 사투리가 이만치 아름다운 표준어로 탈퇴되어 씩씩하고 귀여운 경상도 여학생들의 입으로 발표되는데 나는 국어 말살 교육 이래 흐뭇한 기쁨을 얻는다. 그러나 어린이 영문과 여학생들이 열심히 연습한 영어 극처럼 다소 어색하기도 하다. 나는 듣는 동안에 자주 웃는다.

그러한 점이 더 재미있다. 한번은 이발소에서 이발을 하다가 젊은 이발사에게 말을 건의하기를 "여보, 이발사, 당신은 조선말 중에도 제일 어려운 경상도 어학을 어떻게 그렇게 잘 하시오?" 젊은 이발사가 말하되 "어데요! 우리는 이게 합늬더." 농담 잘 받고 잘 하는 통영 친구 두준을 이십 년 만에 만나 "여보게 평생 낫지 못하는 것을 무엇이라 하지?" "만성병이캉 고질이캉 그렇거 아닌가?" "자네 경상도 사투리는 그것이 한 개의 질병일세." "시끄럽다! 내사 늬 경사 밸이사 없다!"

여학생들은 검도 시합하듯 긴장하여 표준어 연극을 진행하고 있다. 창밖에는 빗소리 더욱 세다. 검은 커튼 앞의 ○○ 천육백 명 청춘의 호흡은 삼림과 같이 파도와 같이 왕성하다. 무대 위에서는 처녀들이 기를 쓰고 아내와 남편과 시어머니와 아들을 연습하고 있다. 숭업어라* 동넷집 과부까지 모방한다. 나는 평생 남의 남편 노릇 연습한 적이 없이 이제 남의 늙어 가는 남편이 되어 이곳 남쪽 여학교 강당에 당도하여 남편 노릇 아내 노릇을 박수하며 견학하고 있다. 처녀들은 시어머니와 남편과 다투는 우는 연습을 진행한다. 처녀 남편은 술 마시고 우는 연습으로 막이 천천히 내리며 레코드 음악소리 빗소리.

---

* 흉어워라. 흉업다: 말이나 행동 따위가 불쾌할 정도로 흉하다.

남해 오월 점철 8

통영 1

    영도 향파 댁 남창 유리가 검은 새벽부터 흔들린다. 새벽이 희어지자 유리창 밖 가죽나무 가지가 쏠리며 신록 이파리들이 고기 새끼들처럼 떤다. 나는 저윽이 걱정이다. 바람이 이만해도 통영까지의 나의 뱃멀미가 겁이 난다. 청계 말이 괜찮다는 것이다. 일백팔십 톤짜리 발동선이 뽀오-를 발하자 쾌청!하기 구름 한 점 없이 우주적이다. 배 타 보기 십여 년 만에 나는 바다라기보다 바다의 계곡지대인 다도해 남단 코스를 화통 옆에서 밟아 들어간다. 바다는 잔잔하기 이른 아침 조심스럽던 가죽나무 이파리만치 떨며 열려 나갈 뿐이다.
    영도 송도를 뒤로 물리쳐 보내고 인제부디 섬들이 연해 쏟아져 나온다. 어느 산이 뭍 산이요 어느 산이 섬 산인지 모르겠다. 일일이 물어서 알고 나가다가 바로 지친다. 금강산 만이천봉치고 이름

없는 봉이 없었다. 어떻게 이 섬들과 지면 인사를 마칠 세월이 있는 것이냐? 큰 섬 적은 섬에는 초가 하나 있는 섬이 있다. 집 없는 섬에도 꼭두에 보리가 팬 데가 있다. 보리이삭 없는 바위섬도 흙이 덮였기에 풀이 자라나는 게지, 나무랄 것이 못 되어도 성금성금 다옥다옥하다. 태고로 어느 열심한 식목가가 있었기에 심었겠는가? 먼지가 이 맑기 옥과 같은 하늘까지 이는 사막으로부터 날러 왔기에 이 돌섬 이마에 머물러 흙으로 싸인 것이냐? 모를 일이다. 저 위에 꽃이 핀다. 꽃가루는 섬에서 섬까지 나를 수 있다. 가을에 솔씨도 나를 수 있다.

    섬에서 딴 섬으로 시집가는 신부 일행의 꽃밭보다 오색영롱한 꽃배를 보았다. 우리는 손을 흔들고 모자를 저었다. 햇살이 가을 국화처럼 노랗다. 갑판 위로 북쪽은 바람이 차다. 바다라기보다 바다의 계곡을 내려가는 것이니 섬 그늘이 찰 수밖에. 열 살이랬는데 일곱 살만치 체중이 가벼운 옴짓 못하고 멀미 앓는 소녀를 나는 무릎에 앉히고 바람을 막는다. "너 어디 살지?" "저어 하동읍에 살고 있지요." 낭독하듯 한다. "너 이름이 무엇이지?" "성은 정가고 이름은 명순입니다." 나는 소년시절에 부르던 유행가적 정서를 회복한다.

남해 오월 점철 9

통영 2

　오호츠크 해로부터 내려오는 한류 수맥이 동해를 연해 통영 앞 바다에서 종적을 잃는다. 대만 유구 열도 수역에서 올라오는 난류 가 한 갈래는 일본으로 향하고 한 갈래는 통영 앞을 싸고 진해만 부산 앞을 지나 동해로 치올라 일본 북해도 해역에서 종적을 잃는 다. 한파 난파의 상극으로 동해안 일대에 눈이 많고 진해만 일대에 더욱이 통영 연안에 한란 양류의 무수한 어류가 동시에 총집중한 다. 산란기의 어류가 아늑하고 바람 자는 내해로 모아든다. 통영 연 안을 지나면 한층 고기는 없다. 자고로 어로 생산으로 통영이 유명 한 것은 벌써 이러한 천혜적 조건에 인한 것이다. 멸치는 봄서 가을 까지 막대량으로 잡히고, 겨울에 대구, 가을 도미, 여름 갈치, 기타 무수한 홍합이, 통영 개조개, 전복, 삼치, 방어가 잡힌다. 멸치와 해 초 중에 우뭇가사리는 일본으로, 진해삼은 중국으로 간다. 이 조개

달린 눈(가이바시라)*은 주로 마카오로 수출되어 마카오 양복지를 바꾸어 온다.

여기저기 닻을 내린 큰 배, 젖은 목선들이 무수히 널려 있다. 모두 고기잡이 배들이다. 충무공께서 왜군 병선을 처음으로 유도해 들이신 견내량에 드니 무수한 목선, 작은 배들 위에서 어부들이 긴 장대 끝에 창을 꽂고 물밑을 찌른다. 꽂혀 나오는 것이 조개 중에 품미 일등인 통영 개조개다. 이것이 하루에도 몇 섬씩 담기어 남한 각지로 운반된다. 하여간 해녀의 손으로 따 올린 생복류 해녀들만이 경남 일대에 분산 수확한 것이 작년 일 년도만 치더라도 매출고 팔억 원에 달하였다.

고기가 많이 모이는 탓인지 물오리가 많이 떠 있고 한 곳을 지내려니 수천의 오리 떼가 뜨고 잠기고 한다. 물굽이를 타오르고 미끄러지고 가꾸로 잠기고 목 부러져 섰는 꼴이 실로 장관이다. 하도 많이 보고 나니 나중에는 잔물결 햇볕에 번듯이 기는 것이 모두 오리대강이로 보인다. 일본 풍신수길의 수병 대군을 이 목에서 대기하신 충무공의 눈부신 무훈이 내 눈에도 열리는 듯하다. 한난 양류를 따라 고기가 모이고 오리가 모이고 일본으로 들어간 난류를 따라 올라온 풍신수길의 대군이 충무공의 신출 기계에 걸리기 시작

---

* 조개관자.

한 아마 여기가 "견내량!"

남해 오월 점철 10

통영 3

통영읍 안 뒷산 밑 명정리明井里라는 한적한 동리에서도 뒤로 물러나 예로부터 유명한 일정日井 월정月井 두 개의 우물물이 한 곳에서 솟는다. 이를 합하여 명정이라 이른다. 명정 우물물이 맑고 달기 비와 가뭄에 다르지 않고 수량이 풍족하기 읍면을 마시우고도 고금이 일여하다. 우리는 먼저 손을 씻고 이를 가시고 시인 청마, 두준 두 벗의 안내로 명정에서 다시 올라 동백꽃 고목이 좌우로 어우러진 길과 석계단을 밟는다. 역대 통제사들의 기념비석이 임립한 충렬사 정문에 든다. 한 개의 목공예품과 같이 소박하고 가난하고 아름다운 중문에 든다. 감개무량이라고 할까. 우리는 미물과 같이 어리석고 피폐한 불초 후배이기에 섧다고도 할 수 없는 눈물이 질금 솟는다.

 살으셔서 가난하시었고 유명천추 오늘날에도 초라한 사당에 모시었구나! 웬만한 시골 향교보다도 규모가 작고 터전이 좁은데 건물이 모두 작고 얕아 창연하다. 인류 역사상 넬슨 이상의 명제독인 우리 민족 최대의 은인 지충 지용의 충무공 이순신의 충혼 영령을 모시기에는 너무나도 가난한 사당이다. 유명한 '맹산盟山', '서해誓海'의 목각 대액大額이 좌우로 사념 망상 일체를 습복시키는 사당 정전문이 신엄하게 열린다. 우리는 분향하고 재배하되 과연 이마가 절로 마룻바닥에 닿았다. 이대로 수 시간 배복하기로 우리는 마음 속속들이 에누리의 여지가 없다. 우리는 종교적 신앙 혹은 사생관, 영혼유무관에서 전해온 여러 종류의 의식 배례를 떠나 조금도 에누리가 없어진다. 우리는 일어나 영위 좌우 전후로 키를 펴고 돈다. 절을 마치고 난 어린 손자가 자애로운 할아버지 무릎과 수염에 가까이 굴 듯이. 명나라 천자가 사당에 바치었다는 몇 개의 도검과 기치를 본다. 사당 문을 고요히 닫고 나와 석계에 앉아 멀리 한산도를 조망한다. 충무공은 순국하시고도 이렇게 겸손한 사당에 계신다!

남해 오월 점철 11

통영 4

충무공의 진영이 남아 계시지 않다. 모필과 먹으로 이루어지신 충무공의 전집과 필적까지 충분히 뵈일 수 있으나 충무공 살아 계실 적 체격이 어떠하신지 얼굴이 어떠하신지 알 길이 없다. 다만 다난한 국난에 일생을 치구하시느라고 화공을 불러 진영을 남기실 한가가 없으셨으려니와 겸양 지극하신 충무공의 성자적 기질이 진영을 남기시지 않았으리라고도 생각된다. 청마대 이층에 밤에 앉아 우리는 이곳 친구들과 한산도 제승당에 모신 충무공의 신구新舊 영정에 대한 인상을 의논한다. 누구는 충무공 새 영정이 너무 무장의 기개가 없이 문신의 기풍이 과하다고 이르고, 누구는 충무공께서는 반드시 대장부가 아니었을 것이요, 소위 선풍도골도 아니시었을 것이요, 반드시 무강하신 무서운 얼굴도 아니시리라고. 나는 차라리 이 의논에 귀를 기울이며 충무공께서는 외화가 평범하시기 소위 문무를 초월하신 일개 성자와 같으시리라는 의견을 세우고 편히 잤다.

다음 날 배를 저어 물길 삼십 리를 지나 한산도 제승당에 올라 새로 모신 영정을 뵈었다. 내 의견에 풍족한 영정이시다. 세상에 그렇게 무섭고 잘난 사람이 어디 있으랴! 투구에 갑옷에 장검을 잡으신 조선민족 중에 제일 얌전하시고 맑고 옥에 티 없는 듯이 그리어지셨다. 초상화 그린 화백을 칭찬할 수 있는 것이 아니라, 우리 민족의 후예는 모두 충무공처럼 생겼으면 좋겠다고 생각한다. 영정 모신 정당正堂이 협착하기가 충렬사 사당 이상이다. "한산섬 달 밝은 밤에 수루에 앉았으니……" 하신 수루 둘레에 고목이 울창하다. 나무 꼭두마다 무수한 해오리와 황새들이 깃들이고 끼루룩거린다. 앞개에는 저녁 조수가 다가온다. 이 골짜기까지 왜선 칠십여 척을 끌어들여 빠져날 길목을 모조리 막고 두들겨 분쇄 섬멸하신 충무공과 충용한 장병들의 위대한 전적은 그저 사담 전설이 아니다. 당시에 울던 조수가 오늘도 천병만마처럼 울부짖는다.

남해 오월 점철 12

통영 5

    통영과 한산도 일대의 풍경 자연미를 나는 문필로 묘사할 능력이 없다. 더욱이 한산섬을 중심으로 하여 한려수도 일대의 충무공 대소 전첩기를 이제 새삼스럽게 내가 기록해야 할 만치 문헌이 부족한 것도 아니다. 우리가 미륵도 미륵산 상봉에 올라 한려수도 일대를 부감할 때 특별히 통영 포구와 한산도 일폭의 천연미는 다시 있을 수 없는 것이라 단언할 뿐이다. 이것은 만중운산 속의 천고 절미한 호수라고 보여진다. 차라리 여기에서 흐르는 동서 지류가 한려수도는커니와 남해 전체의 수역을 이룬 것 같다. 통영에 대한 요구와 기대는 이 이상 찾고자 아니한다. 위대한 상공 도시가 되어지이다 빌지 않는다. 민생의 복리를 위하여 통영은 위대한 어촌 어항으로 더 발전하면 족하다. 민족의 성지 순례지로서 영원한 품위와 방향을 유지하면 빛날 뿐이다.

지세 현실상 용남면 장문리 원문고개 위 고성으로 통하는 넓이 삼백 미터쯤 되는 길을 막고 보면 통영읍은 한 개의 작은 섬이 될 것이요 미곡시란 가을 김장 무배추가 들어올 육로길이 막히는 것이다. 농업지도 될 수 없어 봉우리란 봉이 모두 남풍에 보리가 쏠린다. 위로 보리 빛 아래로 물빛 어울리기 이야말로 금수강산 중에도 모란꽃 한 송이다. 햇빛 바르기 눈이 부시고 공기가 향기롭기 모세관마다에 스미어든다. 사람도 온량하고 근검하고 사치 없이 한갈로 희고 깨끗하다. 날품팔이 지게꾼도 기운 무명옷이 희다. 유자와 아열대 식물들이 길 옆과 골목 안에서 자란다. 큰 부자 큰 가난이 없이 부지런히 산다. 부산 마산 사이에 특이한 전통과 현상을 잃지 않는 어항 도시다. 통영서 경북 본선까지의 철도가 부설된다면 부산을 경유하지 않고 산간벽지까지에도 생선의 분배가 고를 것 같다. 다시 왜적 침입도 가망이 없다. 다만 '맥아더 라인'이 철폐되는 경우에는 일본 밀어선의 침입이 염려될 뿐이다. 신흥 민국의 해군 근거지 진해 군항이 옆에 엄연히 움직인다. 비행기로 원근항 역류의 대진군을 발견하자. 최근 어로 기술로 어업 생산을 확대하자.

남해 오월 점철 13

통영 6

전파탐지기와 같은 전기 활용 장치로 적군의 진행을 손쉽게 알 수 있다 한다.

어군을 한 곳으로 유도할 수도 있다. 현대 어로 작업 기술은 여기까지 이르렀다. 일본인 어업자들은 이것을 사용한다. 우리나라 영해에 자주 침입하는 놈들이 이 일본인 밀어해적이다. 그놈들은 우리 영해의 어장 요소요소를 소상히 알고 있다. 쾌속력 어정으로 다람쥐같이 들어와 우리 천연자원을 한 그물에 훔쳐 간다.

상주 우리 해군 해안경비대의 기관총 앞에 손을 든다. 한번은 일본 밀어선을 납포하여 경비대 당국의 준열한 취조하에도 일인 밀어선장 놈이 함구불언이었다. 상당한 형벌이 내리어도 선장 놈이 "으으읏!"으로 굴복치 않았다. 마침내 중형하에 본색을 고백하기를 "소인은 대전 중에 일본 해군 중좌로 함장이었습니다." 일본인은 무기를 버리어도 어업 침략의 여죄를 버리지 못한다. '맥아더 라인'으로 절대 알려 할 수 없는 점이 이것이다. 그자들은 원양 모험에 굳세고 어로 기술이 우수하다. 통영에 웬만한 연해 소금도 어로에 사용할 수 있는 그물을 기계로 엮어내는 공장이 있다.

　한 가지 예를 들어 멸치 잡는 그물을 얽을 기계와 기계의 기술이 없어서 그물을 일본에서 사온다. 조금 창피한 일이 아닐 수 없다. 잡은 고기를 회로 먹고 구워 먹고 나머지를 캔에 넣어 해외에 전할 공장이 없다. 재래식 어로 작업으로 치어까지 연안에서 휩쓸어 올린다. 통영 연해에서 고기를 잡는 것이 난사임이 아니라 어류의 양호 번식이 더 중대 문제가 되었다. 전쟁 중에 정어리가 전멸되듯이 이러다가는 통영 연안에서 멸치가 멸종되지 말라는 법도 없을까 한다. 통영읍 총선거 입후보자 중의 애국자는 인문 계통의 애국자보다는 이 어업 생산의 경륜 기술자로서의 애국자가 더 필요하다. 통영의 어업 생활을 위하여 국가의 관심을 유도할 만한 국회 투사가 필요하다. 누구실지는 내 몰라도 통영읍 네 개 남녀 중학생 중에도 제일 기대되는 것이 이곳 수산중학교가 아닐 수 없다.

Ⅲ

 수필

뿌리는 비, 날리는 비, 부우 뜬 비, 붓는 비, 쏟는 비,
뛰는 비, 그저 오는 비, 허둥지둥하는 비, 촉촉 좇는 비,
쫑알거리는 비, 지나가는 비,
그러나 십일월 비는 건너가는 비다.
이 박자 폴카 춤 스텝을 밟으며,
그리하여 십일월 비는 흔히 가욋것이 많다.

♣ 「옛 글 새로운 정」_《동아일보》, 1937년 6월 10~11일.
♣ 「꾀꼬리와 국화」_《삼천리문학》, 1938년 1월.
♣ 「날은 풀리며 벗은 앓으며」_《조선일보》, 1938년 2월 17일.
♣ 「남병사 7호실의 꿈」_《동아일보》, 1938년 3월 3일.
♣ 「인정각」_《조선일보》, 1938년 5월 13일.
♣ 「압천 상류」, 출처 미상. 『지용문학독본』(박문출판사, 1948)에 수록.
♣ 「다방 'ROBIN' 안에 연지 찍은 색시들」_《삼천리》, 1938년 6월.
♣ 「서왕록」_《조선일보》, 1938년 6월 5~7일.
♣ 「예양」_《동아일보》, 1939년 4월 14일.
♣ 「우산」_《동아일보》, 1939 4월 16일.
♣ 「합숙」_《동아일보》, 1939년 4월 20일.
♣ 「화문 점철 1」, 「화문 점철 2」_《동아일보》, 1940년 1월 1일.
♣ 「비」, 「비둘기」는 『백록담』(문장사, 1941)에 수록.

옛 글 새로운 정

　세상이 바뀜을 따라 사람의 마음이 흔들리기도 자못 자연한 일이려니와 그러한 불안한 세대를 만나 처신과 마음을 천하게 갖는 것처럼 위험한 게 다시 없고 또 무쌍한 화를 빚어내는 것이로다. 누가 홀로 온전히 기울어진 세태를 다시 돌아 일으킬 수야 있으랴. 그러나 치붙는 불길같이 옮기는 세력에 붙어 온갖 음험 괴악한 짓을 감행하여 부귀는 누린다기로소니 기껏해야 자기 신명을 더럽히는 자를 예로부터 허다히 보는 바이어니, 이에 굳세고 날카로운 선비는 탁류에 거슬리어 끝까지 싸우다가 불의를 피로 갚는 이도 없지 않아 실로 높이고 귀히 여길 바이로되 기왕 할 수 없이 기울어진 바에야 혹은 몸을 가벼이 돌리어 숨도 피함으로써 지조와 절개는 그대로 살리고 신명도 보존하는 수가 있으니 이에서도 또한 빛난 지혜를 볼 수 있는 것이로다.

가마귀 싸우는 골에 백로야 가지 마라

성낸 가마귀 흰빛을 새올세라

청강淸江에 조히 씻은 몸을 더러일까 하노라.

뜻이 좀도 좋으려니와 얼마나 뛰어나게 높으신 글인가.

뜻이야 어찌 돌아가든지 글월의 문의紋儀*를 펼쳐 볼지라도 하도 희고 올이 섬세하고도 꼭꼭 올바르지 아니한가. 갠 하늘과 햇빛과 이슬이라도 능히 걸러 지나도록 곱고 가는가 하면 더러운 손아귀에 구기어지지도 때에 물들사 싶지도 아니한 신비한 비단 폭과 같도다. 그야 포은공圃隱公과 같으신 어른을 낳으신 어머니의 글이시니 오죽하랴.

어머니로서 아드님에게 주신 글이 또 하나 마음에 간직되어 있는 것이 있으니 경정백耿庭栢** 모당母堂 서씨徐氏가 벼슬 살러 슬하를 떠나간 자기 아들에게 편지 겸사 보낸 7절 한 수이다. 이를 우리말 글로 옮기어 놓고 볼 양이면,

집안 평안한 줄 네게 알리우노니

논밭에서 거둔 것으로 한 해 쓰고도 남겠구나

---

* 무늬와 법도.
** 16세기 명나라의 선비.

실오락 만치라도 남중南中* 물건에 손대지 말아라

조히 청관清官 노릇하여 성시聖時에 갚을지니라.

    세상에 이러한 어머니를 모신 아들이야 복되도다. 사내로 한번 나서 태평성시에 밝으신 임금을 모시고 백성을 착히 다스리어 지위와 벼슬이 높아 봄직도 한 교훈과 고요히 일깨워 주시는 어머니의 글월을 벼슬자리에서나 변방 수자리에서나 받자와 뵐 수 있는 이로서야 나라에 빛난 공훈을 세움이 의당한 일일지로다.

    이도 또한 글로만 의논할지라도 글쟁이의 글로서는 도무지 따를 법도 아니한 간곡하고도 엄한 자애심에서 절로 솟아난 글이 아니랴. 마침내 글이라는 것을 말과 뜻과 진정이 서로 얽히어 안팎을 가릴 수 없이 그대로 드러난 것이 극치일까 싶어라. 세상에 착한 어머니로서 재조와 덕이 높음에도 불구하고 이름조차 묻히어 알 바이 없이 다만 누구의 어머니로서 전할 뿐이니 동양의 부덕이란 이렇듯이 심수한 것이로다.

    이번에는 아버지로서 아들에게 보낸 짧은 글쪽이 또 하나 있으니 도연명이 팽택령이 되어 가루家累를 따르게 할 수도 없고 하여서 그의 아들로 하여금 집을 지키어 치산하게 하고 하인 하나를 보

---

* 부임지인 남쪽의.

낼 적에 편지 한 쪽을 끼워 보낸 것이니 실상 한 줄이 될사말사한 짧은 글월이다. 우리 글로 옮기고 볼 양이면,

네가 조석 살림살이 몸소 보살피기 어려울 줄 여기어 이제 하인 하나를 보내어 나무 쪼개고 물 긷기 수고를 덜까 한다. 이도 사람의 아들이어니 착히 대접함이 옳으니라.

원문은 자수가 모다 스물여덟 개로 된 희한히 간결한 편지어니와 『소학』에는 이러한 좋은 글이 실리어 있다.

글 잘하시고 이름 높으신 정절靖節* 선생을 아버지로 모시어 집안 살림살이에 이름과 함께 묻히어 버린 아들이 믿음직하고 든든하였음에 어김없으리로다.

다음에 또 글월 하나는 별로 보신 이 적으실까 하여 속심에 자랑스럽기도 하나 우연한 기회에 얻어 뵈인 선조대왕 계후 인목왕후의 언문 전교한 쪽이니 "대재전원大哉乾元"**이 찍힌 것으로 보면 흔히 있던 기별지는 아닌 듯싶고 만력萬曆 원년 31년*** 계묘부월

---

* 도연명의 시호.
** 주역에 나오는 글귀로 보통 "위대하구나 하늘이여"로 풀이한다.
*** 만력은 명나라 신종의 연호. 만력 원년은 1573년이고 원년으로부터 31년은 1603년이다.

癸卯復月 19일 사시巳時라고 분명히 쓰신 걸로 따지어 보면 이제로 334년 전이니 그해가 인목왕후께서 반송방盤松坊* 김씨 댁 규수로서 선조대왕 계후로 드옵신 후 바로 다음 해일 것이라. 아직 대군이나 옹주를 낳으시지 아니한 때가 분명하고 또 글월 사연을 놓고 살필지라도 친정댁 손아래 친속 그 누구 한 분에게 내리신 전교도 아니요 필연코 선조대왕께서 어찌어찌 낳으시었던지 세자 대군 옹주 하시여 모두 13남 13녀**를 두시었으므로 인목왕후 친히 낳으시지 아니한 군이나 옹주 한 분에게 내리신 것임에 어김없으리로다.

이제 그대로 뵈옵고 옮겨 쓰되 철자만 요새 것으로 바꾸어 놓으면

글월 보고도 둔 것은 그 방(너 역질 하던 방)이 어둡고 날도 음陰하니 일광이 돌아지거든 내 친히 보고 자세 기별하마. 대강 용약用藥할 일이 있어도 의관 의녀를 대령하려 하노라. 분별 말라 자연 아니 좋이 하랴.

사가私家로 치더라도 아랫사람에게 보낸 대수롭지 아니한 편지 쪽에 지나지 아니한 것이니 위도 밑도 없고 겉꾸밈이나 사연 만들기 위한 글이 아니요.(이로 보면 찰한법札翰法이나 편지틀이 따로 있는 줄 아는 것

---

* 한성부 서부 성 밖에 있던 행정 구역. 현재의 서대문구 현저동 일대.
** 역사서에는 14남 11녀를 둔 것으로 되어 있다.

이 우습다), 총총히 그저 적어 내리신 것이요, 종이도 손바닥만 할사 한 선지宣紙 쪽이었다. 그러나 글을 쓰실 때 심경이시나 실내 정경이 요연히 떠오르는가 하면 간곡하신 자애가 흐르는 듯하고 수하 사람에 향하여 마음 쓰심이 세밀하고 보드라우신가 하면 매우 젊으신 왕후로서(대왕과 33세나 차가 계시었다) 엄위嚴威가 또한 서슬지어 보이지 아니하신가. 무엇보다도 농부로부터 제왕에 이르기까지 한 갈로 보배가 되는 갸륵한 인정이 묻어나온 글을 명문이라 하노라. 다만 옥수로 이루어진 주옥같으신 필적마저 옮기어 놓을 수 없어 섭섭하도다.

꾀꼬리와 국화

 물오른 봄버들가지를 꺾어 들고 들어가도 문안 사람들은 부러워하는데 나는 서울서 꾀꼬리 소리를 들으며 살게 되었다.
 새문* 밖 감영** 앞에서 전차를 내려 한 십 분쯤 걷는 터에 꾀꼬리가 우는 동네가 있다니깐 별로 놀라워하지 않을 뿐 외려 치하하는 이도 적다.
 바로 이 동네 인사들도 세간에 시세가 얼마며 한 평에 얼마 오르고 내린 것이 큰 관심거리지 나의 꾀꼬리 이야기에 어울리는 이가 적다.
 이삿짐 옮겨다 놓고 한 밤 자고 난 바로 이튿날 햇살 바른 아침,

---

* 서대문인 돈의문(敦義門).
** 지금의 서울적십자병원 자리에 있던 경기감영.

자리에서 일기도 전에 기왓골이 옥玉인 듯 짜르르 짜르르 울리는 신기한 소리에 놀랐다.

  꾀꼬리가 바로 앞 나무에서 우는 것이었다.

  나는 뛰어나갔다.

  적어도 우리 집사람쯤은 부지깽이를 놓고 나오든지 든 채로 황황히 나오든지 해야 꾀꼬리가 바로 앞 나무에서 운 보람이 설 것이겠는데, 세상에 사람들이 이렇듯이도 무딜 줄이 있으랴.

  저녁때 한가한 틈을 타서 마을 둘레를 거니노라니 꾀꼬리뿐이 아니라 까투리가 풀섶에서 푸드덕 날아갔다 했더니 장끼가 산이 쩌르렁 하도록 우는 것이다.

  산비둘기도 모이를 찾아 마을 어귀까지 내려오고, 시어머니 진짓상 나수어다 놓고선 몰래 동산 밤나무 가지에 목을 매어 죽었다는 며느리의 넋이 새가 되었다는 며느리새도 울고 하는 것이었다.

  며느리새는 외진 곳에서 숨어서 운다. 밤나무 꽃이 눈 같이 흴 무렵, 아침저녁 밥상 받을 때 유심히도 극성스럽게 우는 새다. 실큿하게도* 슬픈 울음에 정말 목을 매는 소리로 끝을 맺는다.

  며느리새의 내력을 알기는 내가 열세 살 적이었다.

  지금도 그 소리를 들으면 열세 살 적 외로움과 슬픔과 무섬탐이

---

* 싫은 느낌이 들 정도로.

다시 일기에 며느리새가 우는 외진 곳에 가다가 발길을 돌이킨다.

나라 세력으로 자란 솔들이라 고스란히 서 있을 수밖에 없으려니와 바람에 솔 소리처럼 아늑하고 서럽고 즐겁고 편한 소리는 없다. 오롯이 패잔한 후에 고요히 오는 위안 그러한 것을 느끼기에 족한 솔 소리, 솔 소리로만 하더라도 문 밖으로 나온 값은 칠 수밖에 없다.

동저고리 바람을 누가 탓할 이도 없으려니와 동저고리 바람에 따르는 훗훗하고 가볍고 자연과 사람에 향하여 아양 떨고 싶기까지 한 야릇한 정서 그러한 것을 나는 비로소 알아내었다.

팔을 걷기도 한다. 그러나 주먹은 잔뜩 쥐고 있어야 할 이유가 하나도 없고, 그 많이도 흥을 잡히는 입을 벌리는 버릇도 동저고리 바람엔 조금 벌려 두는 것이 한층 편하고 수월하기도 하다.

무릎을 세우고 안으로 깍지를 끼고 그대로 아무 데라도 앉을 수 있다. 그대로 한 나절 앉았기로서니 나의 게으른 탓이 될 수 없다. 머리 위에 구름이 절로 피명 지명 하고 골에 약물이 사철 솟아 주지 아니하는가.

뻐꾹채꽃, 엉경퀴송이, 그러한 것이 모두 내게는 끔직한 것이다. 그 밑에 앉고 보면 나의 몸뚱아리, 마음, 얼, 할 것 없이 호탕하게도 꾸미어지는 것이다.

사치스럽게 꾸민 방에 들 맛도 없으려니와, 나이 삼십이 넘어

애인이 없을 사람도 뻐꾹채 자주꽃 피는 데면 내가 실컷 살겠다.

바람이 자면 노오란 보리밭이 후끈하고 송진이 고여 오르고 뻐꾸기가 서로 불렀다.

아침 이슬을 흩으며 언덕에 오를 때 대수롭지 않게 흔한 달개비 풀꽃이라도 하나 업신여길 수 없는 것을 보았다. 이렇게 적고 푸르고 예쁜 꽃이었던가 새삼스럽게 놀라웠다.

요렇게 푸를 수가 있는 것일까.

손끝으로 으깨어 보면 아깝게도 곱게 푸른 물이 들지 않던가. 밤에는 반딧불이 불을 켜고 푸른 꽃잎에 오무라 붙는 것이었다.

한번은 달개비풀꽃을 모아 잉크를 만들어 가지고 친구들한테 편지를 염서艶書같이 써 붙이었다. 무엇보다도 꾀꼬리가 바로 앞 나무에서 운다는 말을 알리었더니 안악 친구는 굉장한 치하 편지를 보냈고 장성 벗은 겸사겸사 멀리도 집알이*를 올라왔었던 것이다.

그날사 말고 새침하고 꾀꼬리가 울지 않았다. 맥주 거품도 꾀꼬리 울음을 기다리는 듯 고요히 이는데 장성 벗은 웃기만 하였다.

붓대를 희롱하는 사람은 가끔 이러한 섭섭한 노릇을 당한다.

멀리 연기와 진애를 걸러 오는 사이렌 소리가 싫지 않게 곱게 와 사라지는 것이었다.

---

* 새로 지은 집이나 이사한 집에 집 구경 겸 인사차 찾아보는 일.

꾀꼬리는 우는 제철이 있다.

이제 계절이 아주 바뀌고 보니 꾀꼬리는커녕 머느리새도 울지 않고 산비둘기만 극성스러워진다.

꽃도 잎도 이울고 지고 산국화도 마지막 스러지니 솔 소리가 억세어 간다.

꾀꼬리가 우는 철이 다시 오고 보면 장성 벗을 다시 부르겠거니와 아주 이우러진 이 계절을 무엇으로 기울 것인가.

동저고리 바람에 마고자를 포개어 입고 은단추를 달리라.

꽃도 조선 황국은 그것이 꽃 중에는 새 틈에 꾀꼬리와 같은 것이다. 내가 이제로 황국을 보고 취하리로다.

날은 풀리며 벗은 앓으며

오면 가면 하는 터이요 며칠 못 보면 궁거워 하는 사이나, 별로 전화를 거는 일이란 없던 사람*이 그때 전화를 걸었던 것을 보면 무슨 대수로운 부탁이 있었던 것도 아니었는데 자기 딴에는 아찔한 고적감을 느끼었던 것인가 생각된다.

수화기에 앵앵거리는 소리로 즉시 그 사람인 줄 알았으매

"아 언제 왔던가? 그래 춘부장 환후는 쾌차하신가? 근데 자네 전화 어디서 거는 것인가?"

"나왔다가 거는데, 아버지 병환이 몹시 위중하시다가 겨우 돌리신 것 뵙고 왔네."

"여보게, 하여간 이따가 자네 댁에 감세 저녁때 감세."

---

* 시인 박용철(1904~1938)을 가리킨다.

그러자 상학종上學鐘이 울자 나는 황황히 전화를 끊었다.

그러나 이제 생각하면 그때 그 사람의 말소리란 전류를 통해서도 확실히 힘없고 하잔한 것임에 틀림없었다.

그러니까 그것이 바로 세브란스에서 심상치 않은 진단을 받고서 암담한 심경에 그래도 벗이라고 전화로 불러 보고 싶었던 것이 아닌가 싶다.

어디서 전화를 거노라는 것은 가벼이 여기고 다만 곧 만났으면 하는 생각이 가까운 벗에게 먼저 옮기었던 것인가 생각하니 고마울 뿐이다.

설마 무슨 일이 있으랴 하고 그날 저녁때 가겠다고 한 것이 그 다음 날 밤에야 가게 되었다.

그 사람이 거처하는 방이 볕이 잘 아니 드는 방이라 갈 때마다 마땅치 않은 양으로 말을 하여 온 터이지마는 그날 밤에도 좁고 외풍이 심한 방에 불이 빠안히 켜 있는데 그 사람은 목에 풀솜을 감고 쪼그리고 있었다.

들어가면서 앉기 전 첫 인사로

"시골 가서 메기를 잡는 대신 감기를 잡아 왔네그려."

별로 대꾸가 있어야 할 인사도 아니고 보니 그 사람은 그저 빙긋이 웃었을 뿐이요 R여사는 자리를 사양하고 안으로 들어갔었던 것이다.

자기 어르신네 중환으로 급거히 내려간 후 시탕侍湯 범절凡節로 밤을 몇 밤 밝히게 되고 한 탓으로 다시 감기가 들리어 목이 아프고 열이 높고 하기에 겨우겨우 올라와 세브란스엘 갔더니 의사 말이 본병本病이 아주 악화되었다는 것이요 목에 심상치 않은 증후가 일어났다는 것이었다.
　'감기로 편도선이 부어 오른 것이지 별것이겠는가?'라고 나는 그렇게 바로 짐작하였던 것이다.
　은 주전자에 술이 따뜻이 데워 나오고 전유어 접시가 놓이었었다.
　그러니까 그것이 지난 음력 섣달 그믐날 밤이었다.
　"자네 부인이 인제 나를 주객으로 대접하시는 모양일세그려. 술을 내가 좋아하는 줄 아나? 술이란 결국 지기知己가 될 수 없는 것일세. 역시 괴로운 노릇에 지나지 않는 것이네."
　그날사말고* 나의 심기가 그다지 고르지 못한 탓도 있었겠지마는 나의 가림 없는 말에 그 사람은 옳은 말인 양으로 머리로 대답하는 것이었다.
　은 깍지잔으로 한 다섯쯤 되는 것을 혼자 기울이게 되었었고 더운 김이 가시기 전 전유어는 입을 당길 만한 것이었다.
　혼혼히 더워오는 몸에 나는 그 사람을 중환자라고 헤아릴 것을

---

* 그날이야말로.

잊고, 그 사람 역시 나를 평소에 실없지는 않은 떠버리로 여기고 하는 터이므로 그날 밤에도 양력 초하룻날 아침에 만물상에를 오른 자랑이며 옥류동 눈을 밟고 온 이야기를 신이 나서 하였던 것이다.

개골산 눈을 밟으며 옮아온 시를 풍을 쳐가며 낭음朗吟해 들리면 자기가 한 노릇인 양으로 좋아하던 것이었다.

일어나 나오는 길에 정황 없는 중에도 대문까지 나와 보내며
"학교에서 나오는 길에 자주 좀 들리게."

그 소리가 전보다도 힘이 없어 가라앉은 소리였음에 틀림없었다.

그날 밤까지도 과연 그 사람이 병이 그렇게 중한 것인 줄은 전혀 몰랐던 것이다.

그러나 그 사람이 여름 가을철보다도 추위로 다가들면선 전보다 현저히 못한 줄은 나도 살피었던 바이기도 하여서 어쩐지 막연한 불안한 생각이 돌아오는 길에 내처 일었던 것이요 이래저래 그러하였던 것이든지, 나이라고 한 살 더 먹은 보람인지, 세상이 실로 괴롭고 진정 쓸쓸히 느끼어지던 것이었다.

새해로 들어 첫 정월도 다 가고 보니 날씨도 저윽이 풀리고 밤바람일망정 품을 헤치고 드릴 듯이 차지 않았다.

"이 사람이 이 해동 무렵을 고이 넘기어야 할 터인데…….″중얼거리기도 하며 발걸음을 홀로 옮기던 것이었다.

남병사南病舍 7호실의 봄

　OZONE에서는 무슨 경금속의 냄새가 난다. 배리잇하고 산산한 냄새가 그다지 유쾌한 것은 아니나 호흡이 저으기 쾌활해지기도 할 것이렷다. 라디오 장치처럼 된 궤짝에서 한종일 밤새도록 이 유조有助로운 기체가 새어 나오는 것이다. 냄새뿐이 아니라 푸지지 푸지지 하는 소리가 겨우 들리기는 하나 고막에 가려울 정도로 계속한다.
　어찌하였든 앓는 사람이 폐를 얼마쯤이라도 깨끗이 할 수 있는 일이면 무슨 노릇이라도 해야 한다.
　R여사는 아침부터 밤 아홉 시까지 줄곧 서서 간호를 하게 되고 K군은 밤 아홉 시 이후 아침 출근시간 전까지 교대로 옆을 뜨지 못하게 되는 것이다. 그 외에 몇몇 친구들이 있으나 모시고 거느리고, 사는 데 매인 신세들이 되어서 잘해야 오후 네 시를 지내거나 혹은

일요일을 타서 잠깐씩 들리어 앓는 사람을 묵묵히 위로하고 갈 뿐이다.

주치의의 이름으로 '면회사절'이라고 써 붙이었으나 그것이 몇몇 사람들에게까지 그다지 엄격하게 실행되어야만 할 것이라면 좀 가혹한 일이 아닐 수 없고 평소에 벗을 좋아하던 앓는 사람으로 보아서도 외롭고 지루한 병상에서 몇몇 사람을 대하기란 심신이 저으기 밝아질 수 있는 일이기도 할 것이다.

급기야 만나고 보아야 누운 사람과 선 사람들 사이에 별로 말이 있을 수 없다. 목이 착 쉬어 발음을 할 수 없는 사람을 대하여 열심스럽게 회화를 바꾸고 한댔자 그 사람을 그만치 소모시킬 것이 되겠으므로 절로 말이 삼가게 되는 것이다.

그러나 아주 오롯한 침묵이란 이 방안에서 금金 노릇을 할 수 없는 것이 입을 딱 봉하고 서로 얼굴만 고누기*란 무엇이라 형용할 수 없는 긴장한 마음에 견딜 수 없는 까닭이다.

그뿐이랴. 남쪽 유리로 쨍앵하게 들이쪼이는 입춘 우수를 지난 봄볕이 스팀의 온도와 어울리어 훅훅히 더웁기까지 한데 OZONE의 냄새란 냄새 스스로가 봄다운 흥분을 하는 것일지도 모르겠다.

그러나 이 방안에서 OZONE의 공로를 생각할 때 애초에 불평

---

* 쳐다보기.

을 가질 수 없는 것이나 저윽이 불안한 압박감을 주는 것이요 30분 이상 견디기에 가벼이 초조하여지기도 하는 것이다.

원래 사람의 폐를 위해서는 문을 굳이 닫고 OZONE을 맡는다느니보담은 훨훨 열고 아직도 머뭇거리는 얼음과 눈을 밟고 다정히도 걸어오는 새로운 계절의 바람을 맞는 것이 좋기야 좀도 좋으랴. 그러나 소맷자락으로 일은 바람으로도 이 사람을 상하울사* 한데 어찌 창을 열 법도 할 일이랴.

조심조심히 입문을 열어 위로될 수 없는 위로의 말머리를 지어 보기도 한다.

미음을 치룹보새기**로 하루에 셋을 마시었다면 그것이 중병에 누운 사람으로서는 차라리 칭찬을 받게 되는 것이요 며칠씩 설친 잠을 다섯 시간 이상 잔 밤이 있을 양이면 그것은 큰 보람을 세운 것인 양으로 키우어 치하하게 된다.

앓는 사람은 어린아이 같은 심정을 가질 수도 있는 것이기도 한가 보다.

무슨 말을 발하고도 싶은 표정이나 아픈 후두가 사리게 하므로 여위고 핼쑥한 뺨을 가벼이 훑어 미소를 보이기도 한다. 저윽이 안심하는 양이며 희망이 나타나 보이는 웃음이 아닐 수도 없다.

---

* 상하게 할까.
** 큰 대접.

위로가 반듯이 위로의 말이어야만 할 것이 아니라 달리라도 효과를 낼 수 있을 양이면 할 만한 것이니 허우룩히 솟아오른 수염 터전이 하여간 삼각수三角鬚인 것에 틀림없으므로 무장 관우의 풍모와 방불하다는 양으로 기식氣息이 가쁜 사람을 도리어 가벼이 희롱하기도 한다. 아니들 웃을 수 없는 일이기도 하다.

남자가 삼십이 지난 나이가 되고 보면 이만한 나룻과 수염을 갖출 수 있는 것이었던가, 달포 가까이 입원한 동안에 이렇게 길을 수 있는 것이런가, 새삼스럽게 놀랍기도 하다.

이러는 동안에는 흰옷 입은 의사며 간호부가 한끝 정숙한 행지行止로 맥과 열을 살피고 나가는 것이고 묻는 말에도 대답을 사릴 뿐이다.

잠시를 거르지 못하고 뱉게 되는 침에 목이 실로 아픈 모양이요 눈가에 돌은 주름살과 홍조로 심상치 않은 피로를 짐작할 수 있다. 잃는 사람이야 오죽하랴마는 사람의 생명이란 진정 괴로운 것임을 소리 없이 탄식 아니할 수 없다. 계절과 계절이 서로 바뀔 때 무형한 수레바퀴에 쓰라린 마찰을 받아야만 하는 사람의 육신과 건강이란 실로 슬픈 것이 아닐 수 없다.

매화가 트이기에 넉넉하고 언 흙도 흐물흐물 녹아지고 동冬섣달 엎드렸던 게도 기어나와 다사론 바람을 쏘일 이 좋은 때에 오오! 사람의 일은 어이 이리 정황 없이 지나는 것이랴. 앓는 벗이 며칠 동안에 훤칠히 나올 수야 있으랴마는 이 고비를 넘어서서 빠듯이 버티고 살아나야 하리로다.

인정각 人定閣

 허둥지둥 새문 턱을 닥아 도니 마침 폐문 시각이라 큰 문이 닫히느라 요란한 소리에 큰 쇠가 덜커덩 잠기었다.
 겨우겨우 성 안에 들어선 일행은 살은 듯 마음이 놓이고 다행하였다. 걸음이 한풀에 줄어 서서히 차라리 힘없이 흘러져 걸리는 것이었다.
 전 자리* 깡그리 닫힌 거리에 유지등 사방등이 번거로이 지나가고 미구에 순라군이 돌 때가 되었다.
 교전비轎前婢 등불 들리어 앞세우고 급한 행차 돌아가는 교군도 간혹 보이나 그 외에 부녀자의 행색이란 이 아닌 밤에 일체 보일 리 없었다.

---

* 전(廛)을 펴 놓았던 자리.

새 대궐 앞까지 앞서가니 뒤서거니 하여 밤길 걸으며 이야기하는 사이에 행인을 살필 배 없었으니 어느 골목에서 나왔다고 바로 이를 수도 없는 젊은 장옷짜리가 문득 앞을 서서 가로 거치는 것이었다.

도람직한* 키에 몸맵시가 어색하지 않으려니와 가벼운 갓신에 옮기는 걸음새가 밤에 보아도 아리따운 젊은 여자임에 틀림없이 별안간 마음들이 설레기 비롯하였다.

그러나 앞에 세운 계집애 하나 없고 등불 하나 딸리지 않았으니 저으기 괴이쩍은 일이 아닐 수도 없었다.

그러하고 보니 한창 장난들 즐겨하는 젊은 일행은 바짝 뒤로 다가서서 희학질이 시작된 것이었다.

아닌 밤에 무슨 급한 병자가 초라한 살림에 생기어 약 화제를 들고 나선 여인이 아닌 바에야 예사 여염집 여자로서 밤출입이 있을 수 있는 노릇이냐 말이다.

그만한 희학질 장난이야 받을 만하지 아니한가.

그러나 그 여인도 소호小毫도 놀란다든지 당황하는 꼴이 없이 거름을 사븐사븐 흘지 않고 걸어가는 양이 더욱 요염하여 일행의 호기심을 더욱 요란케 하는 것이었다.

---

* 성인이 됨직한.

이상스러운 노릇이, 아무리 빨리 쫓아가야 그 여인은 쫓아가는 일행의 손이 장옷자락에 닿을 거리에서 서서 가는 것이 아니었다. 그렇다고 신 뒤축이 금시 금시 밟힐 듯한 사이에서 더 앞서 가는 것도 아니었다. 감질이 날 노릇이 아니런가.

아무리 쫓아가야 잡을 도리가 없었다.

이리이리 승강이를 하며 쫓아가는 것이 황토마루*를 지나 샌전** 앞을 나섰으나 역시 잡히지 않았고 중치막 소매가 바람에 부우 뜨고 소창옷 세 자락에서 쇳소리가 날 지경이었으나, 지척에 보는 꽃을 꺾지 못하는 까닭을 모를 일이란 인제는 일개 만만히 볼 만한 여자의 팔을 훔켜잡고야 만다느니보담은 삼사 인이나 되는 젊은 사내자식들의 의기와 고집으로서도 그저 덮어둘 일이 아니었다.

성난 승냥이 떼처럼 약들이 잔뜩 올랐다.

신이 금시 금시 밟힐 듯 밟힐 듯하면서도 몸이 잡히지 아니하니 웬 셈일까.

여자는 한결같이 태연히 사븐사븐 가는 것에 지나지 않았다.

일행들의 입은 옷으로 말하면 꽃 진 지도 오래고 녹음이 한창 어울리어가는 사월 초승이라 갓 다듬어 입고 나선 모시옷 아니면 가는 백목이었고 신으로 볼지라도 산뜻한 맞춤 마른신이나 발 편

---

* 黃土峴. 지금의 광화문 네거리.
** 지금의 무교동.

한 누리* 바닥 고운 미투리였으므로 걸어가기는새레 날아라도 갈 셈인데 점잖은 갓모자가 모조리 뒤로 발딱 제켜지도록 여자의 걸음을 따르지 못한다는 까닭을 알 수 없다.

인제는 마지막 기를 써서 쫓은 것이 종로 인정전 바로 앞에까지 왔던 것이다.

인정전 바로 뒤 행랑뒷골로 여자는 슬쩍 몸을 솔치자** 한 사람의 손이 여자의 장옷 소매에 닿자마자 여자가 힐끗 돌아보자 달밤에 보는 옥과 같은 흰 얼굴에 처참하게도 흰 앞니 두 개가 길기가 땅바닥까지 닿는 것이 아니었던가! 으악! 소리와 함께 일행은 모두 넘어지자 여자는 인홀불견因忽不見이 되고 말았다.

자정 인경이 땅! 한 번 울었다. 그 소리를 이어 네밀 네밀 네밀 하는 여음이 실큿하게도*** 무엇인지 끔쩍이 꾸짖는 것 같았다.

일행은 태기친 개구리 퍼지듯 모두 까무러쳐 바닥에 쓰러졌으니 사내자식이 아무리 놀라기로서니 그중에 하나쯤이야 아주 죽는 수야 있느냐 말이다. 이왕 쓰러지는 바에야 종각 창살에 허리를 붙이고 서른두 번 우는 인경 소리를 들으며 내처 잠이 들었던 것이다.

얼마쯤이나 잤던지 어렴풋이 정신이 돌며 눈이 뜨이고 보니 날

---

* 삼(麻)을 묶은 것.
** 비켜나자. 빼자.
*** 기분 나쁘게.

이 후연히 밝아오는데 파루 치는 꼴을 볼 수가 없다. 자, 그러니까 간밤 일이 그것이 취몽은 취몽일지라도 인경 소리를 꿈엘지라도 듣기는 들었다.

툭툭 털고 일어서며 곰곰이 생각하여 보아야 열네 살 때 서울 올라온 이후 사실로 인경 소리를 들어본 일이 있는 성싶지 않다.

하니까 꿈에라도 한번 들어본 셈인가?

우리 연배 되시는 벗님네들! 누구나 서울 종로 인경 소리 들은 이 있소?

너를 바로 보고도

네 소리 듣지 못하니

그를 설워 하노라.

압천鴨川 상류

압천*의 수원이 어딘지는 모르고 말았다. 애써 찾아가 본다든지 또는 문서를 참고한다든지 지리에 취미가 있는 사람이고 보면 마땅히 할 만한 일을 아니하고 여섯 해를 지냈다.

대개 중압中鴨에서 하숙을 정하고 지났으니 하압下鴨으로 말하면 도심 지대에 들므로 물이 더럽고 공기도 흐리고 여러 점으로서 있기가 싫었다. 그래도 중압쯤이나 올라와야만 여름이면 물가에 아침저녁으로 월견초가 노오랗게 흩어져 피고 그 이름난 유젠友禪**을 염색도 하여 말리고 표백도 하고 하였다. 원래 거기서 이르는 말이 압천물에 헹군 비단이라야만 윤이 칠칠하고 압천물에 씻기운 피부라야만 옥같이 희다는 것이었다. 그래서 그런지는 몰라도 거기는 비단과 미인으

---

* 교토 한가운데를 흐르는 가모가와 강.
** 교토에서 생산되는 이름난 비단.

로 이름난 곳이었다. 그러나 압천이란 내는 비올 철이면 흐르고 그렇지 않으면 아주 말라붙는 내다. 소세키擻石*의 글에도 "압천 조약돌을 밟아 헤어** 다하였다"라는 한 기행문 구절이 있었던 줄로 기억하고 있지마는 물이 마르고 보면 조약돌이 켜켜이 앙상하게 드러나 있어서 부실한 겨울 해나 비치고 할 때는 여간 쓸쓸하지 않았다.

여름철이 되어야만 여뀌풀이 붉게 우거지고 밤으로 뜸부기도 울고 하는 것을 한번은 그렇지 못한 때 지금 만주에 가 있는 여수麗水***가 와 보고, 그래 어디가 "역구풀 욱어진 보금자리, 뜸부기 홀어멈 울음 우는 곳"이냐고 매우 시시하니 말을 하기에 변명하기에 좀 어색한 적도 있었으나 어찌하였든 나는 이 냇가에서 거닐고 앉고 부질없이 돌팔매질하고 달도 보고 생각도 하고 학기 시험에 몰리어 노트를 들고 나와 누워서 보기도 하였다.

폭이 상당히 넓은 내가 되어서 다리가 여간 길지 않은 것이었다. 봄가을 비오는 날 이 다리를 굽 높은 나막신에 파란 지우산을 받고 거니는 정취란 업수이 여길 것이 아니었다. 히로시게류廣重流****의 우키요에도 그러한 것이었기 때문에.

---

* 일본 메이지 시대의 문학자인 나쓰메 소세키(夏目漱石, 1867~1916).
** '세다'의 방언.
*** 시인 박팔양(1905~?)의 호.
**** 유명한 우키요에浮世畵 화가 우카가와 히로시게歌川廣重 경향의.

마주 서 있는 비예산比叡山도 계절을 따라 맵시를 달리하고 흐리고 개이는 날씨대로 자태를 바꾸는 것이었다. 이불을 쓰고 누운 것 같다는 동산도 바로 지척인데 익살스럽게 생긴 산이었다.

조선서는 길에서 인사만 좀 긴하게 하여도 무슨 트집을 잡아 말구실을 펼쳐 놓고 하지마는 거기서야 우산 하나에 사람은 둘이고 비는 오고 하면 마침내 한 우산 아래로 둘이 꼭 다가서 가는 수밖에 없지 않았던가. 그래도 워낙 꽃같이 젊은 사람들이고 보니깐 그러하고 가는 꼴을 보면 거깃 사람들도 싫지 않을 정도로 가볍게 놀리기도 하던 것이었다.

다시 상압으로 올라가면 거기는 정말 촌이 되어 늪에 물이 철철 고여 있고 대수풀이 우거지고 물레방아가 사철 돌고 동백꽃이 겨울에도 빨갛게 피고 있다. 겨울에도 물이 아니 얼고 풀도 마르지 않으니까 동백꽃이 붉은 것도 괴이치 아니하였다.

노는 날이면 우리들의 산보 터로 아주 호젓하고 좋은 곳이었다. 거기서 다시 거슬러 올라가면 팔뢰八瀨라고 이르는 비예산 바로 밑에 널리어 있는 마을이 있는데 그 근처가 지금은 어찌 되었는지 모르나 그때쯤만 해도 거기 하천공사가 벌어지고 비예산 케이블카가 놓이는 때라 조선 노동자들이 굉장히 많이 쓰이었던 것이다.

이른 봄철부터 일철이 되고 보면 일판이 흥성스러워졌다. 석공일은 몇몇 중국 사람들이 맡아 하고 그 대신 일공日工 값도 그 사람들은 훨씬 비쌌고 평坪 뜨기 흙 져나르기 목도질 같은 일은 모두 조선 토공들이 맡아 하였지만 삯전이 매우 헐하였다는 것이다.

수백 명씩 모이어 설레는 일판에 합비* 따위 노동복들은 입었지만 동이어맨 수건 틈으로 날른대는 상투를 그대로 달고 온 사람들도 많았다.

째앵한 봄볕에 아지랑이는 먼 불 타듯 하고 종달새 한껏 떠올라 지즐거리는데 그들은 조선의 흙빛 같은 얼굴이며 우리라야 알아듣는 왁살스런 사투리며 육자배기 산타령 아리랑 그러한 것들을 그대로 가지고 온 것이었다.

그 단순하고 소박한 일꾼들도 웬 까닭인지 그곳 물을 몇 달 마시고 나면 거칠고 사납고 하룻강아지 범 무서운 줄 모른다는 셈인지 십장에게 뭇매를 앵겼다는 둥 순사를 때려 주었다는 둥 차차 코가 세어지는 것이었다. 맞댐으로 만나 다지고 보면 별 수 없이 좋은 사람들이었지만 얼굴 표정이 잔뜩 질려 보이고 목자**가 험하게 찢어져 있고 하여, 세루*** 양복에 머리를 갈랐거나 치마 대신에 하카마,****

---

* 인력거꾼 옷.
** 눈초리. 目眥.
*** 촘촘히 짠 모직.
**** 옷의 겉에 입는 아래옷.

저고리 대신에 기모노를 입었다는 이유만으로 욕을 막 퍼붓고 희학질이 여간 심한 것이 아니었다. 우리가 조금도 못 알아듣는 줄로만 알고 하는 욕이지마는 실상 그것을 탓을 하자고 보면 살이 부들부들 떨릴 소리를 하는 것이다. 그러나 우리는 조금도 어찌 여기지 않고 끝까지 모르는 표정으로 그들의 옆을 천연스레 지나간 것이었다. 우리가 조금도 모를 리 없는 욕설이지만 진기하기 짝이 없는 욕들이다. 셰익스피어 극 대사의 해괴한 욕을 사전을 찾아가며 공부도 하는 터에 실제로 모르는 척하고 듣는 것이 흥미 없는 것도 아니었다. 그러나 좀 얼굴이 붉어질 소리를 하는 데는 우리는 서로 얼굴을 피하였다.

뻔히 알아들을 소리를 애초 모르는 체하는 그러한 것이 이를테면 교양의 힘일 것이리라.

그러나 만일 그들이 별안간 삽으로 흙을 떠서 냅다 뒤집어씌운다면 어떠한 대책이 설 수 있을까 할 때에, 나는 절로 긴장하여지고 어깨를 떡 펴고 얼굴과 눈을 좀 엄혹하게 유지하고 또 주시하며 지나가게 되던 것이었다.

그러나 우리들의 호기심과 향수는 좌절되지 아니하였다.

장마 치르고 난 자갈밭이거나 장마가 지고 보면 으레히 떠나갈 터전, 말하자면 별로 말썽이 되지 않을 자라면 그들은 그저 어림어림 하며 집이라고 고여 놓는다. 궤짝 부서진 널쪽, 전선줄, 양철판 등속으로 얽어놓고 그들은 들어앉되, 남편, 마누라, 어린것, 계수,

삼촌, 사돈댁, 아주 남남끼리 할 것 없이 들고 나고 하는 것이었다.

짜르르 쩔었거나 희거나 푸르둥둥하거나 하여간 치마저고리를 입은 아낙네들이나 아랫동아리 훌훌 벗고 때가 겨른* 아이들일지라도 산 설고 물 설은 곳에서 만나고 보면 반갑지 않을 수 없다.

그들은 우리가 조선 학생인 줄 알은 후에는 어찌 반가워하고 좋아하던지 한 십여 인이나 되는 아낙네들이 뛰어나와 우리는 그만 싸이어 들어가듯 하여 무슨 신랑신부나 볼모로 잡아오듯이 아랫목에 앉히는 것이었다. 그래 조선서 와서 학교 하는 양반이냐고 묻고 고향도 묻고 나이도 묻고 하는 것이다. 어찌 되는 사이냐고 하기에 나는 어쩌다 튀어나온 대답이 사촌 간이라고 한 것이었다. 그들은 별로 탓도 아니하였으나 사촌 오누이 간에 픽은 서로 닮았다기에 우리는 같은 척하고 견디었다. 이러한 경우에는 사촌이 아니라고 한다든지 혹은 사촌이 아닌 줄이 명백히 드러나고 보면 결국 꼼짝 없이 억울해도 할 수 없이 뒤집어쓰고 마는 것이었다.

그중에 픽 엽엽해 보이고 있고 보면 손님 대접하기 즐길 듯한, 끝기는 끝었으나 당목저고리에 자주고름을 여미고 자주끝동을 단, 좀 수선스럽기도 할 한 분이 일어나가는 거동으로 우리는 벌써 눈치를 챘던 것이었다. 황황히 일어서려니까 온 방 안에 있는 분들이

---

* 겨르다: 기름 따위가 흠씬 배다.

모두 붙들며 점심 먹고 가라는 것이었다.

이밥에 콩도 섞이고 조도 있으나 먹을 만한 것에 틀림없었고 달래며 씀바귀며 쑥이며 하여간 산효야채山肴野菜임에 틀림없었고 골고루 조선 것만 골라다 놓은 것이 귀한 반찬들이었다.

한껏 성의를 다하여 먹는 참에 바깥주인이 들어오는 모양인데 안주인이 우리를 변명 겸 설명하는 것이었다. 안주인의 이때까지 정이 녹을 듯한 거동이 좀 황황해진 것이기도 하였다.

바깥주인의 태도가 좀 무뚝뚝하고 버티기로서니 내가 안경을 벗고 한 팔 짚고 한 무릎 꿇고 무슨 도 무슨 면 무슨 리 몇 통 몇 호까지 대며 인사를 올리는데야 자긴들 어찌 그대로 하나 뺄 수 있을 것이며 또 저윽이 완화되지 않을 배 어디 있었으랴.

끝까지 나의 교양의 힘으로 희한히 화기애애하던 그날의 동향일기同鄕日氣*를 조금도 흐리우지도 않고 견딘 것이었다.

방 안에서 문에서 뜰에서 부엌에서 모두들 잘 가고 또 오라는 인사를 받고 나오는 길에 우리는 보아서는 아니 될 것이 눈에 뜨인 것이었다. 막대 하나 거침 없는 한편에 아낙네가 돌멩이 둘에 도틈 쪼그리고 앉아 있는 것이었다. 조금 황급히 구는 것이었으나 결국 우리는 보아서는 못쓸 것이 없으매 아낙네는 그대로 견디기 어려

---

* 같은 민족의 분위기.

운 일이 아니었다.

　일찍이 농촌 전도로 나선 어떤 외국 선교사 한 분이 모든 불편한 것을 아무 불평 없이 참아 받았으나 다만 조선의 측간만은 좀 곤란하였던지 조선의 측간은 돌멩이 두 개로 성립되었다는 우스개 말씀을 한 일이 있었으나, 그 '컨시쓰 오브 투 스토운즈'*라는 섭섭하기도 하고 우습기도 한 말이 잊어지지 않았다.

　그야 측간이 반드시 돌멩이 두 개로 성립된 것도 아니지마는 혹시 그럴 수도 있지 아니한가.

　산이 서고 들이 열리고 하늘이 훨쩍 개이고 사투리가 판히 다른 황막한 타향이고 보면 측간쯤이야 돌멩이 둘로 성립되지 말라는 법도 없다.

---

* consisits of two stones.

다방 'ROBIN' 안에 연지 찍은 색시들

'ROBIN'은 어린이들 양복과 여자 옷을 단골로 지어 파는 양복가게였다.

크낙하지도 굉장할 것도 없었지마는 참하고 얌전한 집으로 그 호화스런 사조통四條通* 큰 거리에서도 이름이 높았었다. 'ROBIN'에서 지은 양복이라야 본격적 양장한 보람이 나던 것이었다.

그 집 진열장이 좁기는 하나 꽤 길어서 으리으리한 속으로 휘이 한번 돌아나오는 맛이 불유쾌한 것이 아니었다.

꽃밭이나 대밭을 지날 즈음이나 고샅길 산길을 밟을 적 심기가 따로따로 다를 수 있다면 가볍고 곱고 칠칠한 비단 폭으로 지은 옷이 갖은 화초처럼 즐비하게 늘어선 사이를 슬치며 지나자면 그만

---

* 교토의 중심부를 가로지르는 거리.

치 감각이 바뀔 것이 아닌가.

'ROBIN' 양복 가게에 걸린 어린이 양복에서는 어린아이 냄새가 났었고 여자 옷에서는 여자 냄새가 났었다.

암내 지린내 비린내 젖내 지저귀내 부스럼딱지내 시퍼런 코내 흙내가 아주 섞이지 아니한 순수한 어린아이 냄새가 있을 수 있고, 기름내 분내 크림내 마늘내 입내 퀴퀴한 내 노르끼한 내 심하면 겨드랑이내 향수내 앞치마내 세수대야내 자리옷내 베개내 여우목도리내 불건강한 내 혈행병내 혹은 불결한 정조내 그러그러한 냄새가 통히 아닌 고귀한 여자 냄새가 있을 수 있는 것이니, 그것이 얼마나 신선한고 거룩한 것일까.

적어도 연잎 파릇한 냄새에 비길 것이로다. 'ROBIN' 양복가게가 흥성스럽던 것은 이러한 귀한 냄새를 풍길 수 있는 옷을 지어 걸고 팔고 하는 데 있었던 것일지도 모른다.

그러나 어린이나 여자의 알맹이가 아직 들이끼우기 전의 다만 옷감에서 오는 냄새란 실상 우스운 것이 아닌가.

드나드는 손님들 중에 반듯이 긴한 손이 아닌 듯한 사방모四方帽* 짜리니 여드름딱지 예과생 따위들이 그 앞으로 지나다간 부질없이 들려 휘이 돌아다니곤 나오곤 하는 것이었다.

---

* 대학생이 쓰던 사각모.

'ROBIN' 양복 가게는 그만치 번창하고 말았다.

'ROBIN' 주인이 이러한 점을 이용하였던 것인지 양복 가게에 다방이 새로 곁들게 된 것이었다.

다방 이름도 마저 'ROBIN.'

다방 'ROBIN' 입구가 따로 난 것이 아니고 양복점 'ROBIN' 진열장을 들어서서 걸린 옷 사이로 지나 안으로 들어가면, 열고 보면 문은 문이나 문이랄 게 대단하지 않은 문이 겨우 붙어 있던 것이니, 문이 열고 닫히는 맛이 벨벳에 손이 닿는 듯이 소리가 없어서 들며 나며 하는 손님들도 그림자같이 가벼웠다.

사박스럽게 돌아가는 축음기 소리도 없었으니 원래 이야기 소리가 조용조용하고 소곤소곤들 한 것이었기에 소리판 소리 그늘을 빌어야 하도록 치근치근한 말거리도 없었고 통째로 쏟아놓는 사투리도 없었던 것이다.

차야 어느 집에 그만한 가음*이 없을까마는 차를 달이는 솜씨와 담긴 그릇이 다른 집과 달랐다. 작은 찻종 빛깔이나 차빛이나 불빛이나 온갖 장식품이나 벽빛 천정빛, 마담의 옷감이나 모두 꼭 조화를 잃지 않아서 손님들의 품위나 회화도 역시 거기 따르게 되던 것이 아니었던가.

---

* 감. 재료.

그보다도 그 집의 특색은 차 나르는 아이들이었는데 많아야 열네 살쯤 된 시악시들이 삼사 인이 모두 꼭같은 단발이마에 까만 원피스를 짜르게 해 입고 역시 까만 스타킹이며 까만 신을 가볍게 신었다.

두 볼에 돈짝만큼 동그란 붉은 연지를 꼭같이 찍은 것이 여간 그 집에 밝은 보람을 내인 것이 아니었다.

연지 찍은 것을 온당치 못하다고 트집을 잡는다면 할 수 없으나 그 집 아이들은 일체 말이 없었고 설혹 용렬한 손이 있어 엇비딱한 농을 걸지라도 그 아이들은 연꽃봉오리처럼 복스런 볼에 경첩히* 웃음을 흩지 아니하였으니, 그럴 수밖에 없었던 것이 아무리 어리고 귀엽고 한 색시들일지라도 여자는 마침내 여자에 지나지 않고 보니 웃음이라도 조심 없이 흩어놓고 볼 양이면 못나게 구는 손이 없다 할지라도 그만한 일로 다방의 질서를 잃게 되는 것이 아니었던가.

하여간 그 집에 의젓치 못한 것이란 하나도 없었으니 그 집에서 지어 팔던 어린애 양복에서 어린아이 냄새 여자 옷에서 여자 냄새가 미리 풍기던 생생한 보람이야말로 그 집 다실에서 나비처럼 바쁘기만 하던 볼에 연지 찍은 어린 색시들로서 나던 것이나 아니었던가, 지금도 그렇게 생각한다.

---

* 가벼이.

서왕록 逝往錄[*]

성 안에 들어갈 만한 일이 있음에도 집에 그대로 배기기가 무슨 행복과 같이 여기어지는 일요일, 하루 종일 비가 와도 좋다고 하였다.

보릿가을 철답게 산산한 아침에 하늘이 끄무레하기는 하나 구름이 포개기를 엷게 하고 빗낱이 듣기는 할지라도 그대로 맞고 나가는 것이 촉촉하여 좋을 것 같다.

오늘은 약현藥峴성당에 아침 일곱 시 미사를 대어 갔다. 돌아오는 길에는 제법 빗발이 보인다. 아주 짙어 어우러진 녹음에 비추어 비껴 흐르는 빗발이야말로 실실이 모조리 볼 수가 있다. 깁실같이 투명하고 고운 비가 푸른 바탕에 수놓이는 듯하다.

비도 치근하게 구지레 오기가 싫어 조찰히 잠깐 밟고 가기가 원

---

* 박용철의 죽음에 대한 추모의 글이다.

이라, 소리가 있다면 녹음이 수런거리는 것으로밖에 아니 들린다. 장끼 목쉰 소리에 뻐꾸기도 울었다.

별로 아침 생각이 나지 않고 부엌 연기 마당에 돌고 도마 똑딱거리는 울 안으로 들고 싶지 않다. 내친걸음에 잔등이 하나 넘고 싶다. 퍼어린 속으로 뛰어다니면 밤 자고 난 빈 위도 다시 청결히 물들어질 듯하다. 그러나 내게는 밀려 내려온 잠이 있다. 늘어지게 자야 한숨이면 깊을 잠이 남아 있다. 생애에 비애가 있다면 그러한 것은 어떻게든지 처치하기에 곤란한 것도 아니겠으나 피로와 수면 같은 것이 도리어 마음대로 해결되지 못할 것이 무엇일까 모르겠다.

다시 눕기 전에 미리 집사람보고 단단히 부탁하여 두었더니 한밤처럼 자고 일도록 깨우지도 않았던 것이다. 캘린더는 토요일 퍼런 페이지대로 걸려 있다. 그대로 두기로서니 나의 '일요일'에 아무 지장이 있을 리 없다. 아까운 이름이야 가리어 둠직도 하지 아니한가. 일요일도 한 나절이 기울고 보니 토요가 일요보다 혹은 더 나은 날이었던 것일지도 모른다.

강진 벗 영랑으로부터 편지가 왔다. 그동안에 날씨는 씻은 듯 개었다.

······ 그 이튿날 바로 집으로 왔으나 몸도 고단하고 하여 이제사 두어 자 적습니다. 시비와 유고집 내일 것은 그날 산상山上에서 박 군의 춘부장

께 잠깐 여쭈었더니 좋게 여기시는 것이었고 시비는 소촌素村 앞 알맞은 곳으로 보아 두었으나 경비가 불소不少할 모양이오며 하여간 유고집만은 원고를 가을까지는 정리하시도록 일보一步와 잘 상의하여 하시기 바랍니다. …… 여름에는 한라산까지 배낭 지고 꼭 함께 동행하실 줄 믿습니다.

  그날 영등포까지 영구차 뒤를 따라가서 말 한마디 바꿀 수 없는 영별을 한 후로 반우返虞에도 가보지 않은 채 이내 보름이 넘었다. 그러자 영랑의 편지를 받고 보니 심사의 한구석 빈터를 채울 수가 없다.
  인사 겸사 훌훌히 일어나 가 볼까 한 것이 어쩐지 오늘은 문안에 아니 들어가기로 결심을 해야 할 날이나 되는 듯이 의관을 차리고 나서기가 싫었다.
  사나이가 삼십이 훨씬 넘어서 만일 상처를 한 달 것이면 다시 새로운 행복을 기대하기가 매우 어려울 것이리라. 친구를 잃은 것과 아내를 여읜다는 것을 한갈로 비길 것은 아니로되 삼십 평생에 정든 친구를 잃고 보면, 다시 새로운 우정의 기쁨을 얻는다는 것은 진정 어려운 노릇에 틀림없다.
  남녀 간의 애정이란 의외에 속히 불붙는 것이요 상규를 벗는 경우에는 그야말로 전광석화의 보람을 내일 수도 있는 노릇이나 우정이란 그렇게 쉽사리 이루어질 수야 있으랴! 적어도 십 년은 갖은 곡절을 겪은 후라야 서로 사랑한다기보다도 서로 존경할 만한 데까지 갈 수 있는 것이 아니랴.

우정이란 대체 어떻게 이루어지는 것인지 알 수가 없다. 그러나 우정이란 연정도 아니요, 동호자同好者끼리 즐길 수 있는 취미에서 반드시 친구가 될 수 있는 것도 아니요, 설령 정견政見이 다를지라도 극진한 벗이 될 수 있는 것이 아니었던가. 더군다나 기질이나 이해로 우정이 설 수 없는 것은 너무도 밝은 사실이다.

그러한 것으로 미루어 보면 친구는 아내와 흡사하다. 부부애와 우정이란 나이가 일러서 비롯하여 낯살이 든 뒤에야 둥글어지는 것이 아닐까?

"선인과 선인의 사이가 아니면 우의友誼가 있을 수 없다."(시세로)

내가 어찌 감히 선인의 짝이 될 수 있었으랴.

"악인도 때로는 기호를 같이할 수 있고 증오를 같이할 수 있고 공외恐畏를 같이할 수 있는 것을 보아오는 바이나 그러나 선인과 선인 사이의 우의라고 일컫는 바는 악인과 악인 사이에는 붕당朋黨이다."(시세로)

내가 스스로 악인인 것을 고백할 수도 없다.

스스로 악인인 것을 느끼고 말할 만한 것은 그것도 선인의 일이기 때문에!

"사람의 일이란 하잘것없는 것이요 또한 허탄한 것이므로 우리는 사랑하고 사랑받는 그 누구를 항시 구하지 않을 수 없다. 그 연고는 인애와 친절을 제거하여 버리면 무릇 희열이 인생에서 제거되고 말음이다."(시세로)

이 논파論破로써 내 자신을 장식하기에 주저하지 아니하겠다. 이 장식에서도 내가 제거된다면 대체 나는 헌 누더기를 골라 입으란 말이냐!

"그의 덕이 우의를 낳고 또한 지탱하는도다. 그리하여 덕이 없으면 우의가 결코 있을 수 없으니, 우인友人을 화합시키고 또한 보존하는 자는 덕인저! 덕인저!"(시세로)

고인이 세상에 젊어 있을 때 그의 덕을 그에게 돌리지 못하였거니 이제 이것을 흰 종이쪽에 옮기어 쓰기도 슬픈 일이 아닐 수 없다.

고인의 부음을 들었던 인사들을 만날 때마다 나는 고인의 형제나 근친이 받아야 할 만한 조위의 말씀을 들었던 것이다.

그의 덕을 조금도 따르지 못하였고 우의에 충실하지 못하였음에도 고인의 지우가 그를 아까워할 때에 내가 그와 함께 기억된 줄을 생각하니 두려운 일이다. 한편으로는 도적도 처는 누릴 수 있으나 오직 선인에게만 허락되었던 우의에 내가 십년을 포용되었음을 깨달았을 적에 나는 한 일이 없이 자랑스럽다. 나의 반생이 모르는 동안에 보람이 있었던 것이로구나!

짙은 꽃에 숨어 보이지 않더니 花密藏難見

높은 가지에 소리 홀연 새로워라. 枝高聽轉新 (두보)

법국*이 어디서 저다지 슬프고 맑은 소리를 울어 보내는 것일까. 법국이 우는 철이 길지 못하여 내가 설령 세상에서 다시 삼십 생애를 되풀이한다 할지라도 법국이 슬픈 소리로 헤일 수밖에 없지 아니하랴! 아아 애닯은지고! 고인은 덕의 소리와 향기를 끼치고 길이 갔도다.

---

* 뻐꾸기.

예양禮讓

전차에서 내리어 바로 버스로 연락되는 거리인데 한 십오 분 걸린다고 할지요. 밤이 이슥해서 돌아갈 때에 대개 이 버스 안에 몸을 실리게 되니 별안간 폭취暴醉를 느끼게 되어 얼굴에서 우그럭 우그럭 하는 무슨 음향이 일던 것을 가까스로 견디며 쭈그리고 앉아 있거나 그렇지 못한 때는 갑자기 헌 솜같이 피로해 진 것을 깨달을 수 있는 것이 이 버스 안에서 차지하는 잠시 동안의 일입니다. 이즘은 어쩐지 밤이 늦어 교붕交朋과 중인衆人을 떠나서 온전히 제 홀로 된 때 취기와 피로가 삽시간에 급습하여 오는 것을 깨닫게 되니 이것도 체질로 인해서 그런 것이 아닐까요. 버스로 옮기기가 무섭게 앉을 자리를 변통해내야만 하는 것도 실상은 서서 쓸리기에 견딜 수 없이 취했거나 삐친 까닭입니다. 오르고 보면 번번이 만원인데도 다행히 비집어 앉을 만한 자리가 하나 비어있지 않았겠습니까. 손바닥을 살짝 내밀거나 혹은 머리를 잠깐 굽히든지 하여서 남의 사이에 낄 수 있는 약소한 예의를 베풀고 앉게 됩니다.

그러나 나의 피로를 잊을 만하게 그렇게 편편한 자리가 아닌 것을 알았습니다. 양 옆에 완강한 젊은 골격이 버티고 있어서 그 틈에 끼어 있으려니까 물론 편편치 못한 이유 외에 무엇이겠습니까마는 서서 쓰러지느니보다는 끼워서 흔들리는 것이 차라리 안전한 노릇이 아니겠습니까. 만원 버스 안에 누가 약속하고 비워 놓은 듯한 한 자리가 대개는 사양할 수 없는 행복같이 반가운 것이었습니다. 사람의 일상생활이란 이런 대수롭지 않은 일이 되풀이하는 것이 거의 전부이겠는데 이런 하치못한* 시민을 위하여 버스 안에 빈자리가 있다는 것은 말하자면 "아무것도 없다는 것보다는 겨우 있다는 것이 더 나은 것이다"라는 원리로 돌릴 만한 일이 아니겠습니까. 그래도 종시 몸짓이 불편한 것을 그대로 견디어야만 하는 것이니 불편이란 말이 잘못 표현된 말입니다. 그 자리가 내게 꼭 적합하지 않았던 것을 나중에야 알았습니다. 말하자면 동그란 구녁에 네모진 것이 끼웠다거나 네모난 구녁에 동그란 것이 걸렸을 적에 느낄 수 있는 대개 그러한 저어감齟齬感에 다소 초조하였던 것입니다. 그렇기로서니 한 십오 분 동안의 일이 그다지 대단한 노역이랄 것이야

---

* 하찮은.

있습니까. 마침내 몸을 가벼이 솟치어 빠져나와 집에까지의 어두운 골목길을 더덕더덕 걷게 되는 것이었습니다.

그 이튿날 밤에도 그때쯤 하여 버스에 오르면 그 자리가 역시 비어 있었습니다. 만원 버스 안에 자리 하나가 반드시 비어 있다는 것이나 또는 그 자리가 무슨 지정을 받은 듯이나 반드시 같은 자리요 반드시 나를 기다렸다가 앉히는 것이 이상한 일이 아닙니까. 그도 하루 이틀이 아니요 여러 밤을 두고 한갈로 그러하니 그 자리가 나의 무슨 미신에 가까운 숙연宿緣으로서거나 혹은 무슨 불측不測한 고장故障으로 누가 급격히 낙명落命한 자리거나 혹은 양복 궁둥이를 더럽힐 만한 무슨 오점이 있어서거나 그렇게 의심쩍게 생각되는데 아무리 들여다보아야 무슨 실큿한* 혈흔 같은 것도 붙지 않았습니다. 하도 여러 날 밤 같은 현상을 되풀이하기에 인제는 버스에 오르자 꺼멓게 비어 있는 그 자리가 내가 끌리지 아니치 못할 무슨 검은 운명과 같이 보이어 실 한 대로 그대로 끌리게 되었습니다. 그러나 여러 밤을 연해 앉고 보니 자연히 자리가 몸에 맞아지며 도리어 일종의 안이감安易感을 얻게 된 것입니다. 그러나 더욱 괴상한 노릇은 바로 좌우에 앉은 두 사람이 밤마다 같은 사람들이었습니다. 나이가 실상 이십 안팎밖에 아니 되는 청춘 남녀 한 쌍인데 나는 어

---

* 좋지 않은.

느 쪽으로도 쏠릴 수 없는 꽃과 같은 남녀이었습니다. 이야기가 차차 괴담에 가까워 갑니다마는 그들의 의상도 무슨 환영처럼 현란한 것이었습니다. 혹은 내가 청춘과 유행에 대한 예리한 판별력을 상실한 나이가 되어 그런지는 모르겠으나 밤마다 나타나는 그들 청춘 한 쌍을 꼭 한 사람들로 여길 수밖에 없습니다. 이 괴담과 같은 버스 안에 이국인과 같은 청춘 남녀와 말을 바꿀 일이 없고 말았습니다. 그러나 그 자리가 종시 불편하였던 원인을 추세追勢하여 보면 아래 같이 생각되기도 합니다.

1. 나의 양 옆에 그들은 너무도 젊고 어여뻤던 것임이 아니었던가.

2. 그들의 극상품의 비누냄새 같은 청춘의 체취에 내가 견딜 수 없었던 것이 아닐지?

3. 실상인즉 그들 사이가 내가 쪼기고 앉을 자리가 아예 아니었던 것이나 아닌지?

대개 이렇게 생각되기는 하나 그러나 사람의 앉을 자리는 어디를 가든지 정하여지는 것도 사실이지요. 늙은 사람이 결국 아랫목에 앉게 되는 것이니 그러면 그들 청춘 남녀 한 쌍은 나를 위하여 버스 안에 밤마다 아랫목을 비워 놓은 것이나 아니었을지요? 지금 거울 앞에서 아침 넥타이를 매며 역시 오늘 밤에도 비어 있을 꺼어먼 자리를 보고 섰습니다.

우산

아무리 피한대도 비에 젖지 않을 수 있습니까. 미리 우장을 하고 나선 것도 아니고, 남의 상점 문어귀에서 열없이 오래 서기도 겸연쩍은 일이요 다시 우줄우줄 걸어 나서자니 비를 놋낫 맞게 됩니다. 그래도 비에 아주 내맡길 수도 없어서 몇 집 건너 다른 상점 문어귀에서 축축한 무료를 다시 느끼지 않을 수 없게 됩니다. 요컨대 오늘은 비도 오고 하니 다음날 다시 만나세 한마디로 홱 헤져서 지나는 전차를 잡아타든지 아주 택시에 맡기어 바로 집 문턱에다 대었으면 그만으로 그치고 말 것이 아닙니까. 병은 만나서 떨어지기 싫은 데 있습니다.

시골뜨기가 아닌 바에야 아침에 나서자 천기를 미리 겁내어 우산을 집을 수도 없습니다. 우산 한 개가 무슨 짐이 되겠습니까마는 쾌(快)한 날씨에 큰 돌을 한 짐 차라리 지는 것이 장쾌하지 말짱한 오후에 우산이란 실로 마뜩잖은 가구家具요 내동댕이치기에도 곤란한 것입니다.

    아침부터 악수*가 내리는 날이 아니면 우산을 동반할 수 없고 악수가 바로 그치면 대개 이발소나 드나드는 출판사에 맡기게 되는데 우산이란 완전히 부서지는 예보다는 흔히 유실되는 경우가 많습니다. 문화 도시에 서식하는 당대 시민으로서 우산 따위한테 일일이 부자유를 느끼게 된다는 것은 그것으로 봉기할 문제야 되겠습니까마는 문화로서 다소 반성할 만한 거리가 아니겠습니까. 펴들면 그대로 얼마쯤 면적을 차지하게 되는 우산이기 때문에 교통이 여간 거추장스런 일이 아닐 수 없습니다. 그러니까 이것을 도시 생활에서 아주 절영絶影시킬 포부가 없지도 아니하니, 차도 인도는 지금 시설대로 그대로 괜찮고 가두 양측에 즐비한 건축이 표면이 몇 걸음씩 쓱쓱 물러설 것이요 처마가 척척 앞으로 나설 것입니다. 현대 고층 건축이 완비한 것이라면 예전 의미로서의 처마라든지 부연 끝이라든지 그리한 것을 생각할 만한 일이 아닐지요.

    생각은 여러 가지로 할 수 있으나 요컨대 변혁이 어려운 노릇이므로 산만한 우산의 풍습을 그대로 유지하기로 합시다. 다만 집집마다 반드시 몇 개를 갖기로 하되 언제든지 대기 체제로 걸어 둘

---

* 물을 퍼붓듯이 세게 내리는 비.

것이요 지면이 있고 없고 간에 들어서면서 손만 쓱 들어도 즉시 내어 공급할 것입니다.

우산에 대한 소유관념을 일절 해소하되 그것이 아주 풍습이 돼야만 하겠습니다. 그리자면 있던 우산이 나갈 것이요 다른 데서 들어올 것이요 나갔던 것이 도로 돌아올 것입니다. 낡아서 무용하게 되면 누가 언제든지 적당한 처소에 쉽게 버릴 수 있게, 그러나 이것이 문밖으로 나가서 다시 시골로 유실될 수도 있으리다마는 일 년에 몇 개씩 없앨 예산으로 하지요. 비오는 거리에서 비를 피하면서 우산 이야기가 너무 길었고 보니 심신이 더욱 구질구질하여 다시 껑충거리며 몇 집 뛰어건너기로 하는데 우연히 만나서 도무지 떨어지지 못하는 것이 병입니다. 그렇다고 썰렁한 다방에 들려 탄산수나 홍차를 마시고 있기로 젖은 옷이 가뜬히 마를 수야 있으며 친구도 유類가 달라 다방에서 헤어지고 말 수 없는 패가 있으니 자연 몇 집을 더 건너 뛰는 동안에 비를 더 맞을지라도 이왕이면 의식하고 서두르지 않을 단골집을 찾게 됩니다. 후루룩 떨며 들어서며 좀 따뜻이 데워 달라는 말이 간단한 인사가 될 뿐이니 그러고 앉아야 몸도 풀어지고 차차 달아오르는 체온으로 비에 젖었던 것을 잊게 됩니다. 봄비에 젖은 몸을 결국 주량으로 말리어 다시 입게 되는 것이니 우산을 아침에 아니 갖고 나와서 낭패 본 일이란 실로 근소하고 결국 만나기만 하면 십 년 못 보았다 본 것처럼 좋은 것이 병입니다.

전등이 켜지고 벗의 얼굴은 불처럼 붉어지고 구변이 점점 유창하여지고 취기가 바야흐로 산만할 적에 밤이 깊어 가는 것을 잊을 만할지라도 밖에 내리는 봄비가 굵어가는 것을 들을 수 있습니다. 열두 시 막전차에서 내리어 한 십 분 남짓 걷는 호젓한 길에서 다시 젖을지라도 벗과 헤어진 후 우산이 새로 그리울 것이 있습니까. 그저 맞으며 걷지요. 꽃이 한창 어울리느라고 오는 춥지 않은 봄비에 다시 젖으렵니다. 젖고 휘즐은* 옷이 마침내 아내한테 돌아갈 것인데 나의 풍류가 아내한테는 다소 괴로운 일이 될 것이나 젖은 옷을 말리고 다리는 것이 아내의 즐거움이 아니어서야 쓰겠습니까?

---

* 후줄근한.

합숙

합숙이라는 수면 제도는 병대兵隊나 운동선수 층에 있을 만한 것이지 가련한 여자들이 한다는 것이 특수한 경우 외에는 불행한 제도가 아닐까 생각됩니다.

유학할 시절에 식사는 공동식당에서, 잠은 기숙사 방에서, 공부는 도서관에서, 강연 친목회 예배 같은 것은 홀에서, 무슨 대교對校* 시합 같은 것이 있으면 합숙소에서 밤낮 머리와 어깨를 겨루는 여러 가지 공동생활이라는 것이 지금 돌아다보아 감개 깊은 것이 아닌 것은 아닙니다. 그러하였던 생활로 인하여 나의 청춘과 방종이 교정되었던 것이며 이제 일개 사회인으로서 겨우 부비적거리며 살아나가기에 절대 효력적인 것이었을지도 모르겠습니다. 지금도 생

---

* 학교끼리 대항하는.

활 형태가 공동적인 것이 아닌 것은 아니나 이제 다시 공동 식당에서 설지 않으면 질어터진 공깃밥을 대한다든지 합숙소에서 밤중에 남의 팔굼이에 모가지가 감기어 숨이 막히어 잠을 깬다든지 발치의 잘못으로 남의 복부를 찬다든지 하는 단체 기거를 계속하겠느냐 하면 지금 나의 나이를 스물세 살로 바꿀 수 있다 할지라도 사양하겠습니다.

주일날 채플에서 숙숙연肅肅然히 혹은 희희연嬉嬉然히 열을 지어 돌아가는 여학부 기숙생 일행을 볼 때마다 그들 화원의 호접 같은 생활을 얼마쯤 선모羨慕하지 않을 없었습니다마는 그것을 그럴 연령에 그러한 원거리 모색적 그런 심리에서 그렇게 생각되었을 것이지 남학부 기숙사 생활이 얼마나 삭막하였던 것이겠습니까. 한번은 육상경기대회 날 이날은 경기뿐만 아니라, 전람회 모의점 가장행렬 기숙사 공개 등 여러 가지 주최가 있는데 그중에 기숙사 공개라는 것이 가장 바버리즘*을 발휘하는 것이었습니다.

제 몇 호실에서는 도어에 '인축동거人畜同居'라고 써 붙였기 보면 낡아빠진 다다미방에 난데없는 송아지가 한 마리 매여 있는가 하면 그 옆에서 도데라** 바람에 공부하는 흉내를 내는 학생들이

---

* babarism. 야만성.
** 조금 길고 크게 만든 솜옷.

없나, 또 제 몇 호실 도어에는 '산 송장의 진열'이라고 써 붙이었기에 열고 보면 냄새가 훅훅 끼치는 더러운 솜이 비죽비죽 터져 나온 이불을 덮고 대낮에 눈을 허옇게 뜨고 즐비하게 드러누워 구경 온 여학생들을 깜짝 놀라게 하는 장발과 예과생들이 없었으나, 별별 괴상한 주최가 많았습니다.

그리하여서 퇴역 중좌로 학생감 겸 사감이 되신 M선생에게 침묵의 시위를 하는 것이 연중행사로 되었던 것입니다. 사람은 결국 자기가 경험한 것 이외에 말하지 못할 것이겠는데 공동생활도 학생생활처럼 약과 먹듯 쉬운 노릇이 어디 있었겠습니까. 여공 기숙생활이 퍽 음참陰慘한 줄로 다소 면분面分이 있는 여공에게 들은 일이었는데 모 직조공장 견습 여공이 한 푼 아니 쓰면 한 달에 일 원 오십 전이 떨어진다고 합니다. 기숙사 식비 사 원 오십 전을 떼고 말입니다.

일 개월 식비가 매인분每人分 사 원 오십 전이라면 대개 어떠한 영양소가 공급되는 것일지 상상하기 어렵습니다. 제일 숭늉이 뿌옇고 무슨 냄새가 나서 견딜 수가 없다는 것인데 성숙한 여자로서 한 달에 한 번씩은 으레히 있을 신체에 관한 것이 몇 달씩 띄운다거나 있다 할지라도 극히 소분량小分量이라는 것을 들었을 때 자기가 경험 못한 것은 결국 모르고 마는 것이니 얼마나 가엾고 무섭게 생각되었는지 모르겠습니다. 창백한 얼굴에 부당한 주름살까지 잡히었는데 그래도 무슨 화장료化粧料 같은 것을 베푼* 것을 보고 빈한이라는 것이 여자한테는 일층 더 치명상인 것을 느끼었습니다.

그래도 그중에서도 서로 언니 오빠를 정하고 의지하고 위로하고 몇 해 지난다는 말을 듣고 여자를 움직이는 것은 반드시 은전 지화紙貨일 것일까. 별로 신기롭지도 못한 반의를 품게 하는 것이었습니다. 그들은 본시 낭비할 줄을 모르는 사람들이기에 그중에서 한 푼 모이는 재미도 아주 없지도 않을 것이나 십 수 시간 되는 근로가 끝난 후에 합숙실에 드러누웠을 때 그들의 보수와 애착은 모다 반작반작하는 은전에 그치고 말 것입니까.

주장酒場의 여급들도 후쿠오카, 경도, 동경 등지나 평양, 대련大連 등지에서 고향과 가정을 떠나서 온 이가 많은 모양인데 대개 소속한 주장 이층에서 자기네끼리 합숙 제도로 기거하며 밤마다 오전 두 시나 세 시에 한 방에 십여 명씩 자게 된다고 합니다. 대체 그들은 무엇에 정진하기 위한 합숙입니까. 그들은 밤마다 받들고 대하여야만 하는 인사가 모두 취하고 떠들고 노래 부르고 외설한 농담을 건네는 남자들뿐이겠는데 그들은 역시 무슨 시합을 위한 운동선수들처럼 남편의 옷도 걸리지 않고 어린아이 울음소리도 나지 않는 이층에서 밤마다 합숙하고 정진해야 하는 것입니까. 그들은

---

* 화장품 같은 것을 바른.

눈썹을 그리고 머리를 지지고 화장도 몇 겹씩 하고 편신기라遍身綺羅*를 감았으며 홍등에 호접처럼 요염할지라도 그들은 어찌하여 애절차탄哀切嗟嘆해야만 하는 것입니까. 무부武夫의 관심이 반드시 금색 찬란한 훈장에 있지 않겠는데 천생여인天生麗人**으로서 일체의 애착이 어찌 은화를 모으고 세는 데 있겠습니까.

    다소 몽롱한 취안에 비치는 그들의 후두부에 떠오르는 눈물겨운 서기瑞氣가 저것은 무엇입니까. 빈고라는 것은 무슨 덕과 같은 것이어서 그들에게 후광을 씌우는 것이오리까. 절색이면서도 빈한하기에 그들은 냉한 이층에서 혼기를 유실하고 은화를 안고 합숙하여야 하는 것입니다.

---

* 온몸에 아름다운 비단.
** 하늘로부터 타고난 미인.

화문畵文 점철點綴 1

　　새해가 아직도 우리 집에서는 법으로 정해진 것에 지나지 못하니, 어쩐지 설날로서 가풍이 서지 않는다. 아이들도 손가락 구구九九로 동동거리며 기다리던 큰 설날이 아니고 말았다. 그러나 나로서는 이대 교황 그레고리력— 양력설이 이론상 확실히 옳다는 주견에 아내까지 끌어넣기에 자못 엄격하다. 아내도 동회 방침에 별로 관습적 반의를 갖지 않을 만은 하게 되었으나 요컨대 교직交織 남시랑이*일망정 아이들을 울긋불긋 감아 놓기와 칠분도미 화인火印** 몇 되에 떡이라고 냄새라도 피워야 하는 가엾은 한계에서 양력설이라도 무방하고 음력설이라도 좋은 것이다. 나는 이러한 물질적 배비配備에 관한 유치한 사상은 우습게 여긴다. 무릇 신년이라는

---

* 나부랭이.
** 장에서 곡식을 되는 데 쓰도록 관아에서 낙인을 찍어 공인한.

것은 심기 일신한 정신상 각오에 의의가 있는 것이지 그까짓 떡이야 해먹고 안 해먹는 것이 그리 대단할 것이 무엇이냐 말이다.

　아내는 나의 신년에 대한 정신주의적 경향에 그다지 열렬하지 않은 편이다. 정 섭섭하다면 때때옷이며 떡가래며 고기편은 음력으로 연기해도 좋지 않으냐고 여유를 준다. 그러는 것이 작년도와 재작년도에 내가 어찌어찌 하다가 그만 신용을 잃었다.

　그러나 나는 언제든지 양력 신춘에 기분이 청신하다. 다만 간밤에 일찍 헤어지기로 한 것이 다소 과음이 되었던지 머리가 뛰이한 듯도 하나 금년에는 제일 춥지 않아서 좋다. 딸년이 평일과 소허少許 다를 것이 없이 맨발로 이른 아침부터 뛰어 돌아다닌다. 딸년으로 해서 나의 수면이 방해되는 점이 많다.

　아내는 다소 무료한지 어린것을 업고 울 안으로 돌아간다. 햇볕이 곱고 다사롭기가 바로 매화꽃 필 무렵 같지 아니한가.

화문 점철 2

　화실에 침입할 때 적어도 채플에서 나온 뒤만 한 경건을 준비하기로 했다. 화실 주인의 말이 그림을 그리는 순간은 기도와 방불하다고 하기에 대체 왜 이리 장엄하여 계시오 하는 반감이 없지도 않았으나 화실의 예의를 유린할 만한 반달리스트*가 될 수도 없었다.
　화실에서 화가대로의 화실 주인은 비린내가 몹시 났다. 메추라기 비둘기 될 수 있는 대로 가냘픈 무리를 쪽쪽 찢고 쩨고 저미고 나오는 포정庖丁**과 소허少許 다를 리 없었다. 통경通景***과 전망을 차단한 뒤에 인체 구조에 정통할 수 있는 한산한 외과의이기도 하다.
　미켈란젤로 따위도 이런 지저분한 종족이었던가.

---

* vandalist. 파괴주의자.
** 백정.
*** 풍경.

기름덩이를 이겨 붙이는 것은, 척척 이겨다 붙이는 데 있어서는 미장이도 그러하다. 미장이는 어찌하여 애초부터 우월한 긍지를 사양하기로 하였던가. 외벽을 바르고 돌아가는 미장이의 하루는 사막과 같이 음영도 없이 희고 고단하다.

오호 백주白晝에 당목할 만한 일을 보았다. 격렬한 치욕을 견디는 하와의 후예가 떨고 있다. 화실의 경건이란 긴급한 정신 방위이기도 하다. 한 개의 뮤즈가 탄생되려면, 여인! 그대는 영원히 희랍적 노예에 지나지 아니한가. 가장 아름다운 것이 제작되는 동안에 가장 아름다워야 할 자여! 그대는 산에서 잡혀온 소조小鳥와 같이 부끄리고 떨고 함루含淚한다.

비

몸이 좀 으슬으슬한데도 물이 찾아지는 것은 떳떳한 갈증이 아닌 것을 알 수 있다. 입시울이 메마르기에 꺼풀이 까슬까슬 이는 줄도 알았다. 아픈 데가 어디냐고 하면 아픈 데는 없다고 할 수밖에 없다. 손으로 이마를 진찰하여 보았다. 알 수 없다.

이마에 대한 외과가 아닌 바에야 이마의 내과이기로소니 손바닥으로 알 수 있을 게 무어냐. 어떻게 보면 열이 있고 또 어찌 생각하면 열이 없다. 그러나 이 손바닥 진찰이 아주 무시되어 온 것도 아니다.

이 법이 본래 할머니께서 내 어린 이마에 쓰시던 법인데 이 나이가 되도록 이 법으로 써 대개는 가볍게 흘리어 버리기도 하고 아스피린 따위로 타협하여 버리기도 하고 몸이 찌뿌드드한데도 불구하고 단연 부정하여 버리고 항간巷間으로 일부러 분주히 돌아다니기도 하였다.

　기숙사에서 지낼 적에는 대개 펴 놓인 채로 있던 이불 속으로 가축처럼 공손히 들어가 모처럼만에 흐르는 눈물이 솜 냄새에 눌리어 버리기도 하였다.

　대체로 손바닥 판단이 그대로 서게 되고 마는 것이었다.

　오늘도 오후 두 시의 나의 우울은 나의 이마에 나의 손이 가게 되는 것이다. 그러나 용이히 결정하지 아니하였다. 보리차를 생각하였다. 탁자 위에 찻종이 모조리 뒤집혀 놓인 대로 있는 놈이 하나도 없다. 놓일 대로 놓여 있음에 틀림없다. 그러나 그것은 찻종으로 차가 마시어졌다는 것밖에 아니 된다. 이것이 마신 것이노라고 바로 놓아두는 것이 한 예의로 되었다. 예의는 이에 그치고 마침내 찻종이 있는 대로 치근치근하고 지저분하고 보리찌꺼기를 앉은 채로 있게 되는 것이다.

　오늘은 날도 몹시 흐리고 음산하다. 오피스 안에는 낮 불이 들어왔는데도 밝지 않다. 목멱산 중허리를 내려와 덮은 구름은 무슨 악의를 품은 것이 차라리 더러운 구름이다. 십일월 들어서서 비늘 같고 자개장식 같고 목화 피어나가듯 하는 담담한 구름은 아니고 만다. 시계가 운다. 울곤 씨그르르……. 울곤 씨그르르……. 텁텁한 소리가 따르는 것은 저건 무슨 고장일까. 짜증이 난다. 종이 운다. 이약 종으로서 무슨 자차분하고 의젓지 않은 소리냐. 어쨌든 유치원 이래로 여운을 내보지 못한 소리다. 별안간 이 관제중管制中에 멧도야지 귀창이라도 찢어 헤칠 만한 격렬한 사이렌 소리를 듣고 싶다. 지저분한 공기에 새로운 진폭이 그리웁다.

약간 항분亢奮을 느낀다. 군데군데가 더웁다. 먼저 이마, 그리고 겨드랑이, 손이 마저 발열하고 보니 손이란 원래 간이한 진찰에나 쓰는 것밖에 아니 된다.

빗낱이 듣는가 했더니 제법 떨어진다. 연판같이 무거운 하늘에서 떨어지는 비는 아연판을 치는 소리가 된다.

뿌리는 비, 날리는 비, 부우 뜬 비, 붓는 비, 쏟는 비, 뛰는 비, 그저 오는 비, 허둥지둥하는 비, 촉촉 좇는 비, 쫑알거리는 비, 지나가는 비, 그러나 십일월 비는 건너가는 비다. 이 박자 폴카 춤 스텝을 밟으며, 그리하여 십일월 비는 흔히 가욋것이 많다.

벌써 유리창에 날벌레 떼처럼 매달리고 미끄러지고 엉키고 또 그르 궁굴고 홈이 지고 한다. 매우 간이簡易한 풍경이다.

그러나 빗방울은 관찰을 세밀히 하게 하는 것이 아닐까. 내가 오늘 유유히 나를 고눌 수 없으니 만폭滿幅의 풍경을 앞에 펼칠 수 없는 탓이기도 하다.

빗방울을 시름없이 들여다보는 겨를에 나의 체중이 희한히 가비야웁고 슬퍼지는 것이다. 설령 누가 나의 죽지를 핀으로 창살에 꼭 꽂아 둘지라도 그대로 견딜 것이리라. 나의 인생도 그 많은 항하사와 같다는 별 중에 하나로 비길 바가 아니요 한 점 빗방울로 떨고 매달린 것이 아닐런가.

이것은 약간의 갈증으로 인하여 이다지 세심하여지는 것이나 아닐까. 그렇지도 아니한 것이, 뛰어나가 수도를 탁 터치어 놓을 수 있을 것이겠으나 별로 그리할 맛도 없고 구태여 물을 마시어야 할 것도 아니고 보니 나의 갈증이란 인후나 위장에 따른 것이라기보다는 순수히 신경적이거나 혹은 경미한 정도로 정신적인 것일는지도 모른다.

오피스를 벗어 나왔다. 레인코트 단추를 꼭꼭 잠그고 깃을 세워 턱아리까지 싸고 소프트로 누르고 박쥐우산 안으로 바짝 들어서서 그리고 될 수 있는 대로 가리어 디디는 것이다. 버섯이 피어오른 듯 허줄그레 늘어선 도시에서 진흙이 조금도 긴치 아니하려니와 내가 찬비에 젖어서야 쓰겠는가.

안경이 흐리운다. 나는 레인코트 안에서 옴츠렸다. 나의 편도선을 아주 주의해야만 하겠기에. 무슨 경황에 폴 베를렌의 슬픈 시, 「거리에 내리는 비」를 읊조릴 수 없다.

비도 추워 우는 듯하여 나의 체열을 산산이 빼앗길 적에 나는 아무렇지도 않은 것같이 날씬하여지기에 결국 아무렇지도 않다고 했다.

여마驢馬처럼 떨떨거리고 오는 흰 버스를 잡아탔다. 유리쪽마다 빗방울이 매달렸다. 오늘에 한해서 나는 한사코 빗방울에 걸린다. 버스는 후루룩 떨었다. 빗방울은 다시 날려 와 붙는다. 나는 헤어 보고 손가락으로 비벼 보고 아이들처럼 고독하기 위하여 남의 체온에 끼인 대로 참하니 앉아 있어야 하겠고 남의 늘어진 긴 소매에 가리운 대로 잠착해야 하겠다.

빗방울마다 도시가 불을 켰다. 나는 심기일전하였다.

은막에는 봄빛이 한창 어울리었다. 호수에 물이 넘치고 금잔디에 속잎이 모두 자라고 꽃이 피고 사람의 마음을 꼬일 듯한 흙냄새에 가여운 춘희도 코를 대고 맡는 것이다. 미칠 듯한 기쁨과 희망에 춘희는 희살대며* 날뛰고 한다.

마을 앞 고목 은행나무에 꿀벌 떼가 두룸박처럼 끓어 나와 잉잉거리는 것이다. 마을 사람들이 뛰어나와 이 마을 지킴 은행나무를 둘러싸고 벌 떼 소리를 해 가며 질서 없는 합창으로 뛰고 노는 것이다. 탬버린에, 하다못해 무슨 기명 남스레기**에, 고끄랑나발*** 따위를 들고 나와 두들기며 불며 노는 것이다. 춘희는 하얀 질질 끌

---

* 즐겁게 장난을 걸며.
** 허름한 그릇 종류들.
*** 나발의 한 종류인 듯.

리는 긴 옷에 검은 띠를 띠고 쟁반을 치며 뛰는 것이다. 동네 큰 개도 나와 은행나무 아랫등에 앞발을 걸고 벌 떼를 집어삼킬 듯이 컹컹 짖어댄다.

그러나 은막에도 갑자기 비도 오고 한다. 춘희가 점점 슬퍼지고 어두워지지 아니치 못해진다. 춘희가 콩콩 기침을 할 적에 관객석에도 가벼운 기침이 유행된다. 절후의 탓으로 혹은 다감한 청춘 사녀士女들의 폐첨肺尖에 붉고 더운 피가 부지중 몰리는 것이 아닐까. 부릇나는* 것일지도 모른다.

춘희는 점점 지친다. 그러나 흰나비처럼 파닥거리며 흰 동백꽃에 황홀히 의지하련다. 대체로 다소 고풍스러운 슬픈 이야기라야만 실컷 슬프다.

흰 동백꽃이 아주 시들 무렵, 춘희는 점점 단념한다. 그러나 춘희의 눈물은 점점 깊고 세련된다.

은막에 내리는 비는 실로 좋은 것이었다. 젖어질 수 없는 비에 나의 슬픔은 촉촉할 대로 젖는다. 그러나 여자의 눈물이란 실로 고운 것인 줄을 알았다. 남자란 술을 가까이 하여 굵을 수도 있다. 그러나 여자에 있어서는 그럴 수 없다. 여자란 눈물로 자라는 것인가

---

* 이상이 생기는.

보다. 남자란 도박이나 결투로 임기응변할 수도 있다. 그러나 여자란 다만 연애에서 천재다.

동백꽃이 새로 꽃필 때마다 춘희는 다시 산다. 그러나 춘희는 점점 소모된다. 춘희는 마침내 일가를 완성한다.

옆에 앉은 영양令孃 한 분이 정말 눈물을 흘으러 놓는다. 견딜 수 없이 느끼기까지 하는 것이다. 현실이란 어느 처소에서나 물론하고 처치에 곤란하도록 좀 어리석은 것이기도 하고 좀 면난하기도 한 것이다. 그레타 가르보* 같은 사람도 평상시로 말하면 얼굴을 항시 가다듬고 펴고 진득이 굴지 않아서는 아니 될 것이다. 먹새는 남보다 골라서 할 것이겠고 실상 사람이란 자기가 타고 나온 비극이 있어 남몰래 앓을 병과 같아서 속에 지녀 두는 것이요 대개는 분장으로 나서는 것임에 틀림없다.

어찌하였든 내가 이 영화관에서 벗어나가게 되고 말았다. 얼마쯤 슬픔과 무게를 사 가지고.

거리에는 비가 이때껏 흐느끼고 있는데 어둠과 안개가 길에 기고 있다. 타이어가 나르고 전차가 쨍쨍거리고 서로 곁눈 보고 비켜서고 오르고 내리고 사라지고 나타나는 것이 모두 영화와 같이 유창하기는 하나 영화처럼 곱지 않다. 나는 아주 열熱해졌다.

---

* 1930년대의 영화배우로 1937년에 「춘희」의 주연을 맡았다.

검은 커튼으로 싼 어둠 속에서 창백한 감상이 아직도 떨고 있겠으나 나는 먼저 나온 것을 후회치 않아도 다행하다고 하였다. 그러나 다시 한 떼를 지어 브로마이드 말려들어가듯 흡수되는 이들이 자꾸 뒤를 잇는다.

나는 휘황히 밝은 불빛과 고요한 한 구석이 그리운 것이다. 향기로운 홍차 한 잔으로 입을 축이어야 하겠고 나의 무게를 좀 덜어야만 하겠고 여러 가지 점으로 젖어 있는 나의 오늘 하루를 좀 가시고 골라야 견디겠기에. 그러나 하루의 삶으로서 그만치 구기어지는 것도 어찌할 수 없는 일이다.

별로 여색이나 무슨 주초酒草 같은 것에 가까이 해서야만 그런 것이 아니라 하루를 지나고 저문 후에는 아무리 다리고 편다 할지라도 아주 판판해질 수는 없는 것이다. 더욱이 절후가 이렇게 고르지 못하고 신열이 좀 있고 보면 더욱 그러한 것이다. 사람의 양식으로 볼지라도 아무리 청명하게 닦을지라도 다소 안개가 끼고 그을고 하는 것을 면키 어려운 것이 아닌가.

그러므로 빗방울이라든지, 동백꽃이라든지, 눈물이라든지, 의리, 인정, 그러한 것들이 모두 아름다운 것이기도 하고, 해로울 것도 없고, 기뻐함즉도 한 것이나 그것이 굴러가는 계절의 마찰을 따라 하루 삶이 주름이 잡히고 피로가 쌓인다. 설령 안개같이 가벼운 것임에 지나지 않을지라도.

이제로 집에 돌아가서 더운 김으로 얼굴을 흠뻑 축이고 훌훌 마실 수 있는 더운 약을 마시리라. 집사람보고 부탁하기를 꿈도 없는 잠을 들겠으니 잠드는 동안에 땀을 거두어 달라고 하겠다.

비둘기

하루갈이쯤 되는 텃밭 이랑에 손이 곱게 돌아가 있다.* 갈고 흙덩이 고르고 잔돌 줍고 한 것이나 풀포기 한 잎 거친 것 없는 것이나 갓골을 거뜬히 둘러친 것이나 이랑에 흙이 다복다복 북돋운 것이라든지가 바지런하고 일솜씨 미끈한 사람의 할 일이로구나 하였다. 논밭 일은 못하였을망정 잘하고 못한 것이야 모를 게 있으랴.

갈보리를 벌써 뿌리었다기는 이르고 김장 무배추로는 엄청 늦고 가랑파 씨를 뿌린 성싶다.

참새 떼가 까맣게 날아와 앉기에 황급히 활개를 치며 "우여어!" 소리를 질렀더니 그만 휘잉! 휘잉! 소리를 내며 쫓기어간다. 그도 그럴 적뿐이요 새도 눈치코치를 보고 오는 셈인지 어느 겨를에 또

---

* 정성을 보인 흔적이 보인다는 뜻.

날아와 짓바수는 것이다.

밭 임자의 품팔이꾼이 아닌 이상에야 한두 번이지 한나절 위한하고* 새를 보아 줄 수도 없는 일이다.

이번에는 난데없는 비둘기 떼가 한 오십 마리 날아오더니 이것은 네부카드네자르**의 군대들이나 되는구나.

이렇게 한바탕 치르고 나도 남을 것이 있는 것인가 하도 딱하기에 밭 임자인 듯한 이를 멀리 불러 물어보았다.

"씨갑시*** 뿌려 둔 것은 비둘기 밥 대주라고 한 게요?"

"그 어떡합니까. 악을 쓰고 쫓아도 하는 수 없으니"

"이 근처엔 비둘기가 그리 많소?"

"원한경**** 원 목사집 비둘긴데 하도 파먹기에 한 번은 가서 사설을 했더니 자기네도 할 수 없다는 겁디다. 몇 마리 사랑 탐으로 기른 것이 남의 집 비둘기까지 달고 들어와 북새를 노니 거두어 먹이지도 않는 바에야 우정 쫓아낼 수도 없다는 겁니다."

"비둘기도 양옥집 그늘이 좋은 게지요."

---

* 한도를 정하고.
** 유대와 예루살렘을 정복한 바빌로니아의 왕. 성서에는 '느부갓네살'로 기록되어 있다.
*** 씨앗의 방언.
**** 연희전문학교 교장을 지낸 미국 선교사. 호러스 호턴 언더우드(1890~1951)의 한국 이름.

"총으로 쏘든지 잡아 죽이든지 맘대로 하라곤 하나, 할 수 있는 일입니까? 내버려 두지요."

농사 끝이란 희한한 것이 아닌가. 새한테 먹히고, 벌레도 한몫 태우고 풍재 수재 한재를 겪고 도지* 되고 짐수** 치르고 비둘기한 테 짓부시우고 그래도 남는다는 것은 그대로 농사 끝밖에 없다는 것인가.

밭 임자는 남의 일 이야기하듯 하고 간 후에 열두어 살 전후쯤 된, 남매간인 듯한 아이들 둘이 깨어진 냄비 쪽 생철 쪽을 들고 나와 밭머리에 진을 치는 것이다. 이건 곡하는 것인지 노래 부르는 것인지 야릇하게도 서러운 푸념이나 애원이 아닌가.

날짐승에게도 애원은 통한다.

유유히 날아가는 것이로구나.

날짐승도 워낙 억세고 보면 사람도 쇠를 치며 우는 수밖에 없으렷다.

농가 아이들을 괴임성스럽게*** 볼 수가 없다.

첫째 그들은 사나이니까 머리를 깎았고 계집아이니까 머리가 있을 뿐이오 몸에 걸친 것이 그저 구별과 이름이 부를 수는 있다.

---

* 토지를 빌린 대가로 내는 벼.
** 짐을 져 나르게 한 품삯.
*** 사랑스럽게.

그들의 치레와 치장이란 이에 그치고 만다.

　허수아비는 이보다 더 허름한 옷을 입었다. 그래서 날짐승들에게 영이 서지 않는다. 그들은 철없어 복스런 웃음을 웃을 줄 모르고 웃음이 절로 어여뻐지는 옴식옴식 패이고 펴고 하는 볼이 없다. 그들은 씩씩한 물기와 이글거리는 핏빛이 없고 흙빛과 함께 검고 푸르다. 팔과 다리는 파리하고 으실 뿐이다. 그들은 영양이 없이도 앓지 않는다. 눈도 아무 날래고 사나온 열기가 없다. 슬프지도 아니한 눈이다. 좀처럼 울지도 아니한다, 노래와 춤은커녕.

　그들은 이 가난하고 꾀죄죄한 자연에 나면서부터 견디고 관습이 익어 왔다. 주리고 헐벗고 고독함에서 사람이란 인내와 단련이 필요한 것이 되겠으나 그들은 새삼스럽게 노력을 들이지 아니하여도 된다.

　그들은 괴롭지도 아니하다. 그들은 세상에도 슬프게 생긴 무덤과 이웃하여 산다. 그들은 흙과 돌로 얽고 다시 흙으로 칠한 방 안에서 흙냄새가 맡아지지 아니한다. 그들은 어버이와 수척한 가축과 서로서로 숨소리와 잠꼬대를 하며 잔다. 그들의 어머니는 명절날이면 횟배가 아프다. 그들의 아버지는 명절날에 취하고 운다.

　남부 이태리보다 푸르고 곱다는 하늘도 어쩐지 영원히 딴 데로만 향하여 한눈파는 듯하여 구름도 꽃도 아무 장식이 될 수 없다.

IV

시론과 평문
詩論   評文

조선의 시가 어쩌면 이다지도 가난할까?
시가 이렇게 괴죄죄하고 때 묻은 것이라면
어떻게 소설을 보고 큰소리를 할꼬!
소설가가 당신네들처럼
말 얽기와 글월 세우기와 뜻을 밝힐 줄 모른다면,
거기에 글씨까지 괴발개발 보잘 것이 없다면
애초에 소설도 쓸 생각을 버릴 것이겠는데
하물며 당신네들처럼 감히 문장 이상의 시를
쓸 뜻인들 먹을 리가 있으리까?

- 「영랑과 그의 시」_《여성》, 1938년 8~9월.
- 「생명의 분수_무용인 조택원론」_《동아일보》, 1938년 12월 1일.
- 「참신한 동양인_무용인 조택원론(하)」_《동아일보》, 1938년 12월 3일.
- 「월탄의 「금삼의 피」와 각지 비평과 독후감」_《박문》, 1929년 1월.
- 「시의 옹호」_《문장》, 1939년 6월.
- 「시와 발표」_《문장》, 1939년 10월.
- 「시의 위의」_《문장》, 1939년 11월.
- 「《문장》지 선후평 1」_《문장》, 1939년 4월.
- 「《문장》지 선후평 2」_《문장》, 1939년 5월.
- 「《문장》지 선후평 3」_《문장》, 1939년 6월.
- 「《문장》지 선후평 4」_《문장》, 1939년 8월.
- 「《문장》지 선후평 5」_《문장》, 1939년 9월.
- 「《문장》지 선후평 6」_《문장》, 1939년 10월.
- 「《문장》지 선후평 7」_《문장》, 1939년 11월.
- 「《문장》지 선후평 8」_《문장》, 1939년 12월.
- 「《문장》지 선후평 9」_《문장》, 1940년 1월.
- 「《문장》지 선후평 10」_《문장》, 1940년 2월.
- 「《문장》지 선후평 11」_《문장》, 1940년 4월.
- 「《문장》지 선후평 12」_《문장》, 1940년 9월.
- 「『가람시조집』 발」_『가람시조집』, 문장사, 1939년 8월.
- 「가람시조집에」_《삼천리》, 1940년 7월.
- 「윤석중 동요집 『초생달』」_《현대일보》, 1946년 8월 26일.
- 「시집 『종』에 대한 것」_《경향신문》, 1947년 3월 9일.
- 「조택원 무용에 관한 것」_《경향신문》, 1947년 6월 26일.
- 「『포도』에 대하여」_『포도』, 정음사, 1948년.
- 「윤동주 시집 서」_『하늘과 바람과 별과 시』, 정음사, 1948년.
- 「조선시의 반성」_《문장》, 1948년 10월.
- 「서 대신」_『이용악집』, 동지사, 1949년.
- 「월파와 시집 『망향』」_《국도신문》, 1950년 4월 15일.

영랑과 그의 시

영랑이라면 예전에 영랑봉 그늘에서 한시를 많이 남기고 간 한 시인漢詩人 영랑이 아니요, 김윤식 하고 보면 운양雲養으로 짐작하게 되니 영랑 김윤식은 언문으로 시를, 그도 숨어서 지어 온 까닭에 남의 인식에 그다지 선명하게 윤곽이 돌 수 없는 불운을 비탄함 직하다.

좋은 글이면 이삼 차 읽어도 좋고 낮은 글이면 진정 싫다. 그저 호오好惡로서 남의 글을 대할 수야 있으랴마는 대부분의 독자란 마호메트 교도와 같은 것이니* 논가論家는 마호메트 교도를 일일이 붙들고 강개할 것이 아니라 마호메트적 매력과 마술에 대진對陣할 것이 선결 문제이리라.

---

* 이슬람교도처럼 좋고 싫음이 분명하다는 뜻.

영랑 시의 독자가 마호메트적 교도가 될 수 없으니 영랑이 마호메트적 교조가 아닌 소이가 있다.

영랑은 이렇게 말한 적이 있다.

"내 시 독자가 다섯이나 될까?"

적어도 셋쯤은 자신이 있었던 모양이나 나머지 둘이 자신이 없었던 모양이다.

교도 다섯에 자신이 없는 마호메트가 있을 수 없는 바이니 오오, 시인 영랑으로 인하여 내가 문학적 마호메트 교도를 면한 것이 다행하다!

창랑에 잠방거리는 섬들을 길러
그대는 탈도 없이 태연스럽다

마을을 휩쓸고 목숨 앗아간
간밤 풍랑도 가소롭구나

아침 날빛에 돛 높이 달고
청산아 봐란 듯 떠나가는 배

바람은 차고 물결은 치고

그대는 호령도 하실 만하다

남도에도 해남 강진 하는 강진골 앞 다도해 위에 오리 새끼들처럼 잠방거리며 노니는 섬들이 보이는 듯하지 아니한가? 섬들을 길러내기는 창랑이 하는 것이라. 이만만 하여도 이 시는 알기가 쉽다. 나머지는 읽어 보소.

그러나 이 시는 지극히 과작인 영랑의 시로서는 근작에 속하는 것이니 그다지 아기자기하게도 다정다한한 애상 시인 영랑은 나이가 삼십을 넘은 후에는 인생에 다소 자신이 생기었던 것이다. 야도무인주자횡野渡無人舟自橫* 격으로 슬픔과 그늘에서 지나다가 비로소 돛을 덩그렇이 달고 호령 삼아 나선 것이 아닐까?

이야기는 훨씬 뒤로 물러선다.

만세 때 바로 전 해 휘문고보 교정에 정구채를 잡고 뛰노는 홍안 미소년이 하나 있었으니 밤에는 하숙에서 바이올린을 씽씽거리는 중학생이라 학교 공부는 혹은 시원치 못했을는지도 모를 일이다. 그때 그 버릇이 지금도 남아서 바이올린 감상은 상당한 양으로 자신하는 지금 영랑이 그때 그 중학생 김윤식이었으니 화가 향린香隣**과 한패

---

* 들에 강 건너는 사람도 없는데 배가 스스로 강을 가로질러 간다.
** 삽화가 이승만(李承萬, 1903~1975)의 호.

요 그 윗반에 월탄月灘*이 있었고 최상급에 노작露雀, 석영夕影**이 있었고 맨 아랫반 일년생에 내가 끼어 있었다. 그 후에 영랑은 한 일년 미결감 생활로 중학은 삼년 진급 정도로 그치고 삐삐 말라가지고 동경으로 달아났던 것으로 생각된다.

이십세 전 조혼이었으나 그 댁네가 절세미인이시었던 모양이다. 이십 전에 상처하였으니 영랑은 세상에도 가엾은 소년 홀아비가 되었던 것이다.

쓸쓸한 뫼 앞에 후젓이 앉으면
마음은 갈앉은 양금 줄같이
무덤의 잔디에 얼굴을 부비면
넋이는 향 맑은 구슬손같이
……

눈물에 실려 가면 산길로 칠십 리
돌아보니 한 바람 무덤에 몰리네
……

---

* 박종화(1901~1981)의 호.
** '노작'은 홍사용(1900~1947)의 호이고, '석영'은 안석주(1901~1950)의 호이다.

좁은 길가에 무덤이 하나
이슬에 젖이우며 밤을 새인다
나는 사라져 저 별이 되오니
뫼 아래 누워서 희미한 별을

  뺨을 마음 놓고 부비어 보기는 실상 무덤 위 잔디풀에서 그리하였는지도 모를 것이다. 엄격한 남도 사람의 가정에서 층층시하 눌리어 자라나는 소년으로서 부부애를 알았을 리 없다. 소년 영랑은 상처하자 비로소 애정을 깨달았던 것이요 다짜고짜 실연한 셈이 되었으니 이 인도적 풍습으로서 온 비극으로 인하여 그는 인생에서 먼저 만난 관문이 '무덤'이었던 것이다.
  그리하여 그의 '시'가 처음 내어디딘 길가에 장미가 봉오리 진 것이 아니라 후손도 없는 조찰한 무덤이 하나 이슬에 젖으며 별빛에 씻기며 봉긋이 솟아 있다.

그 색시 서럽다 그 얼굴 그 동자가
가을 하늘가에 도는 바람 씻긴 구름조각
핼쑥하고 서느러워 어디로 떠갔으랴
그 색시 서럽다 옛날의 옛날의

워낙 나이가 어리어 여읜 아내고 보니깐 아내라기보다는 '그 색시'로 서럽게 그리워지는 것도 부자연한 일은 아니리라. 항차 '그 색시'가 바람에 씻긴 구름조각처럼 어딘지 떠나갔음이랴! '그 색시'는 갔다. 그러나 불행한 '뮤즈'가 되어서 다시 돌아왔다. 영랑은 따라나섰다.

숲 향기 숨길을 가로 막았소
발끝에 구슬이 깨이어지고
달 따라 들길을 걸어 다니다
하룻밤 여름을 새워버렸소

저녁 때 저녁 때 외로운 마음
붙잡지 못하여 걸어 다님을
누구라 불러주신 바람이기로
눈물을 눈물을 빼앗아가오

바람에 나부끼는 갈잎
여울에 희롱하는 갈잎
알 만 모를 만 숨쉬고
눈물 맺은 내 청춘의 어느 날

서러운 손짓이여

빨은 가슴을 훤히 벗고
개풀 수줍어 고개 숙이네
한낮에 배란 놈이
저 가슴 만졌고나
빨건 맨발로는 나도 자꾸
간지럽구나

불행한 뮤즈한테 끌리어 방황한 곳은 다도해변 숲 속 갈밭 개흙 벌 풀밭 등지였으니 영랑은 입은 굳이 봉하고 눈과 가슴으로만 사는 경건한 신적 광인이 되어 가는 것이다.

풀위에 맺어지는 이슬을 본다
눈썹에 아롱지는 눈물을 본다
풀위엔 정기가 꿈같이 오르고
가슴은 간곡히 입을 벌린다

동경으로 떠나던 전날 밤 영랑의 시─

님 두시고 가는 길의 애끈한 마음이여

한숨 쉬면 꺼질 듯한 조매로운 꿈길이여

이 밤은 캄캄한 어느 뉘 시골인가

이슬같이 고인 눈물 손끝으로 깨치나니

청산학원에 입학된 후 고우故友 용철과 바로 친하여 버렸다. 용철은 수재 학생의 본색을 발휘하기 시작하였다. 일 년 후에 동경외어 독어과에 보기 좋게 패스하였다. 영랑의 신적 광기가 증세되었다.

연애. 아나키즘. 루바시카. 장발. 이론 투쟁. 급진파 교제. 신경쇠약. 중도퇴학. 체중 11관 미만. 등등.

영랑을 한 정점으로 한 삼각관계, 그런 이야기는 아니하는 것이 좋다.

그러나 그의 시는 이 사건으로 인하여 일층 진경을 보이는 것이니 어찌 불행한 뮤즈의 노염에 타지 않았는지 모를 일이다. 불행한 사도로 하여금 시련의 가시 길을 밟게 하기 위함이었던가.

왼몸을 갈도는 붉은 핏줄이

꼭 감긴 눈 속에 뭉치어 있네

날랜 소리 한마디 날랜 칼 하나

그 핏줄 딱 끊어 버릴 수 없나

사랑이란 깊으기 푸른 하늘
맹세는 가볍기 흰 구름 쪽
그 구름 사라진다 서럽지는 않으나
그 하늘 큰 조화 못 믿지는 않으나

미움이란 말 속에 보기 싫은 아픔
미움이란 말 속에 하잔한 뉘침
그러나 그 말씀 씹히고 씹힐 때
한 꺼풀 넘치어 흐르는 눈물

 눈물의 기록이라고 남의 비판이야 아니 받을 수 있나?
 영랑의 시는 단조하다고 이르는 이도 있다.
 단조가 아니라 순조純調다. 복잡을 통과하여 나온 정금미옥精金美玉의 순수이다.
 밤새도록 팔이 붓도록 연습하는 본의는 어디 있는 것인가? 바이올린 줄의 한 가닥에 내려와 우는 천래의 미음美音, 최후 일선에서 생동하는 음향, 악보를 모방하므로 그치어 쓰겠는가? 악보가 다시 번역할 수 없는 '소리의 생명'을 잡아내는 데 있지 아니한가?

영랑의 시는 제일장부터 그것이 백조의 노래다.

그러나 영랑은 시를 주로 연습한 것은 아니다. 시인의 손이 바이올린 채가 아닌 소이다.

낭비, 자취, 실연, 모험, 흥분, 실패, 방종, 방랑……. 그러그러한 것들이 반드시 밟아야 할 필수과목은 아니리라. 그러나 생활과 경험의 경위선을 넘어가는 청춘 부대가 이러이러한 것들에게 걸리는 것도 자못 불가항력적인 것이다. 그저 거꾸러질 수는 없다. 그러한 것들은 모두 지나간다. 미묘한 음영과 신비한 음향을 흘리고 지나간 자리에서 시인은 다소 탄식과 회한이 섞인 추수를 걷게 될지는 모르나 여기서 시인의 자업자득의 연금술을 볼 수 있는 것이다. 화학적이 아닌 항시 인간적인 불가사의를 눈물겨운 결정체, 그러한 것을 서정시라고 하면 아직도 속단이나 아닐까? 주저하기 전에 단언할 것이 있다.

인생에서 조준하기는 분명히 달리하였건만 실로 의외의 것이 사낙射落되어* 그것이 도리어 기적적으로 완성된 것을 그의 서정시에서 보고 그의 서정 시인을 경탄하게 되는 것이다.

영랑의 시를 논의하면 그만이지 그의 지난 연월과 사생활까지

---

* 화살에 맞아 떨어져.

적발할 것이 옳지 않을까 하나 노련한 수공업적 직공의 제품이 아닌 바에야 영랑 시의 수사라든지 어휘 선택이라든지 표현 기술을 들어 말함으로 그치기란 실로 견딜 수 없는 일이요 불가불 그의 생활과 내부까지 추적하여야만 시 독자로서 시인을 통째로 파악할 수 있는 것이요, 그의 생활에 그칠 것뿐이랴 그의 생리까지 음미할 필요가 있는 것이다. 왜 그런가 하니 뉴턴의 만유인력설에서 뉴턴의 생활이나 체질에 관한 것을 찾아낼 수가 조금도 없으나 보들레르의 시에서는 그의 공정한 학리를 탐구할 편의가 없다. 다분히 얻는 것은 보들레르의 시에서 그의 생활, 기질, 정서, 의지 등 보다 더 생리적인 것, 인간적인 것뿐이 아닌가.

보다 더 시의 생리적인 부면을 통하여 독자는 시의 생리적 공명을 얻는 것이니 시의 생리적인 점에서 시의 파악은 더 직접적이요, 불용간위적不容間位的*이오, 문장의 이해보다도 체온의 전도인 것이다.

지식과 학문인 점에서 일개 문학자가 한 마루** 서정시에서 문과 여학생에게 한 몫 접히는 일이 없지도 않은 것은 무엇으로 설명할 것인고? 시를 순정 지식으로 취급하여 온 자의 당연한 보수임에 틀림없다.

---

* 사이에 놓이는 것을 인정하지 않음, 즉 직접 부딪친다는 뜻.
** 마디. 국악에서 악절을 세는 단위를 '마루'라 한다.

내 가슴 속에 가늘한 내음

애끈히 떠도는 내음

저녁해 고요히 지는 제

먼 산허리에 슬리는 보랏빛

오— 그 수심 뜬 보랏빛

내가 잃은 마음의 그림자

한 이틀 정열에 뚝뚝 떨어진 모란의

깃든 향취가 이 가슴 놓고 갔을 줄이야

얼결에 여읜 봄 흐르는 마음

헛되이 찾으랴 허덕이는 날

뻘 위에 철석 갯물이 놓이듯

얼컥 이는 후끈한 내음

아! 후끈한 내음 내키다마는

서어한 가슴에 그늘이 드나니

수심 뜨고 애끈하고 고요하기

산허리에 슬리는 저녁 보랏빛

시도 이에 이르러서는 무슨 주석을 시험해 볼 수가 없다. 다만 시인의 오관에 자연의 광선과 색채와 방향과 자극이 교차되어 생동하는 기묘한 슬픔과 기쁨의 음악이 오열하는 것을 체감할 수밖에 없다.

동경으로부터 귀향한 영랑은 경제와 정치 기구에 대한 자연발생적 정열을 전환시키지 못하였던 모양이다. 청년회 소비조합 등에서 다소 불온한 지방적 유지이었던 것으로 생각된다. 관심의 대부분이 그러한 경취미에 속하였음에도 불구하고 그의 시에는 그의 사상과 주의의 정치성의 편영片影조차도 볼 수 없는 것은 차라리 그의 시적 생리의 정직한 성분에 돌릴 수밖에 없는 일이요, 그 당시에 범람하던 소위 경향파 시인의 탁랑濁浪에서 천부의 시적 생리를 유실치 않고 고고히 견디어 온 영랑으로 인하여 조선 현대 서정시의 일맥 혈로가 열리어 온 것이 아닌가 생각된다.

그러나 시인을 다만 생리적인 점에 치중하는 것은 시인에 대한 일종의 훼손이 아닐 수 없다. 축음기 에보나이트 판이 바늘 끝에 마찰되어 이는 음향은 순수 물리적인 것 이외에 아무것도 아니겠으나 그것이 음악인 점에 있어서는 우리가 인간적 향수享受에 탐닉하여 물리적인 일면은 망각하여 버리는 것이 아니런가. 시에 기록된 시적 생리의 파동은 그것이 결국 레코드의 물리적인 것 일면에 비길 만한 다만 생리적인 것에 지나지 못하고 마는 것이니 만일 시인으로서 시에서 관능 감각의 일면적인 것의 추구에만 그치고 만다면 그것은 가장 섬세한 기교적 신경 쾌락에 대한 일종의 음일淫逸일 것뿐이요 또한 그러한 일면적인 것의 편식적 시 독자야말로 에디슨적 이과에 경도하는 몰풍치한 시적 소학생에 불과하리라. 시의 윤리에서 용허할 수 없는 일이다.

시의 고덕高德은 관능감각 이상에서 빛나는 것이니 우수한 시인은 생득적으로 염려艶麗한 생리를 갖추고 있는 것이나 마침내 그 생리를 밟고 일어서서 인간적 감각 내지 정신적 고양의 계단을 오르게 되는 것이 자연한 것이요 필연한 것이다. 시인은 평범하기 일개 시민의 피동적 의무에서 특수할 수 없다. 시인은 근직하기 실천윤리 전공가, 수신 교원의 능동적인 점에서도 제외될 수 없다. 혹은 수신 교원은 실천과 지도에 자자孜孜함으로 족한 교사일는지 모르나 시인은 운율과 희열의 제작의 불멸적 선수가 아니면 아니 된다. 시인의 운율과 희열의 제작은 그 동기적인 점에서 그의 비결을 공개치 아니하나니 시작이란 언어 문자의 구성이라기보담도 먼저 성정의 참담한 연금술이요 생명의 치열한 조각법인 까닭이다. 하물며 설교 훈화 선전 선동의 비린내를 감추지 못하는 시가 유사문장에 이르러서는 그들 미개인의 노골성에 아연할 뿐이다. 그윽이 시의 Point d'appui(책원지策源地)를 고도의 정신주의에 두는 시인이야말로 시적 상지上智에 속하는 것이다. 보들레르 베를렌 등이 구극에 있어서 퇴

당방일頹唐放逸한 무리의 말기 왕이 아니요 비非프로페셔널의 종교인이었던 소이도 이에 있는 것이다.

이러한 견지에서 영랑이 어떻게 시인적 생장의 과정을 밟아 왔는가를 살피기로 하자.

영랑은 소년 적에 향토에서 불행히 할미꽃처럼 시들어 다시 근대 수도의 쇠약과 격정과 불평과 과민에 중상되어 고향에 패퇴한 것이었다. 흔히 있을 수 있는 일이나 영랑에 있어서는 그것이 도에 지났던 것으로 생각된다. 그러나 그의 시에는 실상 그러한 심신의 영향이 그다지 강렬히 드러나지 아니하고 항시 은미隱微하고 섬세하고 염려艶麗하여 저창독백低唱獨白의 서정 삼매경에서 미풍이 이는 듯 꽃잎이 지는 듯 저녁달이 솟는 듯 새벽별이 옮기는 듯이 시가 자리를 옮기어 나가는 것이니 거기에는 돌연한 전향의 성명도 없고 급격한 변용의 봉목縫目*이 보이지 아니하니 영랑 시집은 첫째 목록이 없고 시마다 제목도 없다. 불가피의 편의상 번호만 붙였을 뿐이니 한숨에 읽어 나갈 수 있는 사실로 황당한 독자는 시인의 심적 과정의 기구한 추이를 보지 못하고 지날 수 있을지 모르나 그것이 영랑 시의 시적 변용이 본격적으로 자연스런 점이요 시적 기술의 전부를 양심과 조화와 엄격과 완성에 두었던 까닭이다. 온갖

---

* 솔기. 꿰맨 흔적.

광조狂燥한 언어와 소란한 동작과 교격驕激한 도약은 볼 수 없으나 영랑 시는 감미한 수액과 은인隱忍하는 연륜으로 생장하여 나가는 것이다.

누에가 푸른 뽕을 먹고 실을 토하여 그 실 안에 다시 숨어 나비가 되어 나오는 황홀한 과정은 마술의 번복이 아니라 현묘한 섭리의 자연한 순수이겠으며 성히 벋어 나가는 포도 순은 아무리 주시하기로서니 그의 기어 나가는 동작을 볼 수가 없다. 그러나 하룻밤 동안에 결국 한 발이 넘게 자라는 것이 아니런가. 어느 동안에 잎새와 열매를 골고루 달았는지 놀라울 일이며 시의 우수하고 건강한 생장도 누에나 포도 순의 법칙에서 탈퇴할 수 없는 것이리라.

이리하여 시인 영랑은 차차 나이가 차고 생활에 젖고 지견을 얻자 회오, 갈앙, 체관, 해겁解劫,* 기원의 길을 아깃자깃 밟아 가는 것이었다. 영랑은 그러나 하루아침에 무슨 신정신을 발견한 것도 아니요 무엇에 귀의한 것도 아니요, 청춘의 오류에 가리었던 인간 본연의 예지의 원천이 다시 물줄기를 찾은 것이다. 시와 예지의 협화는 심리와 육체를 다시 조절하게 된 것이니 고독의 철저로 육체의 초조를 극복하고 비애의 중정中正으로써 정신에 효력을 발생케 한 것이다.

---

* 두려움을 풀어 감.

제운 밤 촛불이 찌르르 녹아버린다
못 견디게 무거운 어느 별이 떨어지는가

어둑한 골목골목에 수심은 떴다 가란졌다
제운 맘 이 한밤이 모질기도 하온가

희부얀 조히* 등불 수집은 걸음걸이
샘물 정히 떠붓는 안쓰러운 마음결

한해라 기리운 정을 몯고** 싸어 흰 그릇에
그대는 이 밤이라 맑으라 비사이다 (「제야除夜」)

내 옛날 온 꿈이 모조리 실리어간
하늘갓 닿는 데 기쁨이 사신가

고요히 사라지는 구름을 바라자
헛되나 마음 가는 그곳뿐이라

---

* 종이.
** 몯다는 '모으다'의 옛말.

눈물을 삼키며 기쁨을 찾노란다
허공은 저리도 한없이 푸르름을

엎디어 눈물로 땅 위에 새기자
하늘갓 닿는 데 기쁨이 사신다

그러나 역시 비애와 허무와 희망이 꽃에 꽃 그림자같이 따르는 것이니 이것은 시인 평생의 영양으로 섭취하는 것이 현명한 노릇이리라.

이러구러 하는 동안에 영랑은 다시 현부인을 맞아들이고 큰살림의 기둥이 되고 남의 아버지가 되고 어머니를 여의고 서모를 치르고 그러고도 항시 시인이었던 것이다. 몸이 나고 살이 붙고 술이 늘고 엉뚱한 일면이 또한 있으니 이층집을 세워 세를 놓고 바다를 막아 물리치고 간석지를 개척하고 동생을 멀리 보내어 유학 뒤를 받들고 하는 것이니 그로 보면 영랑은 소위 병적 신경질이 아니요 영양형의 일개 선량한 필부이다. 그러기에 그가 체중 11관 미만의 신경쇠약 시대에 있어서도 그의 시만은 간결 청초할지언정 손마디가 앙상하다든지 광대뼈가 드러났다든지 모가지가 기다랗다든지 한 데가 없이 화려한 지체와 풍염한 홍안에 옴식옴식 자리가 패이는 것이었다.

모란이 피기까지는

나는 아직 나의 봄을 기다리고 있을 테요

모란이 뚝뚝 떨어져 버린 날

나는 비로소 봄을 여읜 설움에 잠길 테요

오월 어느 날 그 하루 무덥던 날

떨어져 누운 꽃잎마저 시들어 버리고는

천지에 모란은 자취도 없어지고

뻗쳐오르던 내 보람 서운케 무너졌느니

모란이 지고 말면 그뿐 내 한해는 다 가고 말아

삼백예순날 하냥 섭섭해 우옵내다

모란이 피기까지는

나는 아직 기다리고 있을 테요 찬란한 슬픔의 봄을

모란을 이처럼 향수한 시가 있었던지 모르겠다. 영랑은 마침내 찬란한 비애와 황홀한 적막의 면류관을 으리으리하게 쓰고 시도詩道에 승당입실昇堂入室한 것이니 그의 조선어의 운용과 수사에 있어서는 기술적으로도 완벽임에 틀림없다. 조선어에 대한 이만한 자존과 자신을 갖는다면 아무 문제가 없을까 한다. 회우석상會友席上에서 흔히 놀림감이 되는 전라도 사투리가 이렇게 곡선적이요 감각적이요 정서적인 것을 영랑의 시로써 깨닫게 되는 것이 유쾌한 일이다.

호르 호르르 호르르르 가을아침

취어진 청명을 마시며 거닐면

수풀이 호르르 벌레가 호르르르

청명은 내 머릿속 가슴속을 젖여 들어

발끝 손끝으로 새어나가나니

온 살결 터럭 끝은 모다 눈이요 입이라

나는 수풀의 정을 알 수 있고

벌레의 예지를 알 수 있다

그리하여 나도 이 아침 청명의

가장 고웁지 못한 노래꾼이 된다

수풀과 벌레는 자고 깨인 어린애

밤 새어 빨고도 이슬은 남았다 (하략)

영랑 시가 여기에 이르러서는 차라리 평필을 던지고 독자로서 시적 법열에 영육의 진경震慶*을 견디는 외에 아무 발음이 있을 수 없다. 자연을 사랑하느니 자연에 몰입하느니 하는 범신론자적 공소한 어구가 있기도 하나 영랑의 자연과 자연의 영랑에 있어서는 완전 일치한 협주를 들을 뿐이니 영랑은 모토母土의 자비로운 자연에

---

* 영육이 떨리는 경사스러움.

서 새로 탄생한 갓 낳은 새 어른으로서 최초의 시를 발음한 것이다.

환경과 운명과 자업自業에서 영랑은 제2차로 탄생한 것이다. 결론은 간단할 수 있으니 시인은 필부로 장성하여 다시 흉터 하나 없이 옥같이 시로 탄생하는 것이다.

영랑 시를 논의할 때 그의 주위인 남방 다도해변의 자연과 기후에 감사치 않을 수 없으니 물이면 거세지 않고 산이면 험하지 않고 해가 밝고 하늘이 맑고 땅이 기름져 겨울에도 장미가 피고 양지쪽으로 옮겨 심은 배추가 통이 앉고 젊은 사람은 솜바지가 훗훗하여 입기를 싫어하는가 하면 해양기류 관계로 여름에 바람이 시원하여 덥지 않은 이상적 남방풍토에, 첫 정월에도 붉은 동백꽃 같은 일대의 서정시인 영랑이 하나 남직한 것도 자못 자연한 일이로다.

생명의 분수

무용인 조택원론(상)

　위로 솟아올라 춤추는 물이 분수라고 하면 분수와 같이 싱싱하고 날렵한 사람이 무인舞人 조택원*이 아니랴. 분수는 미처 떨어져 이울 줄이 없으니 너무도 뒤받쳐 치오를 줄만 아는 까닭이다. 분수가 하도 열렬하기에 불멸의 화염으로 탄미하는 수밖에 없으니 무인 택원은 정지와 침체를 망각한 상시 약동하는 일개 우수한 '생명'이 아닐 수 없다. 어디서 그러한 의력과 용기와 청춘과 희열이 무진장 솟아오르는 것이냐! 분수는 스위치를 돌리어 꺾을 수 있으나 무용인 택원은 눌러서 사그라지지 않는다!

　이제로 15년 전 우리네들 집안에 무용 지원자가 생겨난다면 그것은 의사만으로도 일종의 반역이었던 것이다. 그도 상당한 유서가

---

* 1907~1976. 우리나라 최초의 창작무용을 낸 무용가.

있는 가문의 장손 택원으로서는 차라리 비절한 출발이 아닐 수 없었다. 이리하여 택원은 오직 청춘과 항의와 오오! 우수한 육체만을 가지고 출가한 이후 15년 동안에 마침내 조선 무용사의 새로운 페이지가 부지중 기구하고도 찬란하게 짜이어졌으니 이만한 사실을 실로 너그러운 사람은 부인치 않으리라.

　석정막石井漠* 문하의 쌍별이 조택원과 최승희 두 사람인 것은 공연한 자랑거리가 되었으나 승희는 행운과 인기의 절정에 오르고 택원은 고독과 예술의 일로를 달려온 것이다. 불운한 탓이 도리어 택원으로 하여금 늦도록 빛나게 할 것이 아닐까. 하여간 택원은 잘 견디어 왔다. 굴치 않았다. 그의 파리의 우울에서 늑막열 40도 고하 중에서도 도리어 그의 회심이 쾌작 〈포엠〉을 획득하고야 말았다. 귀조歸朝 후 제1회 공연에 발표된 작품 중에서 가장 경건하게 완성된 것이 이 〈포엠〉인가 하노니 그것은 서양취도 조선 냄새도 아니 나는 순수 무용의 당연한 귀착이요 근대 미학의 확호한 단안에서 고평을 받아야 할 것이었다. 석정石井 일문一門의 지방색인 길로 뛰고 모로 뛰는 원시 정열의 과장이 자취조차 없어지고 근대의 추태 데카당티슴을 추호도 볼 수 없다. 손의 모색과 발의 회의로서 출발한 무용 시 〈포엠〉은 필연적으로 동작의 요설과 도약의 난태亂態가

---

* 일본의 무용가 이시이 바쿠.

용허될 수 없었던 것이니 고지高至한 무용은 동작의 타당한 절약에서 완성되는 것이라 그것은 언어의 절제가 도리어 시의 미덕임과 다를 데가 없다. 필연의 제약에서 황홀한 팽창에로 비약하는 것이 그의 귀조 이후의 명확한 경향이다. 〈포엠〉 1, 〈고요한 걸음〉 2, 〈희망〉 3의 플롯은 거칠게 보아서 이러하다. 가까스로 일어서고 보니 의외에 걸어가겠고 걷고 보니 달릴 자신이 났다. 금시 금시 좌절되는 희망이 순간순간의 절망을 통하여 마침내 광명에 돌진하는 생활적 프로세스가 무용적 편곡으로 실현될 적에는 결국 동체적胴體的 설화이며 감각적 구성인 호개好個* 서정시요 눈물겨운 심적 고투사苦鬪史의 일 단면이다. 이로 보면 그는 순수 형식주의의 스타일리스트로 제한하여 보는 것보다는 생활 내용의 긴밀한 익스프레셔니스트로 취급하는 것이 더 옳은가 한다. 형식과 내용은 일방 편중에서 언제든지 편시호접片翅蝴蝶**을 면치 못하는 것이니 형식과 내용은 반드시 표현에서 일치하고야 만다. 그러므로 문학과 무용은 서로 혈속인 것을 거부할 이유가 없는 것이요 택원은 다시 회화와 무용의 '조화'에 행하여 일맥의 혈로를 타개하고야 말은 것을 작품 〈안젤류스〉에서 볼 수 있으니 그는 밀레의 명화 〈만종〉의 동작적 재현이다.

원근법과 구도와 종교적 생활감정의 표현인 거장의 원화에다가

---

* 알맞은.
** 한쪽 날개로 나는 나비.

조선 바지와 치마를 바꾸어 입히고 택원 독특의 무대적 유희정신으로 밀레를 하루 종일 끌고 다니고도 조금도 버릇이 없지 않았다. 피날레에서는 원화를 그대로 고스란히 원작자에게 돌리고 말았으니 경건한 밀레의 에스프리를 조금도 손상치 않은 것은 택원의 '웃음'의 효용이었다. '웃음'은 그의 무용적 성격임에 틀림없으니 그는 가슴패기 허리 어깨 손발로 모조리 미소한다. 그의 무용은 모든 근육세포가 율동적 통제에서 행하는 미소의 제창齊唱이다. 그러므로 그는 골격의 도약선수라기보다 근육세포의 소리 없는 가수다.

참신한 동양인

무용인 조택원론(하)

　조택원이 파리 행을 계획하기 전 양 3년간은 그의 예도와 심경에 지극히 암담한 구름이 개일 날이 없었다. 그것은 무용인으로서의 환경의 불운과 인기의 귀추에서 오는 우수 초려뿐이 아니라 실상은 예술인으로서의 훨씬 근본적 난제에 봉착한 것이었다. 이것은 모든 양질의 예술인이 반드시 겪고야 마는 것이요 또는 겪어야 하는 것이니 새로운 진경이 열리기 전 예도상의 '막다른 골목'에 무용인 택원도 들어섰던 것이다. 그의 관중들은 여태껏 택원의 무용이 좋으니 낮으니 잘 추느니 못 추느니 내지 택원이가 사람이 옳으니 그르니까지가 화젯거리였으나 택원 자신의 절박한 당면 문제는 자기가 10년 배워 추는 춤이 정말 서양 무용인가 아닌가 아주 엉뚱한 회의이었던 것이다. 그의 무용예술의 일반 기초, 말하자면 무용적 문법 문체가 이 막다른 골목의 모색자를 구할 수는 없었다. 때

마침 전후하여 무용 시인 사카로프 부처*와 무용 철인 크로이츠베르크**가 사막의 북극성같이 동경에 나타났었다. 그들은 교사驕奢한 호접처럼 춤추고 갔다. 이국 화원에 그림자조차 남길세라 계절 밖으로 황홀히 날아 돌아갔다. 택원은 보고 차라리 심통心痛하였다. 은사 석정石井한테 의리와 감사는 더욱 굳어졌으리라. 파리행을 결의하기는 대개 이러한 동기에 있었다.

파리에 간 지 일 년 만에 택원의 편지에는 이러한 구절이 있었다. ― 시는 동양에 있읍데다. ― 그럴까 하고 하루는 비를 맞아 가며 양철집 초가집 벽돌집 건양사建陽舍집 골목으로 한나절 돌아다니다가 돌아와서 답장을 써 부쳤다. ― 시는 동양에도 없읍데 ―라고.

택원이가 다시 펄펄 돌아왔다. 손에 소매를 느리고 고름을 고이 매고 깃 동정도 솔기도 얌전히 돌아가고 대님에 버선 맵시가 앙증스럽게도 멋쟁이 도련님이 되어 왔다. 홀홀 벗고 춤춘다고 파리에 가서 옷 입고 추는 법을 배워 왔다.

의상을 새로 입은 택원의 무용이 순수 동양미의 장식적 경향에 기울어지고 보니 서양적 에로스가 퇴진할 수밖에 없다. 적나라한 '매스'(괴체)의 구성미로서 전아한 선의 비약미로 전신하였다. 손과

---

* 알렉산더 사카로프(Alexander Sakharoff, 1886~1963)와 그 부인 클로틸드 사카로프 (Clothilde Sakharoff, 1893~1974).
** 하랄트 크로이츠베르크(Harald Kreutzberg, 1902~1968).

입술을 서로 사양하고도 '미'는 서로 연애할 수 있는 조선의 예의를 이방 불란서에 가서 배워 온 총명한 택원은 일개 참신한 동양인이 아닐 수 없다.

승무의 인상 기생이 추는 재래 승무는 얼굴이 없었다. 호흡이 미약하여 어쩐지 끊어져 들어가는 듯하였다. 관중을 고려치 않고 혼자 추기에 정신 없었던 춤이었던 것이 택원의 승무로 호흡이 확대되었다. 무대와 극장의 약속이 이행된 대남자의 대승무!

댄스 포퓰레르 누구든지 출 수 있을 춤, 왜 그런고 하니 조선 사람의 '흥'은 저절로 이러한 운동을 하게 되는 것이므로다. 다만 범속의 환희를 저윽이 예술로 끌어올린 택원의 유창한 계획을 볼 것이다.

검무劍舞의 인상 장고는 장단을 위한 것이어늘 여기에서는 강약을 위한 타악기로 완전히 이용된다. 재래 검무의 가락이 완전히 무시된다. 관중으로 하여금 무엇인지 반성을 강요하는 춤이다. 택원 자신이 추는 것이 어떠뇨?

가사호접袈裟胡蝶 '승무의 인상'으로부터 다시 새로운 의도에 고심한 것을 볼 수 있다. 석정 대가의 영향을 부인하기 어려운 묵극黙劇. 주체하기 곤란한 장삼이 날리는 데서 살았다.

코리안 판타지 흥과 멋으로도 번창한 장판방 춤이 현대 무대로 오르니 결국 택원의 새로운 유쾌한 어렌지! 끝까지 풍기에 주의하여 손 한 번 잡지 않은 것이 나중에는 할 수 없이 돌아서서 서로 어깨를 댄다. 가가呵呵.

김민자金敏子 **인상소기** 무희로서 먼저 좋은 육체를 얻었다. 너무 크지 않고 비만할 염려가 없다. 기교를 십분 마스터한 후 바야흐로 일가를 이루려는 한참 물오르는 계절에 들었다. 〈월스〉에서 보이는 정치한 토 댄스는 바람 받은 새매와 같은 매스러운 예풍, 완전히 자기의 것이다. 그의 조선 춤에서 어깨가 올라가 동체와 떨어졌다는 흠을 여럿이 지적한다. 어깨가 다시 내려오기는 아조 용이하리라. 김민자의 조선 춤은 허리를 쓸 줄 아는 까닭으로!

월탄의 『금삼의 피』와 각지 비평과 독후감

신문에 소설을 맡아 쓰는 이의 말을 들으면 흔히는 독자를 널리 얻기가 목적이요 골독히 문학과 예술을 위한 것이 아닌 모양으로 변명한다. 은연중 자기의 일면과 여유를 자랑하는 것도 되는 것이니 그리고 볼 양이면 옳은 공부와 유익한 글을 찾는 사람들이 절로 신문 소설과는 멀리 떨어질 수밖에 없지 아니한가. 구태여 그의 광범위에 널린 독자층에 휩쓸려 들어 그의 영웅적 지위를 다시 한층 올릴 맛이 없다.

소설이라는 것이 녹신히 재미가 나는 동시에 심전心田을 기를 만한 양식이 될 것이요 지낭智囊에 간직할 만한 보패寶貝가 무진장 쏟아져 나와야 할 것이다. 그렇지 못할 양이면 마침내 아녀자의 눈물과 웃음을 지어내기가 위주인 것이 소설일 것이니 그리고서야 이 바쁘고 비싼 세상에 소설을 돈을 주고 사둘 맛이 있느냐 말이다.

월탄의 『금삼의 피』를 삼가 읽고 나서 나는 머리가 절로 수그러지는 것을 어찌할 수 없었으니 첫째 그 착잡한 사실史實에 얼마나 밝히 가닥을 풀어 나갔으며, 당시의 사회 각층을 통하여 용어와 풍습에 대하여 얼마나 면밀한 조사가 있었던 것이며, 궁실宮室 시가 私家와 시정市井 촌구村衢까지의 예법禮法 의작儀作 수수授受 거지擧止에 대하여 얼마나 소소昭昭한 견문을 보여준 것이며, 더욱이 문장과 사화詞華에 있어서는 한문에 취해 떨어졌거나 양학에 쏠린 자들의 손도 대어 보지 못할 그야말로 동서신구東西新舊의 교양에서 빛을 발한 조선 글이 당연히 갈 길을 지침으로 보여 준 것이겠으며, 연산조를 중심으로 하여 그 전후의 무뚝뚝한 사실史實을 나금나금한 소설로 꾸미자니깐 자연히 보태고 덜고 한 것도 있겠으나 조금도 부자연함과 억지가 보이지 않을 뿐 아니라 도리어 그의 예술적 수법에 안심하고 즐길 수가 있게 한 것이냐! 월탄이 과연 역사소설의 타당한 길을 열었도다. 하도 많은 소위 대중과 통속이 범람하는 시대에서 이것은 심혈을 경주한 대문자가 아닐 수 없다.

그러나 천만 가지 깊은 조예와 빛난 재화才華를 보였으면 그것이 결국 무엇이랴?『금삼의 피』의 진가는 대체 어데 있는고 하니 연산조 무대에 오르내리는 주역이나 조연이나 엑스트라로 나오는 모든 인물들이 인생대도에서 어찌어찌 어그러져 나갔으며 어떻게까지 옳게 버티고 나간 것을 보인 데 있으니, 연산조와 같은 난세에

처하였을지라도 허둥지둥하던 사람들은 결국 천추에 헛물을 켜고 말았다. 누구는 이르기를 소설은 권선징악을 위한 것이 아니라고. 옳은 말이다. 그러나 명창정궤明窓靜几에 무릎을 꿇고 쓴 『금삼의 피』가 읽는 이로 하여금 인생에서 엄연한 비판과 새로운 의리를 배워 얻게 하는 것도 자못 불가피의 일이 아닌가. 그야 모든 동양소설사상의 중추가 '의리'에 있었지만 월탄의 예술이 새롭고 보니깐 의리도 새롭게 빛날 수밖에 없다.

시의 옹호

　사물에 대한 타당한 견해라는 것이 의외에 고립하지 않았던 것을 알았을 때 우리는 비로소 안도와 희열까지 느끼는 것이다. 한 가지 사물에 대하여 해석이 일치하지 않을 때 우리는 서로 쟁론하고 좌단할 수는 있으나 정확한 견해는 논설 이전에서 이미 타당과 화협하고 있었던 것이요, 진리의 보루에 의거되었던 것이요, 편만한 양식의 동지에게 암합暗合으로 확보되었던 것이니, 결국 알 만한 것은 말하지 않기 전에 서로 알고 있었던 것이다. 타당한 것이란 천성天成의 위의를 갖추었기 때문에 요설을 삼간다. 싸우지 않고 항시 이긴다.

　왜곡된 견해는 고독할 수밖에 없다. 고독한 상태에서 명목瞑目 못하는 것이 왜곡된 것의 비운이니, 견해의 왜곡된 것이란 영향이

크지 않을 정도에서일지라도 생명이 기분간幾分間* 비틀어진 것이 되고 만다.

생명은 비틀어진 채 몸짓을 아니할 수 없으니, 이러한 몸짓은 부질없이 소동할 뿐이다.

비틀어진 것은 비틀어진 것과 서로 도당으로 어울릴 수 있으나, 일시적 서로 돌려 가는 자위에서 화합과 일치가 있을 리 없다. 비틀어진 것끼리는 다시 분열한다.

일편一片의 의리誼理**와 기분幾分의 변론으로 실상은 다분多分의 질투와 훼상으로써 곤곤한 장강대류를 타매하고 돌아서서 또 사투私鬪한다.

시도 타당한 것과 협화하기 전에는 말하자면 밟은 자리가 크게 옳은 곳이 아니고 보면 시 될 수 없다. 일간 직장도 가질 수 없는 시는 너무도 청빈하다. 다만 의로운 길이 있어 형극의 꽃을 탐하여 걸을 뿐이다. 상인이 부담하지 않아도 무방한 것을 예전에는 시인한테 과중히 지웠던 것이다. 청절, 명분, 대의, 그러한 지금엔 고전적인 것을. 유산 한 푼도 남기지 않았거니와, 취리聚利까지 엄금한 소크라테스의 유훈은 가혹하다. 오직 '선의 추구'만의 슬픈 가업을 소

---

* 얼마쯤.
** 올바른 이치.

크라테스의 아들은 어떻게 주체하였던가.

시가 도리어 병인 양하여 우심憂心과 척의慽意*로 항시 불평한 지사는 시인이 아니어도 좋다. 시는 타당을 지나 신수神髓에 사무치지 않을 수 없으니, 시의 신수에 정신 지상의 열락이 깃들임이다. 시는 모름지기 시의 열락에까지 틈입할 것이니, 세상에 시 한다고 흥얼거리는 인사의 심신이 번뇌와 업화에 끄스르지 않았으면 다행하다. 기쁨이 없이 이루는 우수한 사업이 있을 수 없으니, 지상의 정신 비애가 시의 열락이라면 그대는 당황할 터인가?

자가自家의 시가 알리어지지 않는 것이 유쾌한 일일 수는 없으나, 온慍**하지 않아도 좋다.

시는 시인이 숙명적으로 감상할 때같이 그렇게 고독한 것이 아니었다. 시가 시고 보면 진정 불우한 시라는 것이 있지 않았으니, 세대에 오른 시는 깡그리 우우優遇***되고야 말았다. 시가 우우되고 시인이 불우하였던 것은 편만한 사실史實이다.

이제 그대의 시가 천문天文에 처음 나타나는 미지의 성신과 같이 빛날 때 그대는 희한히 반갑다. 그러나 그대는 훨씬 지상으로 떨

---

* 근심하는 마음.
** 성냄, 노여움, 화.
*** 후하게 대접함.

어질 만하다. 모든 맹금류와 같이 노리고 있었던 시안詩眼을 두려워하고 신뢰함은 시적 겸양의 미덕이다. 시가 은혜로 받은 것일 바에야 시안도 신의 허여하신 바 아닐 수 없다. 시안이야말로 기계적인 것이 아니라, 차라리 선의와 동정과 예지에서 굴절하는 것이요, 마침내 상탄賞嘆에서 빛난다. 우의友誼와 이해에서 배양될 수 없는 시는 고갈할 수밖에 없으니, 보아 줄 만한 이가 없이 높다는 시, 그렇게 불행한 시를 쓰지 말라. 시도 기껏해야 말과 글자로 사람 사는 동네에서 쓰여지지 않았던가. 불지하허不知何許의 일개 노구老嫗를 택하여 백낙천은 시적 어드바이저로 삼았다든가.

시는 다만 감상에 그치지 아니한다.

시는 다시 애착과 우의를 낳게 되고, 문화에 대한 치열한 의무감에까지 앙양한다. 고귀한 발화에서 다시 긴밀한 화합에까지 효력적인 것이 시가 마치 감람 섬유의 성질을 갖추고 있다.

이에 불후의 시가 있어서 그것을 말하고 외이고 즐길 수 있는 겨레는 이방인에 대하여 항시 자랑거리니, 겨레는 자랑에서 화합한다. 그 겨레가 가진 성전聖典이 바로 시로 쓰여졌다.

문화욕에 치구馳驅하는 겨레의 두뇌는 다분히 시적 상태에서 왕성하다. 시를 중추에서 방축한 문화라는 것은 생각조차 할 수 없다. 성급한 말이기도 하나 시가 왕성한 국민은 전쟁에도 강하다.

감밀甘蜜을 위하여 영영營營하는 봉군蜂群의 본능에 경이를 느낄 만하다면 시적 욕구는 인류에 있어서 가장 우수한 본능이 아닐 수 없다.

부지런한 밀봉은 슬퍼할 여가가 없다. 시인은 먼저 근면하라.

문자와 언어에 혈육적 애愛를 느끼지 않고서 시를 사랑할 수 없다. 사랑은커니와 시를 읽어서 문맥에도 통하지 못하나니 시의 문맥은 그들의 너무도 기사적記事的인 보통 상식에 연결되기는 부적한 까닭이다. 상식에서 정연한 설화, 그것은 산문에서 찾으라. 예지에서 참신한 영해嬰孩의 눌어訥語, 그것이 차라리 시에 가깝다. 어린아이는 새 말밖에 배우지 않는다. 어린아이의 말은 즐겁고 참신하다. 으레 쓰는 말일지라도 그것이 시에 오르면 번번이 새로 탄생한 혈색에 붉고 따뜻한 체중을 얻는다.

시인은 구극에서 언어문자가 그다지 대수롭지 않다. 시는 언어의 구성이기보다 더 정신적인 것의 열렬한 정황 혹은 왕일한 상태 혹은 황홀한 사기士氣이므로 시인은 항상 정신적인 것에서 정신적인 것을 조준한다. 언어와 종장宗匠*은 정신적인 것까지의 일보 뒤에서 세심할 뿐이다. 표현의 기술적인 것은 차라리 시인의 타고난

---

* 으뜸가는 기술자라는 말인데, 표현기법이라는 뜻으로 쓰였다.

재간 혹은 평생 숙련한 완법腕法*의 부지중의 소득이다. 시인은 정신적인 것에 신적 광인처럼 일생을 두고 가엾이도 열렬하였다. 그들은 대개 하등의 프로페셔널에 속하지 않고 말았다. 시도 시인의 전문이 아니고 말았다.

정신적인 것은 만만하지 않게 풍부하다. 자연, 인사, 사랑, 죽음 내지 전쟁, 개혁, 더욱이 덕의적德義的인 것에 멍이 든 육체를 시인은 차라리 평생 지녀야 하는 것이니, 정신적인 것의 가장 우위에는 학문, 교양, 취미 그러한 것보다도 '애'와 '기도'와 '감사'가 거한다. 그러므로 신앙이야말로 시인의 일용할 신적神的 양도糧道**가 아닐 수 없다.

정취의 시는 한시에서 황무지가 완전히 없어지고 말았으리라. 진정한 '애'의 시인은 기독교문화의 개화지 구라파에서 족출하였다. 영맹獰猛한 이교도일지라도, 그가 지식인일 것이면 기독교문화를 다소 반추하는 것임에 틀림없다.

신은 '애'로 자연을 창조하시었다. 애에 협동하는 시의 영위營爲는 신의 제2의 창조가 아닐 수 없다.

이상스럽게도 시는 사람의 두뇌를 통하여 창조하게 된 것을 시인의 영예로 아니할 수가 없다.

---
* 재능.
** 신의 양식. 거룩한 양식.

회화, 조각, 음악, 무용은 시의 다정한 자매가 아닐 수 없다. 이들에서 항시 환희와 이해와 추이를 찾을 수 없는 시는 화조월석花朝月夕과 사풍세우乍風細雨*에서 끝나고 말았다. 그러나 이러한 것들의 구성, 조형에 있어서는 흔히 손이 둔한 정신의 선수만으로도 족하니 언어와 문자와 더욱이 미의 원리와 향수에서 실컷 직성을 푸는 슬픈 청빈의 기구를 가진 시인은 마침내 비평에서 우수한 성능을 발휘하고 만다.

시가 실제로 어떻게 제작되느냐. 이에 답하기는 실로 귀찮다. 시가 정형적 운문에서 몌별袂別한 이후로 더욱 곤란한 질문이 아닐 수 없다. 그것은 차라리 도제가 되어 종장의 첨삭을 기다리라.

시가 어떻게 탄생되느냐. 유쾌한 문제다. 시의 모권母權을 감성에 돌릴 것이냐 지성에 돌릴 것이냐. 감성에 지적 통제를 경유하느냐 혹은 의지의 결재를 기다리는 것이냐. 오인吾人의 어떠한 부분이 시작의 수석首席이 되느냐. 또는 어떠한 국부가 이에 협동하느냐.

그대가 시인이면 이따위 문제보다도 달리 총명할 데가 있다.

비유는 절뚝발이다. 절뚝발이 비유가 진리를 대변하기에 현명한 장자長子 노릇 할 수가 있다.

---

* 사전에는 비껴 부는 바람과 가늘게 내리는 비라는 뜻으로 斜風細雨가 나온다. 乍風은 잠깐 부는 바람이라는 뜻이다.

무성한 감람 한 포기를 들어 비유에 올리자. 감람 한 포기의 공로를 누구한테 돌릴 것이냐. 태양, 공기, 토양, 우로, 농부, 그들에게 깡그리 균등하게 논공행상하라. 그러나 그들 감람을 배양하기에 협동한 유기적 통일의 원리를 더욱 상찬하라.

감성으로 지성으로 의력意力으로 체질로 교양으로 지식으로 나중에는 그러한 것들 중의 어느 한 가지에도 기울어지지 않는 통히 하나로 시에 대진하는 시인은 우수하다. 조화는 부분의 비협동적 단독행위를 징계한다. 부분의 것을 주체하지 못하여 미봉한 자취를 감추지 못하는 시는 남루하다.

경제사상이나 정치열에 치구하는 영웅적 시인을 상탄한다. 그러나 그들의 시가 음악과 회화의 상태 혹은 운율의 파동, 미의 원천에서 탄생한 기적의 아兒가 아니고 보면 그들은 사회의 명목으로 시의 압제자에 가담하고 만다. 소위 종교가도 무모히 시에 착수할 것이 아니니 그들의 조잡한 파나티즘*이 시에서 즉시 드러나는 까닭이다. 종교인에게도 시는 선발된 은혜에 속하는 까닭이다.

시학과 시론에 자주 관심할 것이다. 시의 자매 일반예술론에서

---

* 광신주의(Fanatisme).

더욱이 동양화론 서론에서 시의 향방을 찾는 이는 비뚤은 길에 들지 않는다.

경서 성전류를 심독心讀하여 시의 원천에 침윤하는 시인은 불멸한다.

시론으로 그대의 상식의 축적을 과시하느니보다는 시 자체의 요설의 기회를 주라. 시는 유구한 품위 때문에 시론에 자리를 옮기어 지껄일 찬스를 얻음 직하다. 하물며 타인을 훼상하기에 악용되는 시론에서야 시가 다시 자리를 옮기지 않을 수 없었던 것이니 열정劣情은 시가 박탈된 가엾은 상태다. 시인이면 어찌하여 변설로 혀를 뜨겁게 하고 몸이 파리하느뇨. 시론이 이미 체위화하고 시로 이겼을 것이 아닌가.

시의 기법은 시학 시론 혹은 시법에 의탁하기에는 그들은 의외에 무능한 것을 알리라. 기법은 차라리 연습 숙통熟通에서 얻는다.

기법을 파악하되 체구에 올려라. 기억력이란 박약한 것이요, 손끝이란 수공업자에게 필요한 것이다.

구극에서는 기법을 망각하라. 탄회坦懷*에서 우유優遊하라. 도장에 서는 검사는 움직이기만 하는 것이 혹은 그저 서 있는 것이 절로 기법이 되고 만다. 일일이 기법대로 움직이는 것은 초보다. 생각

---

* 거리낌 없는 마음.

하기 전에 벌써 한 대 얻어맞는다. 혼신의 역량 앞에서 기법만으로는 초조하다.

진부한 것이란 구족具足한 기구器具*에서도 매력이 결핍된 것이다. 숙련에서 자만하는 시인은 마침내 매너리스트로 가사 제작에 전환하는 꼴을 흔히 보게 된다. 시의 혈로는 항시 저신抵身 타개가 있을 뿐이다.

고전적인 것을 진부로 속단하는 자는, 별안간 뛰어드는 야만일 뿐이다.

꾀꼬리는 꾀꼬리 소리밖에 발하지 못하나 항시 새롭다. 꾀꼬리가 숙련에서 운다는 것은 불명예이리라. 오직 생명에서 튀어나오는 항시 최초의 발성이어야만 진부하지 않다.

무엇보다도 돌연한 변이를 꾀하지 말라. 자연을 속이는 변이는 참신할 수 없다. 기벽스런 변이에 다소 교활한 매력을 갖출 수는 있으나 교양인은 이것을 피한다. 귀면경인鬼面驚人이라는 것은 유약한 자의 슬픈 괘사**에 지나지 않는다. 시인은 완전히 자연스런 자세에서 다시 비약할 뿐이다.

우수한 전통이야말로 비약의 발 디딘 곳이 아닐 수 없다.

---

* 기서는 형편, 상황이라는 뜻으로 쓰였다.
** 변덕스러운 말.

시인은 생애에 따르는 고독에 입문 당시부터 초조하여서는 사람을 버린다. 금강석은 석탄층에 끼웠을 적에 더욱 빛났던 것이니, 고독에서 온통 탈각할 것을 차라리 두려워하라. 시고詩稿를 끌고 항간매문도巷間賣文徒의 문턱을 넘나드는 것은 주책이 없다. 소위 비평가의 농락조 월단月旦*에 희구喜懼하는 것은 가엾다. 비평 이전에 그대 자신에게서 벌써 우수하였음 직하다.

그처럼 소규모의 분업화가 필요하지 않다. 시인은 여력으로 비평을 겸하라.

일찍이 시의 문제를 당로當路한 정당政黨 토의에 위탁한 시인이 있었던 것을 듣지 못하였으니 시와 시인을 다소 정략적 지반운동으로 음모하는 무리가 없지도 않으니, 원인까지의 거리가 없지 않다. 그들은 본시 시의 문외門外에 출산한 문필인이요, 그들의 시적 견해는 애초부터 왜곡되었던 것이다.

비틀어진 것은 비틀어진 대로 그저 있지 않고 소동한다.

시인은 정정한 거송巨松이어도 좋다.
그 위에 한 마리 맹금猛禽이어도 좋다.
굽어보고 고만高慢하라.

---

* 월평.

시와 발표

꾀꼬리 종달새는 노상 우는 것이 아니고 우는 나달보다 울지 않는 달수가 더 길다.

봄, 여름, 한철을 울고 내처 휴식하는 이 교앙한* 명금鳴禽들의 동면도 아닌 계절의 함묵에 견디는 표정이 어떠한가 보고 싶기도 하다. 사철 지저귀는 까마귀 참새를 위하여 분연히 편을 드는 장쾌한 대중시인이 나서고 보면 청각의 선민들은 꾀꼬리 종다리 편이 아니 될 수도 없으니 호사스런 귀를 타고난 것도 무슨 잘못이나 아닐까 모르겠다.

시를 위한 휴양이 도리어 시작보다도 귀하기까지 한 것이니, 휴양이 정체와 다른 까닭에서 그러하다. 중첩한 산악을 대한 듯한 침

---
* 교만한.

묵 중에서 이루어지는 계획이 내게 무섭기까지 하다.

시의 저축 혹은 예비 혹은 명일의 약진을 기하는 전야의 숙수熟睡, 휴식도 도리어 생명의 암암리의 영위로 돌릴 수밖에 없다.

설령 역작이라도 다작일 필요가 없으니, 시인이 무슨 까닭으로 마소의 과로나 토끼의 다산을 본받을 것이냐.

감정의 낭비는 청춘 병의 한가지로서 다정과 다작을 성적 동기에서 동근이지同根異枝로 봄 직도 하다.

번번이 걸작은 고사하고 단 한 번이라도 걸작이란 예산으로 되는 것이 아니요 시작 이후에 의외의 소득인 것뿐이다. 하물며 발표욕에 급급하여 범용한 다작이 무슨 보람을 세울 것인가. 오다가다 걸릴까 하는 걸작을 위하여 무수한 다작이 필요하다는 것일까. 나룻이 터가 잡히도록 계속하는 작문의 습관이 반드시 시를 낳는다고 할 수 없으니, 다작과 남작의 거리가 얼마나 먼 것일까. 혹은 말하기를 기악에 있어서 부단한 연습이 필요함과 같이, 시의 연습으로서 다작이 필요하다고. 기악가의 근면과 시인의 정진이 반드시 동일한 코스를 밟아서 될 것이 아니겠으나, 시를 정성껏 연습한다는 것을 구태여 책할 수도 없다. 범용의 완명頑冥한 마력도 그도 또한 놀라울 노릇이 아닐 수도 없는 까닭이다. 그러나 연습과 발표를 혼동함에 있어서는 지저분하고 괴죄죄한 허영을 활자화한 것밖에 무엇을 얻어 볼 것이랴.

시는 숫자의 정확성 이상에 다시 엄격한 미덕의 충일함이다. 완성 조화 극치의 발화發花 이하에서 저회하는 시는 달이 차도록 근신하라.

첫째 범용한 시문류는 앉을 자리를 가릴 줄을 모른다. 유화 한 폭을 거는 화인畵人은 위치와 창명窓明과 배포背布까지에도 세심 용의하거늘, 소위 시인은 무슨 지면에든지 앉기가 급하게 주저앉는다. 성적性的 기사나 매약賣藥 광고와도 흔연히 이웃하는 것은 발표욕도 이에 이르러서는 시의 초속성超俗性을 논의하기가 도리어 부끄러운 일이니, 원래 자신이 없는 다작이고 보니, 자존이 있을 리 없다.

시가 명금이 아니라, 한철이 따로 있는 것이 아니겠으나, 될 때 되는 것이요 아니 될 때는 좀처럼 아니 되는 것을 시인의 무능으로 돌릴 것이 아니니, 신문소설 집필자로서, 이러한 '무능'을 배울 수는 없는 일이다.

시가 시로서 온전히 제자리가 돌아 빠지는 것은 차라리 꽃이 봉오리를 머금듯 꾀꼬리 목청이 제철에 트이듯 아기가 열 달을 채워서 태반을 돌아 탄생하듯 하는 것이니, 시를 또 한 가지 다른 자연 현상으로 돌리는 것은 시인의 회피도 아니요 무책임한 죄로 다스릴 법도 없다. 무엇보다도 이러한 시적 기밀에 참가하여 그 당오堂奧에 들어서기 전에 무용한 다작이란 도로에 그칠 뿐이요. 문장 탁마에도 유리할 것이 없으니, 단편적 영탄조의 일 어구 나열에 습관이 붙은 이는 산문에 옮기어서도 지저분한 버릇을 고치지 못하고 만다.

산문은 의무로 쓸 수 있다. 편집자의 제제提題를 즉시 수응하는 현대 신문 잡지 문학의 청부업적 문자 기능이 시작詩作에 부여되지 못한 것이 한사恨事도 아니려니와, 시가 의무로 이행될 수 없는 점에서 저널리즘과 절로 보조가 어그러지고 마는 것도 자연한 일이다. 시가 충동과 희열과 능동과 영감을 기다려서 겨우 심혈과 혼백의 결정을 얻게 되는 것이므로, 현대 저널리즘의 기대를 시에 두었다가는 초속도 윤전기가 한산한 세월을 보낼 수밖에 없다. 저널리즘이 자연 분분한 일상성적 산문, 잡필, 보도, 기사, 선전 등에 급급하게 된다. 이른바 산문시대라는 것이니, 산문시대에서 시의 자세는 더욱 초연히 발화할 뿐이다. 저널리즘의 동작이 빈번할 대로 하라. 맥진에 다시 치구하라. 오직 예술문화의 순수와 영구를 조준하기 위하여 시는 절로 한층 고고한 자리를 잡지 않을 수 없는 필연성에 집착할 뿐이다.

이리하여 시인이 절로 다작과 발표에 과욕寡慾하게* 되므로 시에 정진하되 수험 공부 하듯이 초조하다든지 절제 없는 감상으로 인하여 혹은 독서 중에 경첩한 모방벽으로 인하여 즉시 시작에 착수하는 짓을 삼가게 되는 것이요, 서서히 정열과 영향에 진정과 요설을 정리함에서 시를 조산助産하는 것이다.

가장 타당한 시작이란 구족된 조건 혹은 난숙한 상태에서 불가피의 시적 회임 내지 출산인 것이니, 시작이 완료한 후에 다시 시를 위한 휴양기가 길어도 좋다. 고인의 서를 심독心讀할 수 있음과 새로운 지식에 접촉할 수 있음과 모어母語와 외어外語 공부에 중학생처럼 굴종할 수 있는 시간을 이 시적 휴양기에서 얻을 수 있음이다. 그보다도 더 좋은 것을 얻을 수 있는 것은 바다와 구름의 동태를 살핀다든지 절정에 올라 고산식물이 어떠한 몸짓과 호흡을 가지는 것을 본다든지 들에 내려가 일초일엽이, 벌레 울음과 물소리가, 진실히도 시적 운율에서 떠는 것을 나도 따라 같이 떨 수 있는 시간을 가질 수 있음이다. 시인이 더욱이 이 시간에서 인간에 집착하지 않을 수 없다. 사람이 어떻게 괴롭게 삶을 보며 무엇을 위하여 살며 어떻게 살 것이라는 것에 주력하며, 신과 인간과 영혼과 신앙과 애愛에 대한 항시 투철하고 열렬한 정신과 심리를 고수한다. 이리하여 살음과 죽음에 대하여 점점 단이 승진되는 일개 표일한 생명의 검사로서 영원에 서게 된다.

---

* 욕심을 줄이게.

시의 위의威儀

　안으로 열熱하고 겉으로 서늘옵기란 일종의 생리를 압복시키는 노릇이기에 심히 어렵다. 그러나 시의 위의는 겉으로 서늘옵기를 바라서 마지않는다.

　슬픔과 눈물을 그들의 심리학적인 화학적인 부면 이외의 전면적인 것을 마침내 시에서 수용하도록 차배되었으므로 따라서 폐단도 많아 왔다. 시는 소설보다도 선읍벽善泣癖이 있다. 시가 솔선하여 울어 버리면 독자는 서서히 눈물을 저작할 여유를 갖지 못할지니 남을 울려야 할 경우에 자기가 먼저 대곡大哭하여 실소를 폭발시키는 것은 소인극素人劇에서만 본 것이 아니다. 남을 슬프기 그지없는 정황으로 유도함에는 자기의 감격을 먼저 신중히 이동시킬 것이다.

　배우가 항시 무대와 객석의 제약에 세심하기 때문에 울음의 시간적 거리까지도 엄밀히 측정하였던 것이요 눈물을 차라리 검약하는 것이 아닐까. 일사불란한 모든 조건 아래서 더욱이 정식으로 울어야 하자니까 배우 노릇이란 힘이 든다. 변화와 효과를 위해선 능히 교활하기까지도 사양하지 않는 명우名優를 따라 관중은 저절로 눈물이 방타하다.

시인은 배우보다 다르다. 그처럼 슬픔의 모방으로 종시終始할 수 있는 동작의 기사技師가 아닌 까닭이다. 시인은 배우보다 근엄하다. 인생에 항시 정면하고 있으므로 괘사를 떨어 인기를 좌우하려는 어느 겨를이 있으랴. 그러니까 울음을 배우보다 삼가야 한다.

감격벽이 시인의 미명이 아니고 말았다. 이 비정기적 육체적 지진 때문에 예지의 수원水源이 붕괴되는 수가 많았다.

정열이란 상양賞揚하기보다도 어떻게 정리할 것인가. 관료가 지위에 자만하듯이 시인은 빈핍하니까 정열을 유일의 것으로 자랑하는 나머지 턱없이 침울하지 않으면 슬프고 울지 않으면 히스테리칼하다. 아무것도 갖지 못하였다는 것은 용이한 일이다. 다시 청빈의 운용이야말로 지중한 부담이 아닐 수 없다.

하물며 열광적 변설조, 차라리 문자적 지상紙上 폭동에 이르러서는 배열과 수사가 심히 황당하여 가두행진을 격려하기에도 채용할 수 없다.

정열, 감격, 비애, 그러한 것 우리의 너무도 내부적인 것이 그들 자체로서는 하등의 기구를 갖추지 못한 무형한 업화적業火的 괴체塊體*

일 것이다. 제어와 반성을 지나 표현과 제작에 이르러 비로소 조화와 질서를 얻을 뿐이겠으니 슬픈 어머니가 기쁜 아기를 탄생한다.

표현 기구 이후의 시는 벌써 정열도 비애도 아니고 말았다. 일개 작품이요 완성이요 예술일 뿐이다. 일찍이 정열과 비애가 시의 원형이 아니었던 것은 다만 시의 일개 동인動因이었던 이유로서 추모를 강요하기에는 독자는 직접 작품에 저촉한다.

독자야말로 끝까지 쌀쌀한 대로 견디지 못한다. 작품이 다시 진폭과 파동을 가짐이다. 기쁨과 광명과 힘의 파장의 넓이 안에서 작품의 앉음 앉음새는 외연히 서늘옵기에 독자는 절로 회득會得과 경의와 감격을 갖게 된다.

근대시가 안으로 열하고 겉으로 서늘옵기는 실상 위의 문제에 그칠 뿐이 아니리라.

---

* 불같이 일어나는 감정의 덩어리.

시와 언어

　색채가 회화의 소재라고 하면 언어는 시의 소재 이상 거의 유일의 방법이랄 수밖에 없다. 언어를 떠나서 시는 제작되지 않는다. 무기를 쓸 줄 모르는 병학자兵學者는 얼마든지 고명할 수 있었고 언어를 구성치 못하는 광의적廣義的인 심리적인 시인이 얼마나 다수일지 모른다. 그러나 총검술은 참모 본부에 직속되지 않아도 부대전戰에 지장이 없겠으나 언어구성에 백련百練하지 못하고서 '시인'을 허여하기에는 곤란한 문제다. 그야 해변에서 조개껍질을 희롱하는 어린아이를 보고 시인이라고 흠탄하던 나머지 봄 하늘에 떠오르는 종달새를 보고 시인이라댔자 시에 있어서는 그다지 망발될 것이 아니므로 시를 남기지 아니한 추초秋草 야초野草에 싸여 누워 있는 무명백골이 저 세상에서 이제 계관을 쓰고 지날지는 모른다. 마음의 표피가 호두껍질처럼 경화되어 버린 사람 이외에야 다소 시적 천성을 타고 나지 않은 이가 어디 있겠는가. 음악은 도적놈도 좋아 한다는 말이 있으나 뱀도 인도뱀은 피리소리에 맞추어 춤을 춘다.

도적도 혹은 그 행동에 따라서 시적 호의好意를 참작할 만한 예가 없지도 않았다. 그러므로 워즈워스와 하일랜드 레이스,* 백낙천과 이웃집 노구老가 인간 본질적인 상태에서 시인이고 아닌 것을 차별하는 것은 시의 관후한 덕에서 거부한다. 시의 무차별적 선의성善意性은 마침내 시가 본질적으로 자연과 인간에 뿌리를 깊이 박은 까닭이니 그러므로 자연과 인간에 파 들어간 개발적 심도가 높을수록 시의 우수한 발화發花를 기대할 만하다. 뿌리가 가지를 갖는 것이 심도가 표현을 추구함과 다를 게 없다. 표현에서부터 비로소 소수의 시인이 선민적 공인을 얻게 되는 것은 불가피의 사실이니 다만 '근신'만으로써 성자가 될 수 있을는지는 모르나 '표현'이 없이는 시인이랄 수가 없게 된다. 시는 실제적으로 표현에 제한되고 마는 것이니 표현 없이는 시는 발화 이전의 수목의 생리로 그치고 말음과 같다. 그러므로 '근신'은 일종의 Action으로서 도덕과 윤리에 통로 되는 것이요 '표현'은 Making에 붙이어 예술과 구성에 마치는 것이니 Poem의 어원이 Making과 동의였다는 것은 자연한 일이 아닐 수 없다.

---

* highland race. 스코틀랜드 고산족.

시의 표현에 있어서 언어가 최후수단이요 유일의 방법이 되고 만 것은 혹은 인류 문화기구文化器具의 불행한 빈핍일지는 모르나 언어의 불구不具를 탄嘆하는 시인이 반드시 언어를 가벼이 여기고 다른 부문의 소재를 차용치 않았다. 언어의 불구가 도리어 시의 청빈의 덕을 높이는 까닭이다. 언어의 불구에 입명立命하여 시의 청빈에 귀의치 못한 이를 시인으로 우대할 수 없게 되는 것이니 제약을 통하지 못한 비약이라는 것은 그것이 정신적인 것이 될 수 없음이다. 가장 정신적인 것의 하나인 시가 언어의 제약을 받는다는 것은 차라리 시의 부자유의 열락이요 시의 전면적인 것이요 결정적인 것으로 되고 만다. 그러므로 시인이란 언어를 어원학자처럼 많이 취급하는 사람이라든지 달변가처럼 잘하는 사람이 아니라 언어 개개의 세포적 기능을 추구하는 자는 다시 언어미술의 구성조직에 생리적 Lift-giver*가 될지언정 언어 사체의 해부 집도자인 문법가로 그치는 것도 아닌 것이다. 그러므로 언어는 시인을 만나서 비로소 혈행과 호흡과 체온을 얻어서 생활한다.

시의 신비는 언어의 신비다. 시는 언어와 Incarnation적 일치다. 그러므로 시의 정신적 심도는 필연으로 언어의 정령을 잡지 않고서는 표현 제작에 오를 수 없다. 다만 시의 심도가 자연 인간생활

---
* 조력자.

사상에 뿌리를 깊이 서림을 따라서 다시 시에 긴밀히 혈육화되지 않은 언어는 결국 시를 사산시킨다. 시신詩神이 거하는 궁전이 언어요, 이를 다시 방축하는 것도 언어다.

《문장》지 선후평 1

 깊숙이 숨었다가 툭 튀어 나오되 호랑이처럼 무서운 시인이 혹시나 없을까 기다리지 않았던 바도 아니었으나 이에 골라낸 세 사람이 마침내 호랑이가 아니고 말았다.
 조선에 시가 어쩌면 이다지도 가난할까? 시가 이렇게 괴죄죄하고 때 묻은 것이라면 어떻게 소설을 보고 큰소리를 할꼬! 소설가가 당신네들처럼 말 얽기와, 글월 세우기와, 뜻을 밝힐 줄을 모른다면, 거기에 글씨까지 괴발개발 보잘 것이 없다면, 애초에 소설도 쓸 생각을 버릴 것이겠는데 하물며 당신네들처럼 감히 문장 이상의 시를 쓸 뜻인들 먹을 리가 있으리까? 투고를 살피건대 소설은 아주 적고 시는 범람하였으니 무엇을 뜻함인지 짐작할 것이며, 일찍이 시를 심히 사랑은 하되 지을 생각은 아예 아니하는 어떤 소설가 한 분을 보고 칭찬한 적이 있었으니 그를 보고 시를 아니 쓰는 이유만으로서 시를 아는 이라고 하였다. 시를 앉히어 놓고 자리를 조금 물러나서 능히 볼 줄 아는 이를 공자가 가여어시可與語詩*라고 하신 것이 아니었던가 생각되기도 한다. 그렇다고 당신네들이나 우리들이 시를 짓기보다도 시와 씨름을 아니 겨루고 그칠 노릇이오? 자꾸 지어서 문장사로 보내시오. 정성껏 보아 드리리다. 그러나 잡지에 글을 던져 보내기란 대개 가장 자신이 있어서거나, 그렇지 않으면 가장 용감한 이거나, 가장 자신이 없어서거나, 혹은 가장 무책임한 이도 한 번은 하여봄 직한 일이니, 글을 보내시려거든 사자四者 중에 택기일擇其一하여 하십시오.

백여 편 투고 중에서 선選에는 들고 발표까지에는 못 든 분도 몇 분 있으시니 부디 섭섭히 여기시지 마시고 꾸준히 공부하시고 애쓰시고 줄곧 보내시오. 샘물도 끝까지 끓이면 다소 소금 적이 드러나는 것이니 시인도 참고 견디는 덕을 닦아야 시가 마침내 서슬이 설 것입니다.

내 손으로 가려낸 이가 이다음에 대성하신다면 내게도 일생의 광영이 될 것이요 우수한 시를 몰라보고 넘기었다면 그는 얼마나 높은 시인이시겠습니까! 그러나 빛난 것이 그대로 감추일 수는 없는 것이외다. 그리고 남의 평을 듣기에 그다지 초조할 것이 없으니

---

* 더불어 시에 대해 이야기할 만하다.

그저 읽고 생각하고 짓고 고치고 앓고 말라 보시오. 당신이 닦은 명경에 당신의 시가 스스로 웃고 나설 때까지.

　백여 편이 넘는 투고를 어떻게 일일이 평하여 드릴 수가 있습니까. 우표는 동봉하지 말고 글만 보내시고 다음에 당선된 세 분의 시는 무슨 등급을 부치는 뜻이 아니니 그리 짐작하시압.

　조지훈 군. 「화비기華悲記」도 좋기는 하였으나 너무도 앙증스러워서 「고풍의상」을 취하였습니다. 매우 유망하시외다. 그러나 당신이 미인화를 그리시려면 이당 김은호 화백을 당하시겠습니까. 당신의 시에서 앞으로 생활과 호흡과 연치와 생략이 보고 싶습니다.

　김종한 군. 당신이 발표하신 시를 한 두 번 본 것이 아니오나 번번이 좋았고 번번이 놀랍지는 않습니다. 이 경쾌한 '코댁'* 취미가 마침내 시의 미술적 소부분에 지나지 않습니다. 그러나 하도 텁텁하고 구지레한 시만 보다가 이렇게 명암이 적확한 회화를 만나보아 마음이 밝지 않을 수 없습니다. 어서 학교를 마치시고 깊고 슬프십시오.

　황민 군. 월광과 같이 치밀하고 엽록소같이 선선하고 꿈과 같이 미끄러운 시를 혹은 당신한테 기대해야 할 것인지도 모르겠습니다. 기이한 수사에 너무 팔리지 마시오. 단 한 편 가지고 당선이 되었다

---

* 이스트먼 코닥 사의 카메라. 사진 촬영 같은 시각적 표현을 의미한다.

면 그것은 당신의 우연한 행복이외다. 다음에는 대담 명쾌하게 실력을 보이십시오.

《문장》지 선후평 2

　향을 살에 붙일 수 있을 양이면 머리털부터 발끝까지 이 귀한 냄새를 지니기가 어려운 노릇이 아닐 것이로되 무슨 놀라울 만한 외과 수술이 발견되기 전에야 표피 한 겹 안에다가 향을 간직할 도리가 있으랴. 시를 향에 견주어 말하기란 반드시 옳은 비유가 아니나 향처럼 시를 몸에 장식할 수 있다고 하면 대체 신체 어느 부분에 붙어 있을 것인가. 미친놈이 되어 몸에 부적처럼 붙이고 다닐 것인가. 소격란蘇格蘭* 사람의 두뇌에 잉글리시 유머를 집어넣기를 억지로 해서 아니 될 것도 없을 것이나 우리가 소격란적 벽창호가 아닐 바에야 시를 어찌 외과 수술을 베풀어 두개골 속에 집어넣어 줄 수가 있느냐 말이다. 시는 마침내 선현이 밝히신 바를 그대로 좇아

---

* 스코틀랜드의 음역어.

오인吾人의 성정에 돌릴 수밖에 없다. 성정이란 본시 타고난 것이니 시를 가질 수 있는 혹은 시를 읽어 맛들일 수 있는 은혜가 도시 성정의 타고난 복으로 칠 수밖에 없다. 시를 향처럼 사용하여 장식하려거든 성정을 가다듬어 꾸미되 모름지기 자자근근孶孶勤勤*히 할 일이다.

그러나 성정이 수성水性과 같아서 돌과 같이 믿을 수는 없는 노릇이니 담기는 그릇을 따라 모양을 달리하며 물감대로 빛깔이 변하는 바가 온전히 성정이 물을 닮았다고 할 것이다. 그뿐이랴. 잘못 담기어 정체하고 보면 물도 썩어 독을 품을 수가 있는 것이 또한 물이 성정을 바로 닮았다고 해야 할 것이다. 성정이 썩어서 독을 발하되 바로 사람을 상할 것인데도 시라는 이름을 뒤집어쓰고 나오는 것이 세상에 범람하니 지혜를 갖춘 청춘 사녀士女들은 시를 감시하기를 맹금류의 안정眼睛처럼 빠르고 사납게 하되 형형한 안광이 능히 지배紙背를 투透할 만한 감식력을 가져야 할 것이다. 오호 시라고 그대로 바로 맞아들일 수 있을 것인가. 도적과 요녀는 완력과 정색正色으로써 일거에 물리칠 수 있을 것이나 지각과 분별이 서기 전엔 시를 무엇으로 방어할 것인가. 시와 청춘은 사욕에 몸을 맡기기가 쉬운 까닭이다. 하물며 열정劣情 치정痴情 악정惡情이 요염

---

* 매우 부지런하게.

한 미문으로 기록되어 나오는 데야 쓴 사람이나 읽는 이가 함께 흥흥 속아 넘어가는 것이 차라리 자연한 노릇이라고 그대로 버려둘 것인가! 목불식정의 농부가 되었던들 시 하다가 성정을 상케 하지 않았을 것이니 누구는 이르기를 시를 짓느니보다 밭을 갈라고 하였고 공자 가라사대 시 삼백에 일언이폐지왈사무사―言以蔽之曰思無邪 라고 하시었다.

투고 수는 먼저보다도 곱절이 많아 수백 편이 되나 질이 좋은 것이 아주 적다. 지면이 넉넉할 것이면 소위 독자시단이라는 것처럼 하여 너그럽게 취급함 직도 하나 《문장》의 태도로서는 일 년에 잘해야 한두 사람 우수한 시인을 얻기가 목적이요 무정견한 포용책을 갖지 않는 바에야 선자로서 그대로 좇기가 불평스럽지도 않다. 이번에도 역시 세 사람을 뽑았다. 한번 뽑고서는 그대로 아무 책임을 지지 않는 것이 아니니 설령 호마다 발표되지는 아니할지라도 원고를 다달이 보내 주어야 되겠다. 삼차 당선으로 대시인이 되는 것인 줄은 마침 모르겠으나 《문장》이 있기까지는 객이 아니라 가족이 되는 것만은 사실이니 투고하는 이는 먼저 《문장》의 결벽과 성의만은 이해하여야 할 것이다. 제1회로 당선하였던 세 분은 이번 호에는 쉬기로 하였다. 황민 군은 원고가 없으니 그만이고 조지훈 군은 이번 시는 지저분하니 기구器具만 많았지 전 것만 못하고 김종한 군은 낙선 감은 보내는 적이 아직까지는 없었으나 요새 청년을 꽉 믿을 수야 있나. 김 군의 이번 시도 좋았으나 다른 사람을 위하여 좀 더 참아 기다리고 더 나은 시를 보내기 바라며 박남수 군의 시의 수사는 차라리 당선급보다 나은 데도 있으나 시혼의 치열한 점이 부족한 듯하여 연 2차 할애하였으니 다음에는 더 나은 시를 보여 주기 바랍니다.

이한직 군. 시가 노성老成하여 좋을 수도 있으나 젊을수록 좋기도 하지 아니한가. 패기도 있고 꿈도 슬픔도 넘치는 청춘 이십이라야 쓸 수 있는 시다. 선이 활달하기는 하나 치밀치 못한 것이 흠이다. 의와 에를 틀리지 마시오. 외국 단어가 그렇게 쓰고 싶을 것일까?

조정순 군. 남자는 원래 전장에 광산에 갈 것이요 서정시는 여자한테 맡길 것인 줄로 내가 주창하여 오는 터인데 당신이 바로 그것을 맡으실 분입니까? 어쩌면 여학생 태를 여태껏 못 벗으셨습니까. 눈을 맞고도 붉은 동백꽃 같은 시심이 흐르기에 선하였을 뿐이니 다음에는 비약하십시오.

김수돈 군. 경상도에서 오는 시고詩稿가 흔히 조사와 철자에 정신없이 틀린다. 원고지도 좋은 것을 쓰시고 첫째 글씨를 잘 쓰셔야 합니다. 활자 직공의 은공 때문에 시인의 필적이 예술 노릇을 아니하여도 좋게 넘어가는 것이 유감입니다. 당신의 소박하고 고운 시심이 아슬아슬하게 당선된 것이니 다음에는 발분망식發慣忘食하여 두각을 드러내십시오.

《문장》지 선후평 3

　김종한 군. 「고원의 시」와 「그늘」은 서로 고향이 달라서 앉기를 낯설어 할지 모르나 「고원의 시」를 「가족회의」와 앉히기는 선자가 싫습니다. 꿰맨 자취가 보이는 것은 천의무봉이 아닙니다. 「가족회의」에는 군색한 딴 헝겊 쪽이 붙었기에 할애하였으니, 혼자만 알고 계시오. 당신이 구태여 추천의 수속을 밟는 태도는 당당하시외다. 유유연悠悠然히 최종 코스로 돌입하시오.

　박두진 군. 당신의 시를 시우詩友 소운素雲*한테 자랑삼아 보였더니, 소운이 경륜經綸하는 중에 있던 산山의 시를 포기하노라고 합디다. 시를 무서워할 줄 아는 시인을 다시 무서워할 것입니다. 유유히 펴고 앉은 당신의 시의 자세는 매우 편하여 보입니다.

---

* 시인 김소운(金素雲, 1907~1981).

이한직 군. 다소 영웅적인 청신한 당신의 시적 페이소스는 사랑스럽습니다. 일거에 2회 당선. 선자는 인제부터 당신을 감시하오리다.

《문장》지 선후평 4

　　김종한 군. 달리는 말이 준마고 보면 궁둥이에 감기는 채찍이 도리어 유쾌할 것이오. 김 군! 더욱 빨리 달아나시오. 경쾌하고 상량爽凉한 당신 포에지에서 결코 시적 스너버리snobbery를 볼 수 없는 것이 기껍고 믿음직하외다. 위선이란 흔히 장중한 허구를 유지하기에 힘든 것인데 당신의 시는 솔직하고 명쾌하고 단순하기 때문에 절로 쉬운 말과 직절한 센텐스와 표일한 스타일을 가지게 되는 것입니다. 비애를 기지로 포장하는 기술도 좋습니다. 좀처럼 남의 훼예와 비평에 초조하지 않을 만한, 일지一知한 개성을 볼 수 있는 것도 좋습니다. 이리하여 당신은 추천전 제3회를 보기 좋게 돌파하였습니다.

　　이한직 군. 호랑이랄지는 모르겠으나 표범처럼 숨었다가 튀어 나온 시인이 당신이외다. 당신을 제3회를 처리하고 났으니 이제 다시 꽃처럼 숨은 시인을 찾으러 나서야 하겠소. 저윽이 방자에 가깝도록 불기不羈의 시를 가진 당신의 앞날이란 가외可畏하외다. 분방 청신한 점으로서 시단의 주목을 끌 것이오. 시는 실력이라기보다도 먼저 재분才分이 빛나야 하는 것인데 당신한테서 그것을 보았습니다. 젊고도 슬프고 어리고도 미소할 만한 기지를 갖춘 당신의 시가 바로 현대시의 매력일까 합니다.

《문장》지 선후평 5

　한 번 추천한 후에 실없이 염려되는 것이 이 사람이 뒤를 잘 댈까 하는 것이다. 어떤 이는 실수 없이 척척 대다시피 하나 어떤 이는 둘째 번에 허둥지둥하는 꼴이 원 이럴 수가 있나 하는 기대에 아주 어그러지는 이도 있다.

　그럴 까닭이 어디 있을까? 다소의 시적 정열보다도 초조로 시를 대하는 데 있을까 한다. 격검擊劍 채를 들고 나서듯 팽창한 자신과 무서운 놈이 누구냐 하는 개성이 서지 못한 까닭이다. 이십 전후에 서정시로 쨍쨍 울리는 소리가 아니 나서야 가망이 적다. 소설이나 논설이나 학문과는 달라서 서정시는 청춘과 천재의 소작이 아닐 수 없으니 꾀꼬리처럼 교사驕奢한 젊은 시인들아 쩔쩔맬 맛이 없는 것이다.

　선자의 성벽을 맞추어 시조詩調를 바꾸는 꼴은 볼 수가 없다. 일

고할 여지없이 물리치노니 해를 입지 말기 바란다. 오신혜 군. 시를 줄이면 시조가 되고 시조를 늘려 시가 되는 법입니까. 시가 골수에 스며들도록 맹성하시오. 김수돈 군. 제1회 당선시는 전에 써서 아껴 두었던 것이오 요새 보내는 것은 임시 임시 자꾸 써서 보내시는 것이나 아닙니까? 자가自家의 좋은 본색을 자각치 못하고 시류와 상투에 급급하시는 당신을 어떻게 책임지겠습니까. 조지훈 군. 당신의 시적 방황은 매우 참담하시외다. 당분간 명경지수에 일말백운一抹白雲이 거닐듯이 한아閒雅한 휴양이 필요할까 합니다. 김두찬 군. 몇 편 더 보내 보시오. 경성전기학교 김 군. 「차창」이 어디에 발표되었던 것이나 아닙니까. 의아스러워 그리하니 그렇지 않다는 것을 알리어 주시고 다시 수 편을 보내 보시오.

 박목월 군. 등을 서로 대고 돌아 앉아 눈물 없이 울고 싶은 리리시스트를 처음 만나 뵙니다그려. 어쩌자고 이 험악한 세상에 애련 측측哀憐惻惻한 리리시즘을 타고나셨습니까! 모름지기 시인은 강해야 합니다. 조롱 안에서도 쪼그리고 견딜 만한 그러한 사자처럼 약아야 하지요. 다음에는 내가 당신을 몽둥이로 후려갈기리다. 당신이 얼마나 강한지를 보기 위하여 얼마나 약한지를 추대推戴하기 위하여!

 박두진 군. 제1회적 시는 완전히 조탁을 지난 것이었으나 이번 것은 그렇지 못하시외다. 당분간 답보를 계속하시렵니까. 시상도 좀 낡은 것이 아닐 수 없습니다. 고루청풍高樓淸風에 유화流畵한 변설辯說* 당신의 장점을 오래 고집하지 마시오. 이래도 선뜻 짜이고 저래도 짜이는 시적 재화가 easy going으로 낙향하기 쉬운 일이니 최종 코스를 위하여 맹렬히 저항하시오!

---

* 높은 누각 맑은 바람에 흐르는 그림 같은 언설.

《문장》지 선후평 6

화가도 능히 글을 쓴다. 그림 이외에, 설령 서툴어도 남이 책할 리 없을 글을 써서 행문이 반듯하고 얌전할 뿐 아니라, 의사를 바로 표하기보다도 정취가 무르녹은 글을 쓸 줄 안다. 내가 사귀는 몇몇 화가는 화론이며 화평이며 수필, 사생문, 소품문을 써서 배울 만한 데가 있고, 관조와 감수에 있어서 '문文' 이상의 미술적인 것을 문으로 표현하는 수가 있다. 자기가 본시 이에 정진하였던 바도 아니요, 그것으로 조금도 문인의 자랑을 갖지도 않건만, 언문에 한자를 섞어 그적거리는 것이 유일의 장기가 되는 문단인보다도 빛난 소질을 볼 수가 있다. 술을 끝까지 마시고 주정을 하여도 굵고 질기기가 압도적이요 아침에 툭툭 털어 입는 양복 어울림새며 수수하게 매달린 넥타이 모양새까지라도 아무리 마구 뒤궁굴렸다가 일어세울지라도 소위 문인보다는 격과 멋을 잃지 않는다. 문학인이 추구할 바는 정신미와 사상성에 있는 배니, 복장이나 외형미로 논란하기란 예禮답지 못한 노릇이라고 하라. 그러나 지향하고 수련하는 바가 순수하고 열렬한 것이고 보면 몸짓까지도 절로 표일하게 되는 것이니, 베토벤을 사로잡아 군문이나 법정에 세울지라도 그의 풍모는 역시 일개 숭고한 자연이 아닐 수 없으리라. 편벽된 관찰이 아닐지 모르겠으나, 같은 레퀴엠 음악을 듣는데도 문인이 화가보다 둔재바리*가 많다. 이유가 어디 있을까? 화가는 입문 당초부터 미의 모방이었고 미의 연습이었고 미의 추구요 제작인 것이 원인일 것이니 따라서 생활이 불행히 미 중심에서 어그러질지라도 미에 가까워지려는 초조한 행자이었던 것이요 순수한 제작에 손이 익은 것이다. 한 가지에 능한 사람은 다른 부문에 들어서도 비교적 수월한 것이니, 화畵에 문文을 겸한다는 것이 심히 자연스런 여력이 아닐 수 없다. 운동의 요체를 파악한 선수는 보통 야구, 축구, 농구쯤은 겸할 수 있음과 다를 게 없다. 문인인 자 반드시 반성할 만한 것이 그대들은 미적美的 연금鍊金에 있어서 화가에 미치지 못하고 지적知的 참모參謀에 있어서 장교를 따르지 못하는 어중간에 쩔쩔매는 촌놈이 대다수다. 하물며 주량에 인색하고 책을 펴매 줄이 올바로 내리지 못하고 붓을 들어 치부 글씨도 되지 못하고도 하필 만만한

---

* 둔한 사람들.

해방된 언문 한자가 그대들에 얻어걸린 것인가. 시니 소설이니 평론이니 하는 그대들의 '현실'과 '역사적 필연'의 사업에 애초부터 '미술'이 결핍되었던 것이니, 온갖 문학적 기구를 짊어지고도 오직 한 개의 '미술'을 은혜 받지 못한 불행한 처지에서 문학은 그대들이 까맣게 치어다볼 상급의 것이 아닐 수 없다. 문학은 '미술'을 발등상*으로 밟고도 그 위에 다시 우월한 까닭에!

김수돈 군. 시의 태반은 아무리 생각하여도 쾌활보다도 비애인 것 같습니다. 당신의 시를 읽을 때마다 어쩐지 슬픔에 염색되지 않을 수 없습디다. 비애에서도 항시 미술을 계획하는 것은 이러한 의미에서 시인은 비애의 장인이기도 합니다. 경상도 사람들은 곡할 때 갖은 사설을 늘어놓는데 당신의 슬픔에는 다행히 사설은 없으나, 흉악한 사투리가 통째로 나오는 일이 있으니, 이러한 점에 주의하시오. 안심하시고 최종 코스를 위하여 정진하시오.

박남수 군. 듣자하니 당신은 체구가 당당하기 씨름꾼과 같으시다 하는데, 시는 어찌 그리 섬섬약질에 속하시는 것입니까. 금박이 설령 24금에 속하는 것에 틀림없을지라도 입김에도 해어지는 것이요 백금선이 가늘지라도 왕수王水를 만나기 전에는 여하한 약품에도 작용되지 않습니다. 당신의 시가 금박일지는 모르겠으나, 백금

---

* 발을 올려놓는 데 쓰는 나무틀.

선이 아닌 모양인데 하물며 왕수를 만나면 어찌하시려오.

《문장》지 선후평 7

　박남수 군. 시를 쫓아 잡는 데도 법이 있을 것이오. 노루사냥처럼 지나는 목을 지켰다가 총을 놓아 잡듯이 토끼를 위로위로 몰이하여 그물에 걸리면 귀를 잡아채어 들듯이. 그러나 나는 새를 손으로 훔켜잡는 그러한 기적에 가까운 법을 기대할 수야 있습니까. 혹은 영리한 아이들처럼 발자취 소리를 숨기어 가며 나비를 뒤로 잡듯이 함도 역시 타당한 법일진댄 박 군의 포시법捕詩法은 아마도 나비를 잡는 법일까 합니다. 나비를 잡던 법으로 다음에는 표범을 한 마리 잡아오면 천금 상을 드리리다.

　신진순 군. 특별히 규수 시인이랄 것이 없는 규수 시인들의 시는 다분히 남성적이었다. 실로 여성적인 시가 기대됨 직도 할 때 혹은 신 군의 시가 감각적이요 정서적인 것보다도 여성 특유의 '심리적'인 것을 선자만이 발견한 것일까? 기술이 리파인되지 못하고 위태 위태 늘어 세운 것이 도리어 날카롭기까지 하다. 표현 이전의 포에지의 소박한 Intensity를 넘겨다볼 수 있다. 다음에는 원고 글씨까지 채점할 터이니 글씨도 공부하시오.

《문장》지 선후평 8

조지훈 군. 언어의 남용은 결국 시의 에스프리를 해소시키고 마는 것이겠는데 언어의 긴축 절제 여하로써 시인으로서 일가를 이루고 안 이룬 것의 일단을 엿볼 수 있는 것인 줄로 압니다. 그러나 이런 시작적詩作的 생장 과정은 연치와 부단한 습작으로써 자연히 발전되는 것이요 일조一朝의 노성연老成然*으로 되는 것은 아닙니다. 언어의 다채, 다각, 미묘, 곡절 이러한 것이야말로 청춘 시인의 미질美質의 산화散火가 아닐 수 없습니다. 청년 조 군은 시의 장식적인 일면에 향하여 얼마나 찬란한 타개를 감행한 것일지! 그러나 시의 미적 근로는 구극에 생활과 정신에 경도할 것으로 압니다.

박목월 군. 민요에 떨어지기 쉬울 시가 시의 지위에서 전락되

---

* 하루아침에 나이가 들어서.

지 않았습니다. 근대시가 '노래하는 정신'을 상실치 아니하면 박 군의 서정시를 얻을 것으로 생각합니다. 충분히 묘사적이고 색채적이기도 합니다. 이러한 시에서는 경상도 사투리도 보류할 필요가 있는 것이나 박 군의 서정시가 제련되기 전의 석금石金과 같아서 돌이 금보다 많았습니다. 옥의 티와 미인의 이마에 사마귀 한 낱이야 버리기 아까운 점도 있겠으나 서정시에서 말 한 개 밉게 놓이는 것을 용서할 수 없는 것이외다. 박 군의 시 수 편 중에서 고르고 골라서 겨우 이 한 편이 나가게 된 것이외다.

《문장》지 선후평 9

　요새 어찌 나이 쌈이 그리 소란한가. '30대 작가', '20대 작가'란 누구한테서 나온 말인지, 하기야 나이가 삼십이 넘고 보면 삼십 전에 그렇게 아니꼽던 '어른'이 차차 노릇하고 싶은 것이기도 하렸다. 우리가 한 이십 적엔 어찌어찌하였더라는 것은 오십 이상 사람들이 하는 보기에 딱한 말버릇이다. 제가 제 이야기를 하는 동안에 부지중 제가 다소 영웅이었더라는 것은 물이 위에서 아래로 구르기보다도 용이한 설단舌端의 자연 퇴세가 아닐지.
　우스운 이야기가 있다. '20대 신인' 계용묵 씨와 '30대 기성' 임화 씨 사이에 연치年齒는 문단 규정대로 되었을지 몰라도 계용묵 씨 슬하에 중학교에 다니는 아들이 있다. 실력과 사상력이라는 것은 '정신 내과'에 축적될 만한 것이요 입술 근처에 여드름딱지 성종成腫으로 달고 다닐 것은 아니리라. 기회와 정실이 발표의 길을 일찍 열었기로 이십 적 '고민'과 '불행'에 새삼스럽게 장중하실 것이 우습지 아니한가. 김종한, 이한직 양 군이 나가자 냅다 한 대 갈긴 것이 효력이 너무 빨랐든지 '책임'이 돌아오는 모양인데, 지라면 질 터이니 책임지는 방법을 보이라. 비단 김종한 군이라 《문장》을 통하여 나가는 사람이 나가서 갈기기는 갈기되 어퍼컷으로 갈기지는 말라고 '명령 계통'을 분명히 하라는 말인가. 사공명死孔明이 주생중달走生仲達이랬는데 대을파소對乙巴素* '권투전'에 엄파이어**로 서기가 괴로우니 《신세대》에 공명이 다시 아량이 있거든 이왕이면 '20대 작가'로 내려서라. "7세 이전에는 지능이랄 것이 없었고, 14세 이후에는 모처럼 만의 지능도 정욕으로 인하여 어지러워진 것을 생각하면 교육의 시기라는 것은 극히 짧다. 26세의 예술가여, 그대는 상기 아무것에 대하여서나 사색하여 본 일이 없었다고 생각하여야 하느니라." 막스 자코브***는 단기에 졸업하였던 모양인지, 대다수의 '30대 작가'가 바야흐로 정욕의 중통기重痛期에 들어 자꾸 도당徒黨을 부르지 아니하나. 도당에 대한 부단한 설계로 몸이 다시 파리하니 이에 '시대적 고민'이 가증加症하고 보면 고름이 삼중三重이다.

---

* 김종한의 호가 을파소.
** Umpire. 심판.
*** Max Jacob(1876~1944). 프랑스의 시인.

박두진 군. 박 군의 시적 체취는 무슨 삼림에서 풍기는 식물성의 것입니다. 실상 바로 다옥한 삼림이기도 하니 거기에는 짐승이나 뱀이나 개미나 죽음이나 슬픔까지가 무슨 수취獸臭를 발산할 수 없이 백일白日에 서느럽고 푸근히 젖어 있습디다. 조류의 울음도 기괴한 외래어를 섞지 않고 인류와 친밀하야 자연어가 되고 보니 끝까지 박 군의 수림樹林에는 폭풍이 아니 와도 좋습니다. 항시 멀리 해조海潮가 울듯이 쏴— 하는 극히 섬세한 송뢰를 가졌기에, 시단에 하나 '신자연'을 소개하며 선자는 만열滿悅 이상이외다.

박남수 군. 이 불가사의의 리듬은 대체 어데서 오는 것이리까. 음영과 명암도 실로 치밀히 조직되었으니 교착된 '자수刺繡'가 아니라 시가 지상紙上에서 미묘히 동작하지 않는가. 면도날이 반지半紙를 먹으며 나가듯 하는가 하면 누에가 뽕잎을 삭이는 소리가 납니다. 무대 위에서 허세를 피는 번갯불이 아니라 번갯불도 색실같이 고운 자세를 잃지 않은 산 번갯불인 데야 어찌하오. 박 군의 시의 '인간적'인 것에서 이러한 기법이 생기었소. 시선도 이렇게 기쁠 수 있을 양이면 이 밤에 내가 태백을 기울이어 취할까 합니다.

《문장》지 선후평 10

 글이 좋은 이의 이름은 어쩐지 이름도 돋보인다. 이름을 보고 글을 살피려면 글씨도 다른 것보다 뛰어나다. 원고지 취택에도 그 사람의 솜씨가 드러나 글과 글씨와 종이가 그 사람의 성정과 풍모와 서로서로 어울리는 듯도 하지 않은가. 글을 보고 사람까지 보고 싶게 되는 것에는 이러한 내정內情이 있다. 원고에서 그 사람의 향기를 보게쯤 돼야만 그 사람이 '글하는 사람'으로서 청복을 타고난 사람이다.

 '칠생보국七生報國'이라는 말이 있다. 문약한 사람으로서 이렇게 지독한 문구에 좀 견디기 어렵다. 그러나 일곱 번 '인도환생人度還生'하여 나올지라도 글을 맡길 수 없는 자들을 지저분하게 만나게 된다. 괴덕스럽고 억세기가 천편일률이다. 단정학은 단정학으로 사는 법이 있고 황새는 황새대로 견디는 법이 있거니 황새가 아예 단정학을 범할 바가 없거늘 글과는 담을 쌓은 자들이 글에서 거치적거린다. 생물에는 적응성이라는 것이 있다. 괴덕스럽고 억세고 누陋한 사람은 그대로 살아가야만 되게 된 것이니 만일 이러한 사람들을 글과 그림과 음악에서 해방한다면 놀랄 만한 성능을 발휘할 것이니 어시장, 광산, 취인소, 원외단院外團* 소굴에서 바로 쾌적한 선수가 될 것이다. 어찌하여 문학에서 연연히 떠나지 못하는 것이냐! 지방에서 불운하야 앙앙怏怏**하는 청년들은 대가 숭배벽이 있다. 그들이 만일 편집실에 모이는 원고를 검열한다면 기절하리라.

글씨를 바로 쓰고 못 쓰는 것은 문제 할 것이 아니다. 혹은 문장 조사도 문학에서 제일의적第一義的인 것은 아니다. 그러나 예술 제작에 천품이 거세되고 철학적 사변에 항력抗力을 상실한 문예 시장의 거간꾼, 언감생심에 '비평가'냐? '작가'냐?

권력이라는 것은 화약처럼 위험한 때가 있다. 게다가 관권에 합세해 시류에 차거借據하는 '문학'! 문학이 혹은 여당에서 야당에서 은퇴하는 것일지도 모른다.

조지훈 군. 작년 삼월에 누구보다도 먼저 당선하여 금년 이월 이래 열 한 달 만에 괴팍스런《문장》추천제를 돌파하시는구려. 미안스러워 친히 만나면 사과할 각오가 있습니다. 그러나 무릇 도의

---

* Lobbyist. 특정 조직의 이익을 위해 의회 공작 운동을 하는 단체.
** 불평불만이 있어 짜증을 내다.

적인 것이나 예술적인 것이란 그것이 치열한 것이고 보면 불행한 기간이나 환경이란 것이 애초에 없는 것이외다. 잘 견디고 참으셨습니다. 선자의 못난 시어미 노릇으로 조 군을 더욱 빛나게 하였는가 생각하면 어쩐지 선자도 한목 신이 납니다. 조 군의 회고적 에스프리는 애초에 명소名所 고적古蹟에서 날조한 것이 아닙니다. 차라리 고유한 푸른 하늘 바탕이나 고매한 자기 살결에 무시로 거래去來하는 일말운하—抹雲霞와 같이 자연과 인공의 극치일까 합니다. 가다가 명경지수에 세우와 같이 뿌리며 내려앉는 비애에 artist 조지훈은 한 마리 백로처럼 도사립니다. 시에서 겉과 쭉지를 고를 줄 아는 것도 천성의 기품이 아닐 수 없으니 시단에 하나 '신고전'을 소개하며……. 브라보우!

《문장》지 선후평 11

    시선도 한 1년 하고 나니 염증이 난다. 들어오는 족족 좋은 시고 보면 얼마나 즐거운 노릇이랴마는 시가 되고 아니 되기는 고사하고 한 달에 수백 통이 넘는 황당한 문자를 일일이 보아 넘기는 동안에 모처럼 만에 빨아 다리어 갖는 정신이 구긴다.
    시 하기 위하여 궂은 일을 피해야 하겠다. 사무와 창작, 좋은 이웃이 될 턱이 없다.

    겉봉에 주소 성명도 쓸 만한 자신이 없는 위인이 당선에 요행을 바라는 심리가 사나이답지 못하다.
    그러면 여자는 시를 못한다는 말인가.
    앞의 말은 잘못되었다.
    그러면 여자답지 못한 사람도 시를 못한다.

선禪이라는 것이 무엇 하는 것인지 나는 모른다. 꿇어앉은 채로 무슨 정말체조丁抹體操와 같은 효과를 얻는 것이나 아닌가고, 이렇게 엉뚱하게 생각된다. 무식한 탓이리라.

문학청년의 불건강은 순수 정말체조로 교정할 수 있다.

시를 그만두시오.

이것이 발표할 만한 것인지 아닌 것인지를 판단하는 양능良能을 가진 사람은 벌써 당선한다.

당선 1회 혹은 2회로 답보하고 있는 몇몇 사람한테 끝까지 무슨 책임감에서 자유로울 수가 없어 괴롭다.

이번 달에도 역시 내보낼 시가 없다.

창간 이후 1년 동안에 얻은 다섯 시인, 희한하기가 별과 같이 새삼스럽게 보인다.

화풀이로 펜을 내동댕이치며!

이만.

《문장》지 선후평 12

    용기와 같은 것을 상실한 지 수월數月이 넘었던 차 혼인 잔치에 갔다가 소설가를 만나 이 사람 시를 조르기를 빚 조르듯 한다.
    "소설을 앞으로 얼마나 쓰겠느뇨."
    "40년은 염려 없노라."
    "40년?"
    "환산하여 팔십까지 시를 쓰면 족하지 않으뇨."
    "이제 태백太白이 없으시거니 그대가 능히 당명황唐明皇 노릇을 하려는가?"
    "하하."

    통제가 저윽이 완화될 포서가 있을지라도 끔직스러워라 시를 어찌 괴죄죄 40년을 쓰노?

여간 라디오 체조쯤으로는 아이들 육신에 반향이 있을까 싶지 않아 좀 더 돌격적인 것을 선택한 나머지에 깡그리 죽도를 들리기로 하다.

정면 2백 번

동胴치기 좌우 2백 번

팔면八面 2백 번

반면半面 2백 번

……

여덟 살짜리까지 함께 사부자四父子 해 오르기 전 아침 허공을 도합 수천 도 치다.

타태惰怠한 버릇이 동치기에선들 한눈이 아니 팔리울 리 없어 팔이 절로 풀리니

"아버지 동치기에는 파초순도 안 부러지겠네."

내가 죽도를 둘러 이제 유단의 실력을 얻으랴? 너희들은 이것을 10년 20년 둘러, 선뜻 내리는 칼날이 머리카락을 쪼개야 한다더라, 머리카락을 쪼개라!

검사가 머리카락을 쪼개지 못하고 어찌 성城을 둘러 빼겠느냐.

내사 망령이 아니 난 바에야 이제 머리카락을 쪼갤 공부를 하랴. 추풍이 선선하여지거든 죽도마저 버리련다.
　시가 집행이 감도 못 되거니 서러워라 나의 시는 죽도를 두르기에도 무력하고나.

　박목월 군. 북에 김소월이 있었거니 남에 박목월이가 날 만하다. 소월의 툭툭 불거지는 삭주구성조朔州龜城調는 지금 읽어도 좋더니 목월이 못지 않이 아기자기 섬세한 맛이 좋다. 민요풍에서 시에 진전하기까지 목월의 고심이 더 크다. 소월이 천재적이요 독창적이었던 것이 신경 감각 묘사까지 미치기에는 너무도 '민요'에 종시終始하고 말았더니 목월이 요적 데생 연습에서 시까지의 콤퍼지션에는 요謠가 머뭇거리고 있다. 요적謠的 수사修辭를 다분히 정리하고 나면 목월의 시가 바로 조선시다.

『가람시조집』발跋

　귀한 시조집을 꾸미어 놓고 다시 보니 하도 정精하고 조찰하고 품이 높기를 향기가 풍기는 듯하여 무슨 말이고 덧붙이기가 송구하기까지 하다. 어느 부문의 예술이고 그것이 완벽에까지 이른 것이고 보면 조금도 변명다운 말이 마뜩치 않다. 시가를 들어 볼지라도 그것이 잘 되었고 못 되었고를 고누기보다는 그것이 진정 시가로 태어나온 것이냐 흐지부지 조잔히 만들어진 것이냐는 것이 결정적으로 드러날 것이 아닌가. 눈을 바로 갖춘 사람은 진짜를 알아낸다. 안다고 하는 것도 층층이지마는 알 만한 이는 알고 모르는 사람은 모르고 말 것이니 시가를 아는 이께 맡기고 기쁨을 사는 외에 무슨 도리가 있겠는가. 아는 것도 타고난 복이나 이래서 가람이 시조 원고만 내맡기고 말씀 한 마디 없는 것인지 나로서는 궁거워* 몇 마디 아니 붙일 수 없는 노릇이다.

우리 문단의 나이가 30년이라고 보면 가람 시조 나이도 이와 못지않게 연부年富한 편이다.

시조를 시적史的으로 추구한 이, 이론으로 분석한 이, 비평에 기준을 세운 정녕寧한 주석가요 계몽적으로 보급시킨 이가 바로 가람이다. 시조학이 설 수가 있는 것이고 보면 가람으로서부터 비로소다.

시조 제작에 있어서 양과 질로써 가람의 오른편에 앉을 이가 아직 없다. 천성의 시인으로서 넘치는 정력을 타고난 것이 더욱이 가람과 맞서기 어려울 점인가 하노니 한참 드날리던 시조인들의 행방조차 알 길이 아득한 이즈음 가람의 걸음은 바야흐로 밀림을 헤쳐 나온 코끼리의 보법이 아닐 수 없다. 예전 어른을 들어 비교할 것은 홀한 노릇일지 모르겠으나 송강 이후에 가람이 솟아오른 것이 아닐까 한다. 송강의 패기를 당할 이 고금에 없겠으나 가람의 치밀 섬세한 점이 아직 어떤 이가 그만한지를 모를 일이다. 송강은 얼마쯤 지으신 시조 수도 많으신 편이시요 수수首首마다 천고에 빛날 만한 천재적인 것이기는 하나 혹은 한학의 부업으로 취여醉餘에 (송강가사를 그렇게 뵈일 수는 도저히 없는 일이나) 일기가성一氣呵成으로 된 것이 다분인 것으로 살필 수 있고 전하는 것이 7·80수에 지나지 않고

---

* 안타깝고 궁금해서.

보니 송강께서도 시조에 구태여 심혈을 다하여 정진하셨다고는 생각되지 않는다.

　시조문학의 최고 수일秀逸이신 송강이 이러하셨거니 그 외에 역대로 사도斯道에 손을 대다가 말은 수백을 헤일 수 있는 분들이야 그야말로 문학의 의기와 예술의 혼담魂膽으로써 시조에 대하였다고 할 분이 누구실고! 인생의 의기義氣와 부세浮世의 허망을 느낀 나머지에 이를 가형삼장歌形三章에 탁의서회托意叙懷한 것이 대부분이겠으나 일률一律로 한시조漢詩調에 토를 단 것이 아니면 거리가 당치도 않은 요순 문무의 회고 취미나 강호풍월의 당황한 영탄벽 이외에 보잘 것이 실상 없다. 간혹 아기자기한 인생 정한의 실마리를 시조로 감고 풀고 하여 조선적 리리시즘을 후세 사람으로 따서 쓸 것이 과연 없지 아니하니 면앙정 같으신 어른이나 진이眞伊 외에 유명무명의 규수 가인들의 끼치고 간 노래가 이것이다. 그러나 모조리 옮아 놓아야 집대성되기에 너무도 하잔하다. 요컨대 예전 어른들은 시를 달리하느라고 시를 시조로 하기에 별로 성의를 베풀지 않았던 것이 사실이 아닐 수 없었던 것이다. 그러나 순수 조선적 포에지를 담기에 가장 맞가롭고* 읊을 수 있고 부를 수 있는 정형시로서 악기로 치면 단소와 같이 신묘한 시형이 시조 삼장 외에

---

* 사라진 것을 되살려.

없었던 것이다.

　문단에 새로운 문학이 발흥되기 시작한 30년래로 몇몇 유지한 분들이 다시 이 시형의 새로운 가치를 알아 시작하여 보았으나 마침내 새로운 시가 담기어야 할 말이 아닌가 시랄 것이 없었다. 진부한 상투적인 것, 천연한 성정의 유로가 아닌 무리한 시형의 허구에다 군색한 글자 채움에 급급하였을 뿐이다. 시조가 자수 장수에 제한이 있어서 무슨 장정적章程的*인 가치가 있는 것이 아니라 시형의 제약적 부자유를 통하여 시의 절조적節調的 자유를 추구할 수 있는 유구한 기악적器樂的 성능을 갖춘 것이 특색일 것이다. 모든 정형시의 미덕이 조선에서는 삼장 시조형으로 현양된 것이니 조선적 정형시는 아직까지 시조 시 이외에 타당한 시형이 발견되지 않은 것이니 전통적 시형을 추존追尊하여 이에 시의 기식氣息을 불어넣기란 원래 시인의 대업이 아닐 수 없었던 것을 시인이 아닌 문필가는 맡는댔자 제소리가 날 리가 없었다. 발발한 시적 지원자들이 시조를 경원하고 돌아서는 것은 시조에서 시를 얻을 수 없었던 것이 한 가지 이유가 아닐 수 없었던 것이다. 새로운 세대가 진부한 상투에서 더욱이 고전이란 존대한 명목하에 고행할 의무가 없는 것이 아닌가. 이리하여 시조가 극도의 빈혈적 존재를 계속하던 것이 마침내

---

* 형식적인.

위기에 직면한 것이니 마치 서도가 추사 전후에 아주 엄엄奄奄한 상태에 빠졌던 것과 다를 게 없었던 것이다.

온전히 기울어진 사직을 일개 명상名相으로써 북돋아 일으킬 수야 없지마는 예도의 명맥은 일개 천재만으로써 혈행을 이을 수 있는 것이니 이제 시조문학사상의 가람의 위치를 조증助證하기에 우리는 인색히 굴 필요가 없이 되었다.

마침내 시조 틀이 시인을 만나서 시인한테로 돌아오게 되었다. 비로소 감성의 섬세와 신경의 예리와 관조의 총혜를 갖춘 천성의 시인을 만나서 시조가 제소리를 낳게 된 것이니 가람 시조가 성공한 것은 시인 가람으로서 성공한 것이라 결론을 빨리 하면 시인으로 태어나지 않았던들 아예 시조 한 수쯤이야 하는 부당한 자신을 가질 수 없었던 것이다.

더욱이 확호한 어학적 토대와 고가요의 조예가 가람으로 하여금 시조 제작에 힘과 빛을 아울러 얻게 한 것이니 그의 시조는 경건하고 진실함이 이를 읽는 이가 평생 교과로 삼을 만한 것이요 전래 시조에서 찾기 어려운 자연과 리얼리티에 철저한 점으로서는 차라리 근대적 시정신으로서 시조 재건의 열렬한 의도에 경복敬服케 하는 바가 있다. 이리하여 가람이 전통에서 출발하여 그와 메별하고 다시 시류에 초월한 시조 중흥의 영예로운 위치에 선 것이다.

『가람시조집』에

　청기와로 지붕을 이우고 파아란 하늘과 시새움하며 살았으며 골고루 갖춘 값진 자기에 담기는 맛진 음식이 철철이 달랐으리라고 생각된다. 공예미가 이렇게 초절하고서 생활이 그만치 호사스럽지 않았을 이가 없으리라. 이제 시조 예술의 기원과 발육도 청기와와 자기에 역사상 별로 어그러지지 아니할 줄로 안다. 그러나 시조와 공예의 기구한 양개 운동을 비교하여 볼 때 도자기류의 맥박은 통히 끊어지고 말았다. 이에 근사한 기술과 원료의 발견까지에도 절망치 않을 수 없는 상황이 노방路傍의 와력瓦礫*과 다를 바이 없으나 시조 삼장의 정형 시가는 칼을 씌워 가두어 둘지라도 골동으로 주저앉지 않고 견디었으니 이유는 바로 알 수 있다. 시조야 자기

---

* 길가의 기와 조각.

가 참례할 수 없는 언어미술에 가담하였던 까닭이다. 장인의 비전 秘傳에서 민멸泯滅에 그친 것과 인류의 유산으로 공증된 것이 같을 리가 있느냐 말이다.

  언어는 유전하여 멈추지 않는다. 모든 생활한 예술의 과정이 전통에 디디고 새로이 비약함에 있음과 같이 시조야말로 이러한 조건에서 감시받고 기대되는 것이 차라리 운명적일 것이다. 강경하게도 전통적이고 열렬히도 참신해야 할 것이 시조 예술의 당위성이 아닐 수 없다. 이러한 약속의 구현을 시조사상의 거인 가람 이병기 씨와 그의 예술에서 볼 수 있는 것은 시가가 공예미술과 세기를 메별하고 항시 생명예술로서 진군하는 필연의 문제로 감탄할 수밖에 없다. 세기에 부조된 시조시인의 자세는 고봉과 같이 수려하였다. 면앙정, 송강, 진이 같은 이들! 당대 수일隨一의 가람 같은 이!

윤석중 동요집 『초생달』

'동요' 하면 '윤석중' 하게 되었으니 내가 새삼스레 『초생달』 응원을 해야만 윤석중의 유명에 가편이 될 리가 없다. 하도 붓을 잡아 본 적이 오래되었으니 심심풀이로 『초생달』이나 읽고 평하여 보자.

영보빌딩 3층에서(아아 지긋지긋한 전차 자동차 소리!) 신경쇠약이 아니 된다는 것은 대개 조풍연* 같은 인사일 것이겠는데 여기서 버티고 동요를 지어내는 주간 윤석중도 역시 못지않게 신경이 굵고 또한 교묘하다고 차탄할 수밖에 없다.

어린이라는 것은 척추를 잡아 늘구어 놓은 — 80이 되어도 — 어린아이밖에 다른 것이 아니겠는데 시를 쓰고 동요를 쓰는 어린이 그러한 어린아이다.

---

* 일제 때 『문장』을 편집하고 해방 후 을유문화사 주간으로 있던 언론인.

내가 보아하니 윤석중이도 항시 어린아이다.

먼길

아이가 잠드는 걸

보고 가려고

아빠는 머리맡에

앉아 계시고

아빠가 가시는 걸

보고 가려고

아기는 말똥말똥

잠을 안 자고

가령 흉악무쌍한 사람이 있어 이 동요를 읽을 기회가 있다 하면 40년 동안 지은 죄를 뉘우치고 "다섯 살만 하과저 다섯 살만 하과저" 할 만도 하지 아니한가!

독립

길가에
방공호가 하나 남아 있었다
집 없는 사람들이 그 속에서
거적을 쓰고 살고 있었다
그 속에서 아이 하나가
제비 새끼처럼 내다보며
지나가는 사람에게 물었다
"독립은 언제 되나요?"

  시와 시인이 따로 있는 줄 아는 시골뜨기 고답파들은 먼저 서울 와서 살아라.
  서울서 자란 사람이라야만 감정과 이지를 교묘히 농락할 수 있는 기회를 발휘할 수 있는 것이다. 석중 동요에 나오는 아이들은 대개 서울 아이들이요, 무대가 번번이 서울이다.
  방공호 나머지도 슬픈 유목장이 될 수 있고 거미줄 서리듯 한 전선 전주를 보고도 호개好個* 자유시인이 될 수 있고 고속도 교통

---

* 알맞은.

기관을 용이한 장난감으로 볼 수 있는 것도 모두 서울 아이다. 약고 재빠르고 쾌활한 서울 아이들이 어른의 세계를 넉넉히 꼬집어 까짜를 올릴* 수도 있는 것이다. 도회 아동은, 조선 서울 아이들은 특수한 비애가 있다.

……
서울 장안을 뒤덮은
태극기 우리 기
소경들이 구경을 나왔다가
서로 얼싸 안고 울었다. (「해방의 날」)

8·15 이후의 석중은 점점 본격적 아동문학자가 되어 간다.
아동에 대하여 건국적 사상의 영도권을 상실한 아동문학자를 업수이 여겨라.

소도 말도 바둑이도
앞으로 앞으로
잠자리도 나비도

---

* 까짜올리다: 추어올리는 말로 놀리다.

앞으로 앞으로

해도 달도 구름도

앞으로 앞으로 (「앞으로 앞으로」)

38선이 철폐되기도 이 아이들이 자라기까지 기다려야 할까! 초생달도 둥글기까지는 시일 문제려니와 금년 8·15 날에는 석중에게 기를 높이 들리우고 우리 어린이를 나팔 불리고 북 치우고 당당한 국제적 시위운동을 시켜야 하겠다.

시집 『종鐘』*에 대한 것

시인 설정식과 내가 이제 역기로 인생을 고쳐 보자고 한다면 대체 얼마마한 중량까지를 들어 올릴 수 있을까?

어느 정도까지의 체력이 전연 없을 수야 없으나 어느 정도 이상의 중량을 어느 정도의 용기로 들 수 있는 것일지 용기와 체력을 혼동하는 시폐時弊가 없지도 않다. 나는 그만두고 설정식은 용기에도 체력에도 지극히 평범한 사람이다. 그러고도 시인일 수밖에 없다.

아메리카 유학생으로는 출세도 혁혁한 편이 못 되고, 이 사람 영어 발음에는 함경도 굵은 토착음이 섞여 나온다. 만나서 말이 적고 말을 발하면 차라리 무하유향無何有鄉**에 대한 짖는 소리를 토한다.

---

* 설정식의 시집 『종』은 1947년 4월 백양당 출판사에서 발간되었다.
** 無何有之鄕의 준말. 『장자』에 나오는 구절로 '어느 곳에도 없는 땅'이라는 말이지만 실제로는 이상향을 뜻한다.

잔을 들어 취하지 못하고 말세와 행실로 남을 상하고 해할 수 없는 사람, 시집 『종』을 열어 읽어 보면 아메리카에서 난해서難解書일 것이겠고 서북선西北鮮에서는 대오낙후隊悟落後에 속할 것이나 시가 반드시 용기와 체력의 소산이 아니라면 이 시집이 8·15 이후에 있을 수 있는 조선 유일의 문예서인 것만은 불초 지용이 인정한다.

용기로는 임화가 제일이고 체력으로는 기림이 달리는 편인데 인내와 비장도 덕에 속한다면 정식의 시는 차등此等 덕종德種 2목目*에서 기원한 것이다.

독자 제군 내가 이제 정식을 칭찬하랴 하오. 그날 밤 출판기념회 적에 우리가 태백을 기울이면서도 인색하게 굴기에 물고物故 지사 모 선생의 영애 R양의 고운 손을 빌어 시인 정식의 옷깃을 초화草花로 장식케 하여 최고도의 사치의 정신을 발휘한 것은 지용의 책임이외다.

    크고 두터운 아내여
    태양이 닮았는데
    젖에 얹은 손을 떼어라

---

* 덕(德)의 두 번째 항목.

태양에 불이

해바라기 불이 불었다

가까이 이리 가까이

그리고 따에 흐르는

젖을 근심하지 말라

조택원 무용에 관한 것

그의 도미 공연을 계기로

    택원이가 휘문중학 3학년 때 나는 5학년이었다. 그러고도 한 집에서 한 방을 썼고 한 상의 밥을 먹었다. 택원이는 정구 전위 선수로 날리었고 나는 인도 타고르의 시에 미쳤던 것이다.
    성미가 맞아서가 아니라 한 번도 싸우지 않고 이때까지 밉지 않은 친구다. 펜글씨가 달필이었고 남도소리로 전교의 애교를 샀었다. 슬금슬금 연애편지를 쓰는 위태한 습관을 가지려는 소년이었다. 시베리아에서 귀환하였던 백계 조선동포 세든 박에게 '러시아 파머 댄스'를 훔쳐 배운 것이 이 소년의 외도길이 트이기 시작한 것이었다.
    석정막石井漠을 사사하여 서양무용으로 생각하고 공부한 것이 서양무용이 아닌 것을 수 년 후에 알아내었던 모양, 조선으로 다시 돌아와서 한성준韓成俊 씨를 인연하여 조선무용과 조선음악에 생리와 혈행이 소생하기 시작한 것이 이 사람의 일대 전기가 된 것이다. 이때에 이 사람이 왕가 아악부에 입소하여 굳어 버린 것이 아니라, 툭툭 털고 단신으로 파리로 갔다. 말하자면 석정막을 통하여 서양 무용의 문법을 졸업하고 한성준 씨를 통하여 조선무용을 탈피하고 파리에서 조선의 새로운 무용을 구성한 것이다.

 이리하여 예술이라는 것이 항시 가변의 대법칙하에서 항시 발전해야만 한다는 것을 미학자가 아닌 조택원이 저서로써가 아니라 체구로써 조형해 나가는 것이다. 불행하나마 조선에 조선무용이 있다. 택원의 춤이 제일이라는 것은 아니다. 그러나 그 많던 무용 지망자들이 지금 어디 가 있느냐? 결국은 남자로는 택원 하나뿐이고 여자로는 평양에 가 있는 최승희뿐이다. 유명한 최승희도 택원이 추는 택원의 춤은 못 출까 한다. 택원과 택원의 춤을 아끼는 이유가 이에 있다.

 하여간 좋은 때가 오기는 오는 것이다. 승희는 이북에서 해방을 기다리고 택원은 이남에서 해방을 찾고 있다. 둘이 함께 조선서 비약하는 날 조선무용이 국제화하는 날이다.

 택원! 인도의 대 샹카*의 영예는 마침내 네게로 돌아와야 한다.

 잘 다녀오라! 봉 보야지!**

---

* 우다이 샹카르(1902~1977). 인도의 남자 무용가.
** bon voyage.

『포도』*에 대하여

조선에 장편소설가라는 자 있어 스스로 이르기를, 조선의 새 소설은 일본문학의 영향을 입은 것이 아니라 노서아문학 — 혁명 전기 — 에서 직접 이식한 것이라고 자랑하던 기억이 내게 남아 있다.

말하자면 톨스토이나 도스토예프스키의 영향을 입으면 입었지 미기홍엽尾崎紅葉**이나 덕부노화德富蘆花***를 모방한 것이 아니라는 것이었다.

그러나 식자는 조선의 장편소설이라는 것이 있었다면 노일전쟁 후 노문학을 무역한 일본적 신소설을 다시 흉내 내어 본 것이 춘원류의 장편소설이었던 것이요 시도 역시 그러한 것이 육당이 시작

---

* 1948년 1월 정음사에서 간행된 설정식의 두 번째 시집.
** 오자키 고요(1867~1903).일본의 소설가.
*** 도쿠토미 로카(1868~1927). 일본의 소설가.

하였던 시가 유사의 구절이란 실상은 일본의 7·5조 신체시의 조박이었던 것이다.

이와는 뚝 떨어져 내려와 일정 말기 소위 재등실齋藤實*의 문화정책 시기에 들어서서 조선 문단에 '카프'파를 도당으로 한 '프롤레타리아' 문학이라는 것이 있었으니 이것은 역시 일본의 노동운동의 인테리층 문예에 흥분하였던 것이다.

8·15 대명절을 당하여 무대가 급각도로 회전하였으니 시가 우선 급속도로 족출하였다.

내가 말하려 하는 것이 소설이 아니라 시다.

8·15 이후의 조선 시는 완전히 외래문학의 영향에서 전연 메별한 것이요 말하자면 에세닌**이나 중야중치中野重治***의 영향이 천만에 아니요 진실로 진실로 조선에 탄생한 것이다.

결코 소위 '프롤레타리아' 시가 아니다. 조금도 무서워할 것도 아니요 전율할 시도 아님에도 불구하고 왜 일부 귀골들은 송충이보다도 싫어하느냐?

8·15 직후 지카다비에 병정 구두에 신발도 똑똑히 신지 못한, 징용에서 풀린, 감옥에서 나온, 징병, 학병에서 탈주하였던 젊은 놈

---

* 사이토 마코토(1858~1936). 조선총독부 3대 총독.
** 세르게이 예세닌(1895~1925). 러시아의 시인.
*** 나카노 시게하루(1902~1979). 일본의 시인.

들이 튀어나와 기旗를 받고 시를 썼다.

　이때 미주 유학생 설정식이도 한몫 끼었더니라. 정식이가 영어를 할 줄 알고 유식하였기에 국장을 얻어 하였고 시를 쓸 '신기神機'를 얻었던 것이다. 길게 누릴 국장, 비서장이 못 되었기에 해를 넘기지 못하여 시집을 두 권을 얻고 직을 떠났다.

　정식이가 어찌 '프롤레타리아' 시인일 수 있으랴? 하물며 '빨갱이' 시인일 수 있겠느냐? 부시不啻* 설정식이라, 누구든지 문학인이면 시인이면, 부시不啻 시인이라 문화인이고 보면 가진 별명쯤은 피할 도리가 없는 것이다.

　'우익 시인' 설정식을 조선시단에 수용할 수밖에 없이 되었으니 중重 값을 들여 영문학 공부를 한 설정식이가 이런 별명을 듣는다면, 공부는 꽤한 것에 틀림없다. '프롤레타리아' 시인이 아닌, 과격파가 아닌, '우익 시인' 설정식이나, 혹은 그와 유사한 시인들을 위하여 이러한 시가 있을 수 있다.

　　어찌할 수 다시 어찌할 수 없는
　　길이 '로마'에 아니라도
　　똑바른 길에 통하였구나.

---

* '~뿐이 아니다'라는 뜻의 중국어식 표현.

시도 이에 따라

거칠게 우들 우들 아름답지 않아도 그럴 수밖에 없이

거짓말 못하여 덤비지 못하여, 어찌하랴? (정지용)

시집 『포도』가 시집 『종』보다 훨썩 불가피로 깊어졌고 유식하다.
제까짓 「장편소설의 일절」이란 내 읽지 않았으니 내가 말하자는 것은 다만 시인 설정식의 시뿐이다.
조선의 새로운 민족문학, 혹은 새로운 민족시는 대개 이렇게 하여 뚫고 나가기가 너무도 억울한 것은 그의 시에 역연하다. 아직도 신세가 편한 시인들이 있어서 물이여 달이여 구름이여 꽃이여 하느냐?
남북통일을 위하여 어찌 삼천리에 장거리 추도隧道*만을 뚫어야 한다는 말이냐? 무슨 까닭으로 말짱한 선비를 유지遺址에 없는 '카타콤 부스'** 안으로 몰아넣어야 하는 것이냐.
이러한 내정으로 말미암아 조선 시는 『포도』처럼 절로 울분하고 질식하고 탄원할 수밖에 없다. '혁명시인'이란 어느 국가의 여유 있던 사치더냐?
조선에는 이렇게 애절 비절 참절한 시가 있을 뿐이다.

---
* 터널.
** catacomb booth. 초기 그리스도 교도의 지하 은신처.

그러자 어두워지는 천상에

태풍 이전의 정식靜息이 가로놓인다.

등불이 잠시 꺼졌다.

우연히 이렇게 태허에 필적할 수 있느냐.

산천이 의구한들 미숙한 포도

오늘밤에 과연 안전할까

우두커니 앉았음은

방막厖莫한 땅이냐 슬퍼하는 것이냐

오호 내일 아침 태양은

그여히 암흑의 기원이 되고 마는 것이냐.

(『포도』, 「무심 여운형 선생 작고하신 날」)

윤동주 시집 서

서序랄 것이 아니라 내가 무엇이고 정성껏 몇 마디 써야만 할 의무를 가졌건만 붓을 잡기가 죽기보담 싫은 날 나는 천의를 뒤집어쓰고* 차라리 병 아닌 신음을 하고 있다.

무엇이라고 써야 하나?

재조도 탕진하고 용기도 상실하고 8·15 이후에 나는 부당하게도 늙어 간다.

누가 있어서 "너는 일편의 정성까지도 잃었느냐?" 질타한다면 소허少許 항론이 없이 앉음을 고쳐 무릎을 꿇으리라.

아직 무릎을 꿇을 만한 기력이 남았기에 나는 이 붓을 들어 시인 윤동주의 유고에 분향하노라.

---

* 의무감에 억눌려.

겨우 30여 편 되는 유시 이외에 윤동주와 그의 시인됨에 관한 아무 목증目證한 바를 재료를 나는 갖지 않았다.

'호사유피虎死留皮'라는 말이 있겠다. 범이 죽어 가죽이 남았다면 그의 호문虎紋을 감정하여 '수남壽男'이라고 하랴? '복동福童'이라고 하랴? 범이란 범이 모조리 이름이 없었던 것이다.

내가 시인 윤동주를 몰랐기로소니 윤동주의 시가 바로 '시'고 보면, 그만 아니냐?

호피는 마침내 호피에 지나지 못하고 말 것이나 그의 '시'로써 그의 '시인'됨을 알기는 어렵지 않은 일이다.

나도 모를 아픔을 오래 참다 처음으로 이곳에 찾아 왔다. 그러나 나의 늙은 의사는 젊은이의 병을 모른다. 나한테는 병이 없다고 한다. 이 지나친 시련, 이 지나친 피로, 나는 성내서는 안 된다. (그의 유시 「병원」의 일 절)

그의 다음 동생 일주 군과 나의 문답―
"형님이 살았으면 몇 살인고?"
"서른한 살입니다."
"죽기는 스물아홉에요―"
"간도에는 언제 가셨던고?"
"할아버지 때요."

"지나시기는 어떠했던고?"

"할아버지가 개척하여 소지주 정도였습니다."

"아버지는 무얼 하시노?"

"장사도 하시고 회사에도 다니시고 했지요."

"아아, 간도에 시와 애수와 같은 것이 발효하기 비롯한다면 윤동주와 같은 세대에서부텀이었구나!" 나는 감상하였다.

봄이 오면

죄를 짓고

눈이

밝아

이브가 해산하는 수고를 다하면

무화과 잎사귀로 부끄런 데를 가리고

나는 이마에 땀을 흘려야겠다 (또 「태초의 아침」의 일절)

다시 일주 군과 나와의 문답—

"연전延專을 마치고 동지사에 가기는 몇 살이었던고?"

"스물여섯 적입니다."

"무슨 연애 같은 것이나 있었나?"

"하도 말이 없어서 모릅니다."

"술은?"

"먹는 것 못 보았습니다."

"담배는?"

"집에 와서는 어른들 때문에 피우는 것 못 보았습니다."

"인색하진 않았나?"

"누가 달라면 책이나 셔츠나 거저 줍데다."

"공부는?"

"책을 보다가도 집에서나 남이 원하면 시간까지도 아끼지 않읍데다."

"심술은?"

"순하디 순하였습니다."

"몸은?"

"중학 때 축구 선수였습니다."

"주책은?"

"남이 하자는 대로 하다가도 함부로 속을 주지는 않읍데다."

코카서스 산중에서 도망해온 토끼처럼

둘러리를 빙빙 돌며 간을 지키자

내가 오래 기르는 여윈 독수리야!
와서 뜯어 먹어라 시름없이

너는 살찌고
나는 여위어야지 그러나 (「간」의 일절)

    노자 오천언에 "허기심虛其心 실기복實其腹 약기지弱其志 강기골強其骨"이라는 구가 있다.
    청년 윤동주는 의지가 약하였을 것이다. 그렇기에 서정시에 우수한 것이겠고, 그러나 뼈가 강하였던 것이리라. 그렇기에 일적日賊에게 살을 내던지고 뼈를 차지한 것이 아니었던가?
    무시무시한 고독에서 죽었구나! 29세가 되도록 시도 발표하여 본 적도 없이!
    일제시대에 날뛰던 부일문사附日文士 놈들의 글이 다시 보아 침을 배알을 것뿐이나 무명 윤동주가 부끄럽지 않고 슬프고 아름답기 한이 없는 시를 남기지 않았나?
    시와 시인은 원래 이러한 것이다.

행복한 예수 그리스도에게
처럼
십자가가 허락된다면

모가지를 드리우고
꽃처럼 피어나는 피를
어두워가는 하늘 밑에
조용히 흘리겠습니다. (「십자가」의 일 절)

일제 헌병은 동섣달에도 꽃과 같은 얼음 아래 다시 한 마리 이어鯉魚와 같은 조선 청년 시인을 죽이고 제 나라를 망치었다. 뼈가 강한 죄로 죽은 윤동주의 백골은 이제 고토 간도에 누워 있다.

고향에 돌아온 날 밤에
내 백골이 따라와 한방에 누웠다.
어둔 방은 우주로 통하고
하늘에선가 소리처럼 바람이 불어온다
어둠속에 곱게 풍화작용하는
백골을 들여다보며

눈물짓는 것이 내가 우는 것이냐

아름다운 혼이 우는 것이냐

지조 높은 개는

밤을 새워 어둠을 짖는다

어둠을 짖는 개는

나를 쫓는 것일 게다

가자 가자

쫓기우는 사람처럼 가자

백골 몰래

아름다운 또 다른 고향에 가자 (「또 다른 고향」)

 만일 윤동주가 이제 살아 있다고 하면 그의 시가 어떻게 진전하겠느냐는 문제 그의 친우 김삼불 씨의 추도사와 같이 아무렴! 또다시 다른 길로 분연 매진할 것이다.(1947년 12월 28일)

조선시의 반성

 시를 써 내놓지 못하고 시를 논의하는 것이 퍽 부끄러운 노릇이다.
 전에 평론 공부를 한 이력이 있었더라면 이제 와서 이 일문一文을 초草하기가 수월하였을걸, 시인소리만 들어온 것이 늦게 여간 괴롭지 않고 시 쓴 버릇 때문에 정서와 감정에 치료하기 어려운 편집적 병벽이 깊어져서 나는 못쓸 사람이 되어 버리지나 않았나 하는 괴로움에서 헤어나기가 힘든다.
 이러한 괴로움이 일제 발악기에 들어 《문장》이 폐간당할 무렵에 매우 심하였다. 그 무렵에 나의 시집 『백록담』이 주제* 가두에 나오게 된 것이다.
 『백록담』을 내놓은 시절이 내가 가장 정신이나 육체로 피폐한

---

* 변변치 못한 처지에.

때다. 여러 가지로 남이나 내가 내 자신의 피폐한 원인을 지적할 수 있었겠으나 결국은 환경과 생활 때문에 그렇게 된 것이었다.

그러나 모든 것을 환경과 생활에 책임을 돌리고 돌아앉는 것을 나는 고사하고 누가 동정하랴? 생활과 환경도 어느 정도로 극복할 수 있는 것이겠는데 친일도 배일도 못한 나는 산수에 숨지 못하고 들에서 호미도 잡지 못하였다. 그래도 버릴 수 없어 시를 이어 온 것인데 이 이상은 소위 '국민문학'에 협력하든지 그렇지 않고서는 조선시를 쓴다는 것만으로도 신변의 협위를 당하게 된 것이었다.

일제 경찰은 고사하고 문인협회에 모였던 조선인 문사배에게 협박과 곤욕을 받았던 것이니 끝까지 버티어 보려고 한 것은 그래도 소수 비정치성의 예술파뿐이요 프롤레타리아 예술파는 그 이전에 탄압으로 잠적하여 버린 것이니 당시의 비정치적 예술파를 자본주의의 무슨 보호나 받아 온 것처럼 비난하는 것은 심히 부당한 일이었다.

위축된 정신이나마 정신이 조선의 자연 풍토와 조선인적 정서 감정과 최후로 언어 문자를 고수하였던 것이요, 정치 감각과 투쟁 의욕을 시에 집중시키기에는 일경의 총검을 대항하여야 하였고 또 예술인 그 자신도 무력한 인텔리 소시민층이었던 까닭이다.

그러니까 당시 비정치성의 예술파가 적극적으로 무슨 크고 놀라운 일을 한 것이 아니라 소극적이나마 어찌할 수 없는 위축된 업적을 남긴 것이니 문학사에서 이것을 수용하기에 구태여 인색히 굴 까닭은 없을까 한다.

그러나 그것이 조선시의 유원悠遠한 기준이 되어야 한다든지 신축성 없는 시적 모형을 다음 세대에까지 유습시켜야 하는 것은 아니다. 그래야 한다면 그것은 일제 중압하의 조선시의 상속일 뿐이요, 조선시의 선수권은 언제든지 소시민층이 보유한다는 것이 된다.

지금 송강松江, 진이眞伊의 시조에 육박할 만한 시조가 새로 나온다고 하자 그것이 봉건 이조문학 유산의 모조가 아닐 수 없음과 같은 것이다.

정치성 없는 예술까지도 일제 극악기에 이르러 고갈하여 버리고 일부 절조 상실자들이 자진하여 '국민문학파'적 강권에 협력함에 따라 조선시는 압살되고 말았던 것이다. 시를 쓸 수 없는 정세하에 무위 칩거한 것을 고고의 덕으로 돌린다는 것을 안연晏然히 받아들일 무슨 면목이 있었던 것이냐? 시를 버림으로 달리 무엇에 노력하고 구상한 것이 있었더냐 하면 무엇이라 답변할 것이냐? 속수무책 이외에 아무것도 없었다. 정치성 없는 예술이란 말하자면 생활과 사상성이 박약한 예술인 것이므로 정신적 국면 타개에도 방책이 없었던 것이다.

행동과 실천에 있어서 무력하였던 것을 이제 추구할 바가 아닐지 몰라도 다만 지적 추구에 있어서도 완전히 폐병廢兵으로 제대되었던 것이니 8·15 이후 지면과 발표의 자유를 얻어 나오는 시인들의 소위 '작품'을 보면 알 수 있다. 시가 당장에 완성할 수 있는 것이 아니라 항시 발전과 비약으로 우수한 것이고 보면 조금도 발전한 자취가 없는 시가 우수할 수 없는 것이다. 약간의 이조 봉건시대 유한계급의 섬약한 어휘와 다소 운율적인 단문이나 2차 대전 직전의 불란서풍의 경쾌한 기지적인 시풍의 모방벽이 거리적거리는 이외에 보잘 것이 없다.

그로 보면 일제 최후 발악기에 들어서 그들은 과연 고고 초연한 은사이었는지는 몰라도 지적 탐구에 있어서도 완전히 게으른 기권자임에 틀림없었던 것이다.

지금까지도 막연히 시작적詩作的 습관을 버리지 못하고 시인이라는 명성을 아끼고 부러워하는 나머지에 그저 '시인'일 뿐이요 공부할 의견도 없는 것이다. 사물의 핵심을 구명할 만한 정력과 의욕은 상실하고 시구적詩句的 표피에 한하여서만 지극히 인색하고 집착하는 것이다.

그러나 그들의 시가 지난 날 서정시의 조박糟粕을 씹어 그대로 섬세하고 미려하냐 하면 그렇지도 못하고 남의 버리고 간 탈피를 뒤집어쓰고 시의 정통을 인계한 양으로 그들의 언동을 살피기에 실로 눈살이 찌푸려지는 것이니 언필칭 셰익스피어, 밀턴, 괴테, 하이네를 치어들고 나선다. 고전이라는 것은 더욱이 외국 고전이라는 것은 그저 읽어지는 것이 아니요, 읽어질지라도 이해까지에 이르기에는 암송이 되도록 학습해야만 하는 것이니 구미 대학 문과에서 고전극시류를 학생으로 하여금 암송을 강요하기까지 한다는 이유가 거기 있을까 한다.

태백 두보가 유명한 것은 한글도 채 모르고 다듬이로 늙으신 할머니까지 아는 것이나 어찌하여 태백 두보의 시가 유명하냐를 아는 이는 드문 것이다. 설령 태백 두보의 시를 몇 개 암송할 만한 독서인일지라도 태백 두보의 시를 낳을 만한 당대唐代의 사회제도와 풍습이라든지 그들 시인의 생활적 조건과 환경이라든지 당대 문화의 개성이라든지 한문학 전체의 역사적 발전 계단에 있어서의 태백 두보의 시와 시인적 위치를 이해해야만 완전히 이해되는 것이다. 무엇보다도 예술 문화가 발화된 그 시대의 정치 경제적 현실을 이해하는 것과 예술인 자체의 이념과 생활을 구명하는 것이 일개 독서인의 우아한 상식을 위하여서도 필요한 것이다.

서양 고전문학의 원천을 희랍 신화와 헤브라이 성서에 소급하는 것은 바른 상식이다.

그러나 신화나 성서에 기록된 것이 무비無非 정치 경제를 기저로 하여 또 그의 갈등, 모순, 투쟁의 영향에서 온 신의 계시와 인간의 알력으로 교착된 전설과 역사로 일관된 대기록임을 해부 천명하는 것이 신학자의 불명예도 아닐 것이요, 정치 경제 역사학도의 특권적 영역이 아닐 수 없는 것이다.

　기독교 정신이 민족 해방을 부정하는 것이 아니다. 신구약이 다분히 그러한 전쟁과 투쟁의 역사적 기록으로 만재滿載된 것을 볼 때 또는 교회 자체가 끝까지 사도적 전진이며, 성신의 보루임을 자임하는 바에는 인간의 투쟁의 시인始因이 아담과 하와의 범명犯命에 있다는 것을 그 이전에 천상에서 선 천사와 악 천사의 싸움에 돌린다는 것을 기독교도로서 신앙하기가 어려운 것이 아니라 영혼의 도전이 마침내 정치 경제적 전장 위에 실전화하여 온 것을 보는 것이 구태여 이단사설異端邪說이 아닐까 한다.

　서양 고전문학의 발전과 영향을 다분히 성서와 교회 생활에 돌릴 수 있다면 서양 문학의 물적 기저와 발전 과정을 타면他面으로 정치 경제적 역사 위에서 탐색하는 것이 아메리카 신대륙을 발견하기 위하여 기독교도 콜럼버스가 항해 과학을 이용하였음과 일양一樣 타당한 방법일 것이다.

　그러므로 40년간 영양부족적 쇠약한 상태로 명맥을 유지한 조선 신문학의 역사도 다분히 이조 신분 정치와 토지 정책과 일제 자본주의적 식민지 통치의 영향을 벗을 수 없는 것을 갈파할 수 있음은 이것을 조선 문화인의 치욕으로 돌릴지언정 성급한 논단으로 처리할 수는 없는 것이다. 그러나 시와 예술은 현실에 입각하여 현실에서 다시 전진하기를 이념적으로 부담할 수 있는 것이고 보면 정치적 영향에서만 위축되고 부상할 것이 아닐 것인데 40년간 조선 신문학은 약소민족 문학으로서 현상 타개의 자랑할 만한 업적을 볼 수 없는 것은 그것이 일제의 민족문화 탄압정책에서뿐만 아니라 조선 문학예술인 자체의 지적 부담에 책임성과 비판의식이 박약한 것이었다.

말하자면 문학인이 약간의 시문 소설류를 현해탄을 건너온 외화外貨와 함께 무반성하게 소화하려는 것으로써 문학 전공인 줄 알았던 것이다. 정치경제사나 계급혁명사나 민족해방투쟁사 등을 섭렵하는 것이 시인의 '천래적天來的 영감'에 무슨 지장이나 되는 듯이 외도시하였던 것이다.

민족적으로 항시 당면하여 있는 시사時事나 사건이나 정세나 국제 동향 등 일반 현실 사태에 몰간섭하기를 자랑으로 삼았던 것이니 일개 시민으로는 신문기자나 상인에 불급하도록 현실에 우매하였던 것이다. 더욱이 노동과 생산, 혁명과 투쟁에서 문학적 창의와 구상을 얻는다는 것은 조금도 기대되지 못한 것이요 도리어 이러한 문제가 문학적 논변에 오르고 보면 반드시 반동적 흥분을 하는 것이며 진보적 작가의 경향적 작품에 대하여는 사감적私感的 타매唾罵를 가함으로 안여晏如할 줄로 여기는 모양이요, 그들이 언필칭 괴테 하이네 등을 들어 방위 구실을 삼으려고 하나 실상은 아리스토파네스로부터 하이네에 이르기까지 무릇 위대한 시인들은 한양 경향적이었다는 사실을 어찌하랴?

청소년기의 애정 본능이 시문학 수업에 감미한 기동력이 되었겠으나 서정시적 번뇌 계절이 너무 길다. 30 전후에 시작은 습기에 젖고 사람은 황폐하여 버리어도 '시인'은 자기의 병을 모른다.

이러한 원인으로 40년간 조선 신시 신문학은 지극히 성적을 올리지 못한 것이요 8·15 이후 민족 자주기에 돌입하여서도 생활과 건설 의욕이 거세된 시문류로서 시와 문학이라 할 수는 없이 된 것이다.

문학에 순수를 방패 삼아 나서기에도 문단적 업적과 연조가 너무도 짜르고 초보적 문학 모색기에서 방황하는 일종의 문학 지원자로서는 과분한 짓이다.

선진 외국에서는 그러한 문학예술은 2차 대전 이후에 완전히 노폐하여 버린 것이요 조선에서는 기두起頭할 가망도 없는 것이다. 세계 인민역량이 바야흐로 청춘기에 돌입한 것이요 조선에서는 광란노도 상태로 역사가 급격히 추진됨에 어찌하랴!

가사假使 일제시대에 비저항 비협조적 태도를 일관하여 고고일로孤高一路의 문학을 사수하여 왔다면 8·15 이후의 제작 태도와 실적으로써 분연히 비약 발전이 있어야 할 것인데 마침내 고양이 꼬리를 3년을 보장하여도 표범의 꼬리가 되지 못함이 아닌가? 일제 말기까지의 양심적 문학도는 소시민층 민족정서의 최후 처녀성만을 고수하기 위하였던 것이므로 다분히 개성적이요 주관적이요 고립적인 것이었다. 따라서 지극히 소극적인 우울 비애 아니면 까닭 없는 명랑 쾌활의 비정기적인 신경질적 발작의 예술적 형상화에 정진하였던 것이었다. 표현 기술에 있어서는 다정다한을 주조로 하는 봉건시대 시인 문사의 수법적 원형에 외래적 감각 색채 음악성을 착색하여 무기력하게도 미묘한 완성으로서 그친 것이므로 이를 차대次代 민족문학에 접목시키기에는 혈행력血行力이 고갈한 것이다.

이러한 문학유산을 계승한다면 종장宗匠과 도제 사이의 전수와 모방 이외에 다른 창의와 개척이 있을 수 없는 것이다.

시인은 특별히 예술 분야에 선구적 사명이 부여된 것이다. 현대 서구문학에 있어서 시인의 영도성과 영향력이 회화 부면에까지 이른 것은 평론가도 차라리 그의 발상 정리와 이론 구성으로 뒤치다꺼리를 맡아 하기를 부끄리지 않았던 것이다.

시인의 천분을 이러한 점에서 칭예할 만하다. 시인의 천분이 전진하여야 하겠느냐? 수구守舊로 후퇴하여야 하겠느냐? 하는 준엄한 과제가 8·15를 계기로 하여 민족적으로 부여된 것이다.

8·15 직후부터 과연 시가 유사의 것이 지면마다 흥성스럽게 남장濫粧*되었으나 이들 '해방'의 노래가 대개 일정한 정치 노선을 파악하기 전의 사상성이 빈곤하고 민족해방 대도大道의 확호한 이념

---

* 과분하게 장식함.

을 준비하지 못한 재래 문단인의 단순한 습기적習氣的 문장 수법에서 제작되었던 것이므로 막연한 축제 목적 흥분, 과장, 혼돈, 무정견의 방가放歌 이외에 취할 것이 없었던 것이다.

어제까지 두손목에
매어있던 쇠사슬이
가뭇없이 없어졌다
요술인듯 신기하다
오래 묶여 야윈 손묵
가볍게 높이 치어들고
우리님 하늘 위에 기시거든
쇠사슬 없어진것 굽어보소서

벽초 시 「눈물 섞인 노래」 중 일절

남산에 단풍들어 나뭇잎 아름답다
씩씩한 청소년들 떼지어 올라가네
보아라 신흥조선의 남아인가 하노라

곳곳에 쌓인 것이 무배추 무뎅이라
맛좋은 조선김치 뉘 아니 즐기겠니

세계에 자랑거리는 김치인가 하노라

　　　　　　　　　　이극로 박사 시조 「한양의 가을」 중 2수

벙어리된지 서른여섯해
삼천리강산에 자유종이 울렸다
대조선의 아들 우리아가야 이 종소리를 너도 듣느냐?
메아리 은은히 밀려 감돌아 슬지않는 저 종소리
대한민족 만세를 부르짖는 저 탄호성!
또한번 대조선에 봄이 왔구나
활개를 치자 너도 나도 다시 살아났구나
인제는 조선에도 봄이 왔구나
너도 나도 다시 한번 살아났구나
아가야 나도 너도 조상없는 자식이었지?
성도 이름도 다 갈았구나
삼한갑족三韓甲族이라면서도—

　　　　　　　　　　월탄月灘 시 「대조선의 봄」 중 2절

　읽는 이의 판단에 맡기고 말만 한 것이요, 도저히 8·15 직후 조선의 새로운 운명에 해당할 새로운 민족시의 발아로서는 너무도 싹이 노랗던 것이 아니면 완전히 끝물까지 따 버리고 난 뒤 거둘 무렵의 마른 넝쿨에 매달린 외꼬부리*가 아닐 수 없다. 물론 위에 열거한 분들이 평소에 시인으로서 자타가 공인한 분들은 아니므로 그분들의 시를 논란하자는 것이 아니라 "시자詩者는 언지言志라"하면 시형에 담기어 있는 뜻이나 생각을 따지어 볼 때 새로운 세기의 술을 담기에는 너무도 낡고 초몽草蒙** 이전의 황당한 토기임에야 어찌하랴?

이제 다시 평소에 시구적詩句的 자가 도야自家陶冶가 있었던 분의 시를 들추어 보면,

불살려 날렸단들 님의 '안'을 가실것가
못감은 눈이나마 오늘우리 보시려니
구름에 북에서 오니 새로느껴 합내다

위당爲堂 시조「12애哀」중 1수

타오신 그수레를 몇몇분이 미옵신고
손발사 묶였던줄 하마 님은 아옵서도
앉은채 뵈옵는 마당 눈물 글썽 고여라
님 뵈신 이 뒤에란 푸념 아예 마오리라

---

* 말라서 꼬부라진 오이.
** 초벌로 만든 것.

잔 투정 그만두고 옥신 각신 마오리라

여흰져 시틋턴 일이 뼛골 아니 저리뇨

무애無涯 시조시 「님을 뵈옵고」 중 2수

누나야

이제 너도 눈물 거두고

열두폭 남치마를 입어보렴

하—얀 버선발이 그립고나야

눈을 들어 저 푸른 하늘을 보라

땅은 왼통 북처럼 둥둥울린다

어머님

저 나라에도 아마 이 소리 들리시리다

이내 향로 앞에 무릎을 꿇어

울고 울고 또 울어라도 보리까

눈물은 명주실에라도 뀌어

님의 하얀 목에 걸어드리오리까

하마 그님은 칠현금 껴안고

여민락與民樂 한곡을 타기로 하오리라

이헌구 시 「소박한 노래」 중 2절

매마른 입술에 피가 돌아

오래 잊었던 피리의

가락을 더듬노니

새들 즐거히 구름끝에 노래 부르고

사슴과 토끼는

한포기 향기로운 싸릿순을 사양하라

여기에 높으디 높은 산마루

맑은 바람속에 옷자락을 날리며

내 홀로 서서

무엇을 기다리며 노래하는가

조지훈 시 「산상의 노래」 중 1절

  시로 이름이 알려진 분들의 시를 예거하여 대개 이러하고 그 외에 인용할 수 있는 것이 하도 많으나 이만만 들어도 8·15 직후의 일부 시가 경향의 약속 없이 이루어진 유형으로 보아도 무방하다.
  현실과 사태에 대응하여 정확한 정치감각과 비판의식이 희박하면 할수록 유리되면 될수록 그의 시적 표현이 봉건적 습기 이외에 벗어날 수 없는 것을 본다. 시의 재료도 될 수 있는 대로 현실성이 박약한 것일수록 '시적'인 것이 되고 언어도 이에 따라 생활에서 후퇴된 것이므로 그런 것이 '교묘한 완성'에 가까울수록 우수한 분식이 될지언정 생활하는 약동하는 시가 될 수 없는 것이다. 시가 낙후되었다는 것은 풍속적 유행에 견디지 못한다는 것이 아니라 생활과 실천에서 돌아서거나 낙오되거나, 말하자면 역사의 추진과 함께 능동하지 못함에서 그러한 것이다.

이러한 시인의 문자 표현에 그다지 중대한 관심이라든지 책임성을 붙일 거리가 아니라고 소방疏放한 일개 독자적 태도에 그쳐야 과연 옳은 것일까?

그러나 '사람은 정치적 동물'이라는 것을 인정한다면 이러한 시인이 반드시 '시인'으로만 있을 수 없어 하는 것을 볼 수 있으니 더욱이 격렬한 변혁기에 있어서 후퇴하는 대오에 재조정되거나 소멸하고야 말을 숙명적인 계급에서 반드시 정치 동작을 하게 되는 것이다.

시와 예술만은 정치에서 초탈시킨다든지 혹은 그의 우위에 둔다는 예술지상주의자가 예술의 전진을 거부하고 행동이 전진할 수 없는 것이고 보면 그의 비극적인 고식적 안전지대가 반드시 문화와 역사의 반동 진영이 아닐 수 없게 되는 것이다.

그의 시적 천분이라든지 교양의 '고아'한 것을 또는 기술의 미묘한 것을 논란하는 것이 아니라 그들의 자부심이란 항상 이런 점에서 강한 것이요 또는 이러한 완강한 자부심에 대하여는 피해 망상적인 오만한 자가방위적 태세에서 우울하고 고독하다. 그러한 '천분'에 그치고 마는 시에 필수하는 시인 자체의 언동이, 추진하여 마지못할 민족과 민족문화에 도전하는 무모한 위험성을 간과할 수 없어 할 뿐이다.

어찌하여 일부 인사들이 전진하는 시와 문학을 '정당'의 지령에 의한 것이라 중상하는지 '정치에 예속'시키는 것이라 비방하는지 그의 심적 근거를 해명하기가 어려운 것이 아니다.

과학과 정치와 경제와 역사와 민족의 추진 비약기에 있어서 문화의 전위인 시와 문학이 일체를 포기하고 일체를 획득하는 혁명적 성능을 최고도로 발휘할 운명적 과업을 위하여 무엇보다도 예술적 이념과 감각이 첨예 치열하여지는 것은 차라리 자연발생적인 현상이다. 시인의 민감이 생리적 조건이라면 왜 이 생리를 거부하려는 것이냐?

시적 궁정미인으로서 고풍의 의상과 전아한 예절에 휘감기어 한 '왕조'와 함께 쓰러지느냐? 막대한 인민의 호흡과 혈행과 함께 문화 전열戰列에서 전진하여야 하느냐?

태도는 결정적인 것 이외에 있을 수 없다. 아무 준비 없이 8·15를 당하고 보니 마비되었던 문학적 정열이 다시 소생되어 막연히 충동적으로 궤도 없이 달렸던 것도 얼마쯤 연민을 아낄 수 없는 것이었으나 민족사상 부당한 시련기가 삼년이나 참담하게도 낭비되어도 진정한 민족 노선을 파악치 못하는 시인 문사에게 무슨 문학이 기대될 것인가?

　민족문학의 노선과 민족의 정치 노선이 서로 이탈될 수 없다는 것이 문학을 정치에 예속시킨다는 중상적 구실이 될 수 없는 것이요 또 이를 양국 문화 부분에 우위 열위를 차정差定하고자 하는 것이 벌써 문학의 '영광스런 고립'으로 화인禍因하여 민족의 정치 노선까지에 반역하는 것이 되고 마는 것이 하물며 문학 자체의 파산까지를 무엇으로 주체할 수 있는 것이냐!

　민족의 정치 노선이 일부 정략인의 편의적 고안이 아니라 세계 인민의 원리와 2차 대전의 세계 민주계열의 승리로 8·15를 계기하여 역사적 창조로 결정된 것이다. 제2 창세기에 필적할 세계 인민 특히 약소 피압박 조선민족의 신기원에 들어서 문학만이 편년編年에서 제외되자는 것은 가련한 유목 가인歌人의 '후정화後庭花'가 아닐 수 없다.

　바로 말하면 만성 소시민적 허탈증을 빨리 치료하여야 하는 것이다.

落日心猶壯
秋風病欲蘇*

　　　　　　　　　　　　　　　　　　　　　　　두보

소시민적 소가계로 비탄할 거리가 되는 것이 아니라 이 무병 신음을 오래 끄는 것이 잘못이다. 아직도 늦지 않았다. 아직도 노동자 농민에서 시와 문학이 창조되기는 조선에서 이르다. 원래 다감한 소시민 문학인의 대가계인 인민문학의 분류奔流에 다시 가세하여 당래할 민족문학의 전초가 되기가 아직도 늦지 않았다.

다만 일제 헌경憲警이 가장 혐기嫌忌하였던 프롤레타리아 문학보다 8·15 이후 조선 인민투쟁문학이 일부 소시민 문학지원자에게까지 밀고密告 중상을 당한데서야 이 이상 관후寬厚해야 하는 것이 문학의 덕이 될 수 없다.

---

* 두보의 시 「강한(江漢)」에 나오는 구절로 "지는 해에 마음은 오히려 비장해지고, 가을바람에 병은 나으려 하네"라는 뜻이다.

서序 대신

시인 수형琇馨*께 편지로

이제 쓰지 쓰지 한 것이 이날 저날 미루다가 대체 몇 달이 넘었는지 시집은 인쇄가 끝이 나고 내 글 때문에 제본이 다시 늦어야 하니 미안하기보담도 마음이 초조하여 의무보다 부채가 늘어 가는 것 같소이다.

대체 시간이 있어야지! 이러한 변명은 내게 변명도 되지 않습니다.

일하지 못하고 빼앗기는 시간, 무실無實한 바쁨 때문에 허덕허덕 피로한 시간, 시간이 왜 없겠습니까마는 요즈음 가을 하늘처럼 청명한 시간이 내게 올지라도 나는 이 시간을 무슨 방법으로 맞아야 할지 모르겠습니다.

요컨대 생활이 없지 시간이 있지 않은 것인가 봅니다.

---

* 이용악의 고향 친구인 시인 이수형. 『이용악집』(동지사. 1949)의 발문을 썼다.

생활이 없는 사람에게 허무한 답쌓임 내게 대체 이 치다꺼리가 언제 끝이 나는 것입니까?

이 답쌓임에 눌리어 그저 죽어야 할지 혹은 마른 조개껍질처럼 한 개의 생활이 아니라 한 개의 존재로서 역사의 물결에 마쇄되어 버릴 것인지 또는 내려 누르는 담천曇天을 떠받아 헐이고 치오르는 그 많은 독수리 떼의 하나이어야 할지, 내가 회의자로 회피하기까지 갈 것이 아닌 줄로 구태여 모르는 바이 아닌 것은 현실과 사태가 8·15와 38선으로 하여금 바짝 들이몰아다 육박하였으므로 우리는 회의도 회피도 다소 시적 향락이 있을 수 있었던 허무에의 스페이스도 있지 않아 나는 다만 허덕지덕할 때 역사는 그 자신이 한 개의 천재이었음을 노현한 것입니다.

먼저 8·15이후에 수일한 시인이 족출한 것을 보았습니다.

한 사람의 천재가 무인지경을 백 년을 두고 달려야 한다면 만인이 그를 혜성으로 우러러 보아야만 하는 것이 시와 문화의 암흑시대가 아닐 수 없을 것입니다.

역사는 이것을 허용하지 않게 되었습니다. 무수한 개성이 영광스런 고립을 박차 버리고 한 개의 거대한 공동체에 대한 감각이 발랄할 때 막대한 인민에서 시와 시인이 범람하게 될 것인가 합니다.

수형은 이러한 의의에서 시인인 것이 당연하다 합니다.

분시分時를 다투어야 할 단일민족 통일 건국기에 있어서 투쟁

없이 어찌 생활이라 하겠습니까.

생활을 유실하고 투쟁 앞에 전율하는 나는 시인 수형의 투쟁 기록을 펴고 경탄할 뿐입니다.

보나파르트 나폴레옹이 대구라파를 석권하던 어느 날 고요한 전원생활을 부러워하여 탄식하였다는 일화가 있습니다마는 대개 독재적 정복자는 마침내 사변四邊이 유구한 무사無事를 동경하는 것인가 봅니다. 이러한 제왕 약탈적 체계에 끼인 시인도 역시 유구한 무사에서 경인구驚人句가 나왔었던지 모르겠으나, 이제 조선에 시인이 있으면 무사한 시간이 있을 수 없고 줄기찬 불면불휴의 진격만이 시간일 수밖에 없습니다.

이러한 시간에서 수형은 시까지 썼으니 무슨 시니 아니니 고리삭진하게* 못되게 굴 것이 없으며 또 그러한 시가 아직도 존재할 수 있다면 먼저 두들겨 부셔 놓고 그리고 다시 시를 의논해야 합니다.

수형의 시는 먼저 시를 두들겨 부셔 놓고 다시 시를 구축하기까지의 당래할 조선시의 제1기적 시인 것입니다.

썩었던 쇠뭉치까지라도
녹여서 시뻘건 불물이

---

* 고리삭다: 젊은이다운 기상이 없고 하는 짓이 늙은이 같다.

사태 흐르는

새 역사의 한복판에

뛰어 들면서

하여튼

덮쳐서래두

버둥거려 흐르고만 싶었던

철창에서 공장에서 토굴에서 가두에서

짚북데기 속에서

삐뚜러진 모가지

턱주가리를 쳐들고서

파릿한 허구리뼈를 저벅저벅 끄을고서

여기서두 저기서두

버둥질치며 돌아오는

영웅들 (「지도자」의 일절)

(1948년 8월 30일)

월파月坡와 시집 『망향』*

"여보게 '월파' 호 가지고 행세가 되겠는가 고치세."

"아니다 은사가 불러 주신 호로세."

월파, 월파, 불러 익고 보니 이제 기명妓名 같지는 않게 되었다.

이 사람 자기 신변에 대하여 표범같이 소심하지마는 이구훼예異口毀譽**에는 초연한 Indifferentist다!

이리하여 문단과 인연을 끊고 사는 시인 김상용이 하나 있다. 애초 시작을 잘한, 이런 점에서 나보다 총명한 셈이 되었다.

강냉이가 익걸랑

함께 와 자셔도 좋소

---

* 김상용의 『망향』 제3판은 1950년 3월 이대출판부에서 간행되었다.
** 다른 사람의 비방이나 칭찬.

왜 사나건

웃지요

'록클라이밍'에 개동미명開東未明에 장작패기, 밤새워 마시고 내처 냉수마찰에 가방을 들고 기를 쓰고 아기능 고개 넘어 다니기 20년 만에 월파가 해방을 만나 조금 살게 되었다.

도지사 시인에 영국인 모리배에 별별 별명을 다 듣고도 뚱뚱하게 돌아다녔다.

적치敵治 극악기에 들어 한 번 고 여몽양呂夢陽이 월파 꽃가게에 들렀다가

"꽃 뒤에 숨는 법도 있구료!"

넙적 무투룩한 쇳조각 너 팽이야

괴로움을 네 희열로

꽃밭을 갈고

물러와 너는 담 뒤에 숨었다.

어떤 날 아침 월파는 냉수마찰을 마치고 덤비기에

"월파 육덕肉德이 장창長槍이 아니라 비수로구나. 넘어지면 흙 한 줌 될 몸뚱아리 그렇게 식전마다 문질러 무얼 하나."

"이래야만 기분이 좋아이."
"그것도 정신 불통일의 하나이다."

오고가고
나그네 일이오
그대완 잠시
동행이 되고

낭만파 주지파라는 게 있으니 이왕이면 비수파라는 것도 있을 만하지 않은가?

깜박이는 두셋 등잔 아래엔
무슨 단란의 실마리가 풀리는지……
별이 없어 더 서러운
포구의 밤이 샌다.

『망향』 3판을 월파 제일 시집이라고 아주 이쁘게 출판하였다. 나 이 오십에 인제 제일 시집이냐? 제이 시집이 있는 터에 먼저 내놓는 것이 이대출판부 첫 시집이 되는 것이 아니냐?
"게을러 그러이."

"내일부터 출근만은 기를 써라!"

"인제 제삼 제오 제육 시집이 나오겠구나!"

며칠 후 용구溶九*를 만나서!

"월파 선생 열심이십니다!"

---

* 방용구(龐溶九). 이화여대 영문과 교수로 재직했고 지용회 초대회장을 지냈다.

V

해방 후 산문

남들이 나를 부르기를 순수 시인이라고 하는 모양인데
나는 스스로 순수 시인이라고 의식하고 표명한 적이 없다.
사춘기에 연애 대신 시를 썼다.
그것이 시집이 되어 잘 팔리었을 뿐이다.
이 나이를 해 가지고 연애 대신 시를 쓸 수야 없다.
사춘기를 훨씬 지나서부터는 일본 놈이 무서워서
산으로 바다로 회피하여 시를 썼다.
그런 것이 지금 와서 순수 시인 소리를 듣는 내력이다.

♣「한 사람분과 열 사람분」_출처 불명. 『산문』(동지사, 1949년 1월)에 수록.
♣「학생과 함께」_《경향신문》, 1946년 10월 27일.
♣「동경대진재 여화」_출처 불명. 『산문』(동지사, 1949년 1월)에 수록.
♣「산문」_《문학》, 1948년 4~5월
♣「인정각」_《조선일보》, 1938년 5월 13일.
♣「새옷」_《주간서울》, 1948년 11월 29일

한 사람분과 열 사람분

"선생님 점심을 굶었더니 배고파 죽겠어요, 좀 사냅시오."

남자 친구가 술을 사내라고 하는 것과는 좀 다르다.

남자 노릇이라기보다 남 선생 노릇이 이런 경우에 싫지 않은 것이다.

그러니 아무렇게나 남자 친구끼리는 어름어름 하는 동안 남조선에 아직도 술이 흔하게 걸리어들건만 (더욱이 지금 시간이 오후 여섯 시임에 말이지) 여학생 제자를 만날 적마다 웬 셈인지 내게 돈이 없다.

우선 척 들어서는 남자 친구 하나이 있어서

"여보게 자네 돈 좀 취하게."

싱긋이 웃으며 막 쥐어내어 놓는 것은 일금 오백 원.

오백 원으로 여학생 제자 둘과 남 선생 하나이면 남조선 상태에서 최저급의 요기가 될 수 있다.

그러나 사정이 만만치 않은 것이 돈을 취해준 친구를 어쩌면 보기 좋게 따라세우는 것일 수 있느냐 말이다.

인원 사 명이 일금 오백 원으로는 최저급 이하로 내려갈 이하가 없다.

세상에 대장부가 되어 그렇게 뽐낼 것이 아니라 적어도 남 선생이 되어서 요렇게 맹랑한 어느날 저녁때가 있었던 것이냐?

긴박한 상태에 창의가 없을 수 없다. 무턱대고

"모두들 일어서라! 나가자."

이십일 년 동안 호령으로 늙은 자신이 있어서 여학생쯤에게는 금액과 인원수에 관한 산술적 회의를 가질 여유를 주지 않을 만하다.

삼층에서 단번에 끌고 내려와 지나가는 택시를 불러 잡아탔다.

"돈암동으로 운전하시오."

돈암동 C여사 집이 제일 무관하다.

여학생은 배가 비면 해질 무렵 채송화같이 시들기 쉽다.

눈을 감고 흔들리는 자세가 이것은 미인이 아니라 미인화와 같이 무력하다.

"너는 지금 무엇을 명상하느냐?"

"명상이오?"

"명상이라고 하는 것은 예전에는 한 사람분의 명상이 한 사람의 존재까지 소멸하여 버리기 위한 것이었거니와 그러나 오늘 명상이라고 하는 것은 한 사람이 적어도 열 사람분의 명상을 해야만 하는 것이다. 말하자면 열 사람분의 명상이 되지 않으면 도통할 수 없는 것이다. 그러함에도 불구하고 너는 지금 한 사람분도 주체하지 못하는 명상에 빠져 눈을 감고 있지 아니하냐?"

점심을 먹은 남 선생의 택시 안의 웅변에 별로 갈채가 없다.

C여사 집 문전까지가 꼭 택시 값이 오백 원이었다.

C여사가 집에 없다.

단행하는 사람만이 승리하는 것이다. 당장에 이층으로 올라갔다.

C여사 집의 구조와 가구 배치에 내가 심히 익숙하다.

"우선 내가 레코드를 틀 터이니 너희들은 앉아서 쉬어라."

아메리카 합중국 국가와 불란서 국가 〈말세이유〉가 번갈아 돌아간다.

나는 기운이 부질없이 난다.

여학생들도 아까 택시 안 상태가 반드시 명상적 상태가 아니었던 모양이다. 저녁에 다시 피는 꽃과 같이 소생한다.

"애들, 내 말만 듣고 내려가 부엌에 가서 있는 대로 뒤져 가지고 올라오너라. 책임은 내가 절대로 진다."

밥이 겨우 두 사발 하고 보니 이것은 이 인분이 사 인분으로 나뉠 수밖에 없다.

"우선 먹어 보고 놓고 볼 일이다."

그러고 나서 〈말세이유〉 레코드를 C여사가 오기까지 또 돌리고 또 돌리고 하였다.

학생과 함께

교원 노릇을 18년 하고도 다시 수월數月이 되고 보니 길에서 만나는 웬만한 젊은 사람 보고는 그저 어름어름 반말로 인사에 대답하여도 무관하게 되었다.

"선생님 인제 늙으셨습니다."

"글쎄 작년 올로 머리가 버쩍 시이네."

이름은 많이 잊었으나 얼굴은 알아내기 어렵지 않은 사람들이다. 출근 퇴근 시간에 만나는 사람들이 나와 같이 대개 가방을 들었다.

그러나 그들은 이미 학생을 마친 씩씩한 사회인들이 많으나 나는 아직도 학교를 면치 못하였다. 더 능동적 생활이 부르는 곳으로 나가 본다면 나는 이른바 '가두'에서 견디어 내기 어려운 단순히 늙어 괴죄죄 초로 교사가 되고 말았다.

"선생님 어디 가십니까."

"학교에 가지."

"선생님 어디 갔다 오십니까?"

"학교에서 오네."

간혹 "이즘도 약주 많이 잡수십니까?" 하는 인사 정도로 내게는 물어 얻어낼 아무 이야깃거리도 없고 죽어도 비명에 쓸 문구도 없을까 보다.

학생 속에서 청춘을 유실하고 청춘 틈에서 나는 산다.

학생과 청춘! 그들은 팔팔하고 싱싱하다. 괴상하고도 기발하다. 우스워서 요절할 적도 있고 화가 나서 역정이 날 때도 있다. 그들은 다만 '청춘'이라는 이유만으로도 '천재'라고 감탄할 만하다.

나는 무수한 학생을 보아 왔고 이제토록 왕성한 학생 삼림 속에서 방황하고 있다. 자식과 제자라는 사이에 인색한 경계선을 긋지 않을 만한 심정의 여유도 가져 간다. 이러하여 차차 늙기가 구태여 괴로운 일도 아니려니와 나는 학생 시대에 심히 초조하고 번뇌스러웠다. 청춘을 다분히 낭비하였다.

학생 보고 말하면 훈화 비슷한 말이 될지도 모르나 나는 학생 때 쓸데없이 초조하고 흥분하지 않고 좀 더 침착하고 총명하고 부지런하고 건전하였더라면 하는 후회가 없지 않다.

동경대진재 여화

1

"지금 불령선인 수백 명이 폭탄과 무기를 잡고 횡빈橫濱 지구로부터 동경 시내로 향하여 급진중이다", "대진재 중에 쩔쩔매는 동경 시민의 생명 재산을 노리어 불령선인이 행동을 개시한다"는 등등의 시문 호외가 25년 전 9월 1일 동경대진재가 돌발한 직후 일본 전국에 놋방울을 울리며 돌았다.

일본 관동지구 전역에 걸친 대진재가 참담무비하였던 것은 이제 다시 이야깃거리도 될 것이 아니다. 다만 땅이 들썩거리고 해소海嘯가 들이 밀리고 화염이 대양과 같고 무수한 시체가 노리끼한 지방에 불이 붙어 오두둑 타는 중에도 일본 제국주의 지배계급 놈들은 잔인무도한 묘안을 구상해 내었던 것이다.

얼결에 당하고 난 대진재가 무서웠다기보담도 일본 지배계급 놈들은 진재를 이용하여 폭발될까 하는 일본 사회주의 계급혁명이 실상 치가 떨리도록 무서웠던 것이다.

말하자면 일시 일부분의 천변지재로 일본 제국이 거꾸러지는 것이 아니라, 혼란기에 기성 자기계급이 자기민족 중 피압박계급에게 일거에 전복될 것이 무서웠던 것이다.

이런 비상사태를 만나 이놈들의 상투수단이란 간단한 것이다. 터무니없는 유언비어를 지어내어 이민족 이국가에 향하여 자민족의 적개심 증오심을 도발 선동하는 것이다.

이런 음험한 모략에 걸린 것이 일본 놈 소위 애국주의 청년단원들이고, 사상 최대 테러 혈제血祭에 쓰러진 것이 당시 일본 재류 조선 동포 주로 근로 인민층이었던 것이다. 일본도 죽창에 쓰러진 동포 남녀노소를 가리지 않고 원수의 발치에서 최후로 '아이고!' 애호哀號를 남기고 죽은 인명이 정확한 숫자로 알 수 없이 일본놈의 말로 그저 수만 명이었던 것이다.

악귀놈들이 나중에는 뒤통수 넓적한 사람, 얼굴이 넓은 사람, 일본 노동자 중에도 구주 지방 사투리 쓰는 사람까지 마구 때려 죽였다. 찔러 보아 '아이다!'가 아니고 '아야!' 하는 사람은 모조리 학살하였던 것이다.

자본주의 신문 한 회분의 호외가 사상 최대 죄악을 감행할 것이다. 우리 동포를 대량학살로 일소한 후 이놈들의 신문기사는 '조선인을 동포애로 인도애로 대하라'는 것이었다. 당시 진재 혼란기에 우리 교포 근로 인민층은 고사하고 일본인 사회주의자도 결코 무슨 혁명 일규一揆를 기도할 촌가寸暇도 없었던 것이다.

진재 자체가 얼마나 무서운 전복이었기에 호흡이 막히고 심장이 죄어들고 머리가 둘리고 다리에 쥐가 오르고 모발에 불이 붙는 판에 혁명가가 스리*가 아닌 바에야 그러한 천도적天道的 순간에 비인도적 악희惡戲를 감행할 여가가 있었으리라고 생각할 수 있는가? 이놈들의 망상은 한이 없다.

미국서 군함이 구조품을 만재滿載하고 동경만에 들어왔다. 구조 물자를 받고 나서는 미국 해군이 동경만의 수심을 비밀히 측량하였다고 은혜를 트집으로 돌려 보내고 소련서 온 구조 군함은 정박도 불허하고 쫓아 보냈다.

원조품 실은 4개 소련 군함 측에 '세계 프롤레타리아는 단결하라!'는 노문자露文字로 크다막하게 써 붙인 것이 싫어서 국제간 우의까지 모욕하여 은의를 원수로 갚아 보낸 것이다.

남의 나라 항구에 국가 소유 군함에 저의 천황의 일개 '가족 문장'을 붙이고 드나드는 놈들이 '세계 프롤레타리아는 단결하라!'는 전 세계 근로 인민의 '국시國是'를 표어로 써 붙인 구조함이 무엇이 그다지 미웠던 것일까?

---

* 소매치기.

'도태랑桃太郞'*적 약탈선의 동화로 교육받은 놈들이 되어서 국제적 은의도 침략으로 망상하였던 것일까 한다. 당시 조선 우리 본국에서는 어떠한 동의動議가 있었던고 하니 "일본인이 아무리 우리 무고한 교포를 학살하였다 할지라도 우리는 원수를 은혜로 갚아야 한다"고 고 월남 이상재 옹과 윤치호 등 기독 신교도들 중심으로 종로 YMCA회관에서 대연설회를 열고 일본 진재민 구조금을 거두어 금액과 물자를 보냈던 것이다.

그리 아니해도 당시 총독부 놈들이 전 조선 지역에서 강제로 돈 곡식 물자 할 것 없이 닥치는 대로 징발하였던 것을 어찌 하랴!

인도주의가 월남 선생의 박애주의가 나빴던 것이 아니라 도야지에게 진주보다는 일본 지배계급 놈에게 '인도주의'란 '귀신에게 쇠방망이'를 제공하였던 허무한 꼴을 무척 보았던 것이 쓸쓸한 돈키호테의 패사가 아니었던가?

그러구러 25년을 지난 오늘날, 이「동경대진재 여화」를 어떻게 현금 현실 사태에 연속시킬 것인가?

---

* 모모타로. 일본 설화의 주인공.

2

빠진 이야기를 다시 잇거니와 동경 전 지역에 누워 쌓인 진재로 죽은 또는 학살당한 우리 동포의 참혹한 시체를 운반 소각 청소하는 고역을 일명一命을 겨우 건진 우리 동포 노동자들이 맡게 되었던 것이다.

듣자 하니 이에서 한 몫을 착실히 본 자가 따로 있었다는 것이다. '상애회相愛會'라는 말하자면 이해 의식을 파악치 못한 조선인 부랑층 자유노동자들을 강제 규합하여 의식적 조직노동자 동포들에게 하일阿日의 원리를 행사하는 악질의 위하危嚇 테러를 자행하여 오던 말하자면 친일 우익 노동자단체가 있었다.

이 단체의 두목이 박춘금朴春琴이었다. 무수한 시체를 치우기는 조선인 노동자들이었다. 이에 얻은 실리적 보수와 또 이에 따른 공훈은 박춘금에게 돌아갔다.

원래 상애회라는 것이 실상은 원 총독부 경무국장이었고 동경 경시총감 노릇한 환산학길丸山鶴吉*이 박춘금을 조종하였고 박춘금이 우리 단순 무지한 동포 노동자를 농락하여 이루어졌던 단체이었던 것이다.

박춘금의 '영달'은 일본 중의원 의원이 되고 나중에는 전쟁 중에 조선에 '대의당大義黨'이라는 하일자阿日者 결사의 당수가 되어 광산권을 잡고 부자가 되고 갖은 못된 짓 행패를 거침없이 자행하였던 것이다.

　요즈음은 그는 동경서 영친왕 이은$_{李垠}$을 떠메고 복벽 운동을 음모하고 있다는 말까지 있으나 그것은 잘 모르겠다. 하여간 일본 제국주의자 놈들과 친일파 놈들이란 이렇게 더럽고도 간악한 지긋지긋한 전통의 뿌리가 깊은 것이다.

　동경대진재 중 대량학살이 있었는가 하면 바로 다음 해 일본 삼중현$_{三重縣}$ 탄광에서 조선인 광부 삼백 명 이상을 작업 중 탈출 계획이라는 명목하에 또 학살한 일이 있었던 것이나 원수를 은혜로 갚는 조선 민족주의자들은 탄핵 연설 한 번 하지 못하고 일본 대판 동경 등지에 있던 조선 노동자 학생, 일본인 사회주의자 연합으로 탄핵연설대회를 열었으나 연사의 말이 대진재 학살사건과 삼중현 탄광 이변에 미치기만 하면 즉시 일경 놈들이 '중지!' '중지!'를 연발하였던 것이니 갸륵하게도 괘씸하기는 조선인 형사 놈들이 학생 연사의 하숙까지 개처럼 따라오던 것이다.

　어릴 때 감상에서도 피중압 피착취 계급은 '조국이 소련이 아니라' 따로 조국을 획득하여만 하겠구나 하였다. 이 원통한 이야기가 한이 있느냐?

---

* 마루야마 쓰루기치. 배정자를 조정하여 국립군 체포에 공을 세웠다.

일본 놈의 우리 동포에 대한 테러 학살은 왜구 해적의 조선 연안 침략과 임진왜란 이래 적어도 수백 년 동안 끊임이 없었던 것이니 이 동안 유명 무명의 친일파 민족반역자도 끊임이 없었던 것이다.

8·15 이후 재일본 조선동포의 인원수를 60만이라고 계산하나 박열朴烈 씨 말에 의하면 80만이라 하며 전쟁 중에는 2백만을 계상하였던 것이다.

몇 달 전에 일본 당국자 놈들이 조선인 교육 탄압 악행이며 조선인 교육기관 약취 음모이며 이에 따른 조선인 총살 수감 문제 등등은 이것이 전패국 일본의 '민주주의' 가명하에 다시 횡행하는 제국주의적 관권 테러가 아니고 무엇이냐?

너희 놈들이 무슨 민주주의란 말이냐! 민주주의가 용출하는 씨와 피가 다른 것이다.

'천황신성 불가범不可犯'이 일조에 '상징적 천황'으로 바뀌었을지라도 최고 전범자가 최고 지도자가 되어 대원수 제복을 '모닝코트'로 갈았을지라도, 봉건적 천황이 자본주의적 천황인 이외에 다를 것이 없는 것이다.

일찍이 일본 천황을 폭탄으로 모살하려다가 일헌日憲에게 종신형을 받았던 애국지사가 재일 조선동포 교육 피해 사건에 대하여서는 도리어 일본 관헌 놈들과 언사를 부동符同하여 '조선인 공산주의교육 탄압'이라는 변호를 모국에까지 사람을 보내어 한다는 것은 도무지 이해할 수 없는 일이다.

일본 감옥이 하도 어두워서 대명천지에 나서서도 노선의 좌우를 밝히기에 현기가 나는 것일까?

무릇 침략적 도국島國 근성이 대장군 맥아더의 관용으로 버려지는 것이 아니니 역사상 일본 제국의 전쟁이란 것은 무비無非 집단 테러의 확장인 것이었다.

이놈들의 테러 화禍를 가장 장구하게 극통하도록 받은 이가 조선민족이니 이에 대한 배상 보복을 따진다면 여가 대마도 회수쯤으로는 수지가 맞지 않는다.

동경에 조선인 일본총독이 부임할 만한 일이나 이것은 다시 대조선 제국주의가 아니었으면 요행한 일일 것이니 일본이 설령 신성 천황을 추방하고 신성 대통령 혹은 미기행웅尾崎行雄*쯤을 추대할지라도 8·15 일제 항복 후에 맥아더적 신질서가 우리 민족에 다소 회의를 갖게 한다면 전전戰前에 다소 친미영파親美英派들을 수습하여 조각組閣을 분분히 명한댔자 일본 재무장설이 진주만 재습 호외로 실현될지도 모를 일이 아닌가?

먼저 천황제 타도를 일본 공산당계열과 박열 씨의 제안대로 실시해야만 일본 정치가 일본 인민에 돌아갈 수 있으며 따라서 80만

---

* 오자키 유키오. 일본 자유주의 정치인.

재일 조선동포도 세계 인민의 이익을 공동 향수할 수 있을 것이니, 대마도 회수와 고구려판도 대만주 요동 칠백리 회수와 아울러 못지않게 민족 만년의 낙토가 처처에 있으리라.

> 조국땅이 좁은 까닭이 아니라
> 조국을 팔아먹은 자가 있어
> 원보와 순이는
> 우전천隅田川 찢긴 시궁창에 녹슬은 한 가닥 '와이어'에 매어 달려
> 화염 위에 검푸르게 닿은 잃어진 조국 하늘 밑에
> 박간농장迫間農場*이 들어선 남전南田과
> 불이농장不二農場**이 마름하는
> 고향 북답北畓을 생각하였다. (설정식의 시 일 절)

---

* 일본인 하사마 후사타로(迫間房太郎)이 경영한 경남 마산 일대의 농장.
** 평북 용정 일대의 농장.

산문

1

지용이 시를 못 쓴다고 가엾이 여기어 주는 사람은 인정이 고운 사람이라 이런 친구와는 술이 생기면 조용조용히 안주 삼아 울 수가 있다.

전前 모 고관이 그가 아직 제복을 만들어 입기 전 지난 이야기지만 나를 불러다가 한 말이

"내가 미주에 있을 때 당신의 글을 애독하였고 나도 문학을 하여 온 사람이오. 이때까지의 당신의 태도는 온당하였던 줄로 생각하나 만일 조금이라도 변하는 경우에는 우리도 생각이 있소. 그리고 당신이 문과장文科長 지위에 있어서 유물론 선전을 한다니 그럴 수가 있소! 당신이 지도하는 학생들이 따로 모이어 무엇을 하고 있는 줄을 아시오? 일간 당신네 학교에서 무슨 소동이 나기만 하면 문과장으로서 책임을 져야 하오. 그리고 문과생을 지도하려면 컴퍼

러티브 리터리처(비교문학)를 가르쳐야 하오. 우익 문학과 프롤레타리아 문학을 비교하여 가르쳐서 학생으로 하여금 판단력을 얻도록 해야 하오."

그때 내가 나의 문학에 대한 태도라든지 비교문학 교수에 관한 권고에 대해서는 아무 답변을 하지 않았고 다만 문과장으로서의 책임을 져야 한다는 데는 응대하였다.

"네. 무슨 소동이 난다면 책임을 지다뿐이겠습니까. 이런 말씀을 듣고 미리 겁이 나서 오늘로 문과장을 내놓는다고 소동에 관한 책임을 면할 도리가 있을 리도 없고 하니 그대로 문과장으로서 책임을 다할 수밖에 없습니다."

하고 악수 경례 후에 심회 초연히 학교까지 걸어가며 이런저런 생각에 걸음도 기운이 없었던 것이다.

무슨 일이 나려나? 선생 노릇 하다가 학생 때문에 유치장에를 가게 되는 것인가? 잔뜩 긴장하여 가지고 학생들을 들볶아 댈 결의가 섰던 것이다.

학교에 이르러 신문을 보고 다음 날이 소련의 무슨 혁명 기념일인 것을 알았다.

소강당에 문과생 전부를 불시 소집하여 놓고 협박이라기보다도 애원을 하였던 것이다.

"너희들이 요새 출석이 나쁘기가 한이 없으니 무슨 일이냐? 출석이 나쁜 학생은 불가불 내일 모조리 정리할 수밖에 없으니 알아하여라."

다음 날 출석률이 100퍼센트였던 것이다. 이화대학에 이때까지 아무 소동이 없고 말았다. 아직까지는 내가 그저 교원일 뿐이다.

고관실에서 답변 못하고 나온 해당 고관의 제안에 대하여는 내가 8·15 이후 이때까지 주저주저 생각하고 있다. 연구해서 해득 못할 문제가 되어 그런 것이 아니다. 일제시대에 내가 시니 산문이니 조그만치 썼다면 그것은 내가 최소한도의 조선인을 유지하기 위하였던 것 이외의 아무것도 아니었다. 해방 덕에 이제는 최대한도로 조선인 노릇을 해야만 하는 것이겠는데 어떻게 8·15 이전같이 왜소귀축倭小龜縮*한 문학을 고집할 수 있는 것이랴?

자연과 인사에 흥미가 없는 사람이 문학에 간여하여 본 적이 없다. 오늘날 조선 문학에 있어서 자연은 국토로 인사는 인민으로 규정된 것이다. 국토와 인민에 흥미가 없는 문학을 순수하다고 하는 것이냐?

남들이 나를 부르기를 순수 시인이라고 하는 모양인데 나는 스스로 순수 시인이라고 의식하고 표명한 적이 없다. 사춘기에 연애 대신 시를 썼다. 그것이 시집이 되어 잘 팔리었을 뿐이다. 이 나이

---

* 작고 위축된.

를 해 가지고 연애 대신 시를 쓸 수야 없다. 사춘기를 훨씬 지나서부터는 일본 놈이 무서워서 산으로 바다로 회피하여 시를 썼다. 그런 것이 지금 와서 순수 시인 소리를 듣게 된 내력이다. 그러니까 나의 영향을 다소 받아온 젊은 사람들이 있다면 좋지 않은 영향이니 버리는 것이 좋을까 한다.

시가 걸작이든지 태작이든지 옳은 시든지 그른 시든지로 결정되는 것이지 괴테를 순수 시인이라고 추존한다면 막심 고리키를 오탁汚濁 소설가라고 할 수 있는 것이냐? 이 양 거장에 필적할 문학자가 조선에 난다면 괴테는 단연코 나오지 않는다. 조선적 토양에서는 막심 고리키에 필적할 만한 사람만이 위대한 것이요 또 가능성이 분명하다.

시와 문학에 생활이 있고 근로가 있고 비판이 있고 투쟁과 적발이 있는 것이 그것이 옳은 예술이다. 걸작이라는 것을 몇 해를 두고 계획하는 작가가 있다면 그것도 '불멸'에 대한 어리석은 허영심이다. 어떻게 해야만 '옳은 예술'을 급속도로 제작하여 건국 투쟁에 이바지하느냐가 절실한 문제다.

정치와 문학을 절연시키려는 무모에서 순수예술이라는 것이 나온다면 무릇 정치적 영향에서 초탈한 여하한 예술이 있었던가를 제시하여 보라. 아이들이 초콜릿을 훔쳐 먹고 입을 완전히 씻지도 못하고 "너 초콜릿 훔쳐 먹었지" 하면 대개는 입을 다시 씻으며

"나 안 훔쳐 먹었어!" 한다. 빤히 정치적 영향이 드러남에도 불구하고 또 그것으로 정당에 부동附同하면서도, 아니다 순수예술이라고 한다면 초콜릿 훔쳐 먹은 아이의 변명과 무엇이 다르랴.

산란기에 명금류鳴禽類의 울음이 저절로 고운 정도로 연애 대신에 밉지 않은 서정시를 써서 그것도 잡지사에 교섭하여 낸다는 것을 구태여 인민의 적이라 굴 사람이 어디 있으랴마는 워낙 서정시에도 소질이 박약한 청년이 순수예술이노라고 자호自號하여 불순하게도 조숙한 청년이 고뇌 참담하게 늙어 가는 어른을 걸어 신문을 빌려 욕을 해야만 하는 것이 순수한 것이냐? 무슨 정황에 '유물론 선전'이나 '비교문학 교수'가 되는 것이랴?

이제 국토와 인민에 불이 붙게 되었다. 백범 옹이나 모든 좌익 별명 듣는 문화인이나, 겨우 불 보고 불 끄려는 소방부 정도에 지나지 않는 것이다.

2

20여 년 자식을 기르고 남녀 학생을 가르치느라고 얻은 경험이 있다. 아이들을 제가 잘 자라도록 화초에 물을 주듯 병아리에 모이를 주듯 영양과 지견과 환경과 편의를 부절不絶히 공급할 것이지,

애비로서나 스승으로서나 결코 자기의 주견을 강제 주입할 것이 아니라는 것이다.

기르고 가르치는 것은 어른이 하는 일이나, 자라기는 제가 자라는 것이다. 제가 자라서 무엇이 되든지 정치 노선에 올라 좌익으로 달리든지 우익으로 달리든지 무슨 힘으로 요새 청년을 내가 막을 도리가 있느냐 말이다. 그러나 집에서 아이들이나 학교에서 학생이나 경찰에 걸릴 만한 소질이 보이는 아이들이 보인다면 본능적으로 겁이 난다. 그러지 말라고 말리는 것도 당연한 일이다.

"선생님은 왜 그리 봉건적이십니까?"

"오냐, 네 말대로 내가 봉건적이 아니고서야 내가 선생 노릇은 고사하고 네가 배기어 나겠느냐?"

아이들이 제대로 자란다면 나도 나대로 자라는 것이 법칙이다. 진실로 내가 봉건적이라면 나는 나대로 자라는 법칙을 파기하는 것이 아니고 무엇이랴?

아이들이 육체적으로 지적으로 자랄 전정前程이 창창하다면 나의 자랄 여유는 다만 지적인 부분이 남아 있을 뿐이다. 나의 지적인 부분에 봉건적인 것을 남겨 두고서는 나는 지적으로도 자라지 못하고 마는 것이다. 나이도 50이 가깝고.

자라고 못자라는 것이 문제가 아니라 비문학적으로 솔직히 말하면 나는 답답하고 갑갑하여서 호흡이 곤란한 시절에 교원 노릇을 하고 있다.

괴테는 죽을 때까지도 사치스런 말을 남기었다.

"창을 열어라 좀 더 빛을!"

나는 창을 열고 튀어나가야만 하겠다.

3

R교수는 자주 만나서 싫지 않은 사람이다. 허우대 얼굴이 넉넉하고 너그러운 사람이라 말씨와 심술心術*이 남을 괴롭게 굴지 않는다. 그의 영어영문학의 실력은 남들이 신뢰할 만하여 영어를 모르는 사람까지 따라서 영문학의 청년 교수로서 일급이라는 것을 무조건하고 인정하는 형편이다.

아메리카 유학생의 YMCA 간부풍의 경망한 태도 없거니와 영경英京 윤돈倫敦**에서 7년 수학한 학자 폐의 오만한 데가 없다. 말을 하여 소리가 억세지 않고 웃어서 좌석이 소란치 않다. 이 사람과 생사를 같이할 친구가 반드시 있을지는 보증키 어려우나 온아하고 세련된 점이 외국서 한단지보邯鄲之步를 배운 사람과는 다르다. 어찌하였

---

* 마음씨.
** 영국의 수도 런던.

든 조선의 교육과 문화에 이런 인사가 매우 유용한 것이다.

이 사람이 8·15 전보다 더 침울해진 것을 가까이하는 친구들은 보고 있다. 이즘 와서는 버쩍 한숨이 늘어간다. 한숨도 병이라 하여 임상의의 신세를 져야 할 데까지 갈 것이 아니라, 우리가 대개 한숨의 내용을 알 수 있음에는 지식인의 우정에서 자신이 있다.

그러나 이 사람은 자기의 한숨의 윤곽을 선명하게 잡지 못한다. 말하자면 자기 한숨의 내용을 자기가 모른다, 몰라…… 몰라…… 하면서 역시 한숨을 쉰다.

내가 생각하기에도 한숨이란 것은 논리가 아니요 다소 몽롱한 증상인 것이다. 증상에 생리적 불안 감각이 따른다는 것은 매우 자연한 일이다. 나는 R교수의 한숨을 지극히 당연하다고 한다. 동병상련으로 나도 따라서 한숨을 쉰다.

한숨 쉬는 R교수와 나와 자주 만나는 친한 두 친구가 있다. 하나는 당돌하기 짝이 없는 문예평론가 K요, 하나는 실상 한숨 쉬기는 R보다도 더 왕성한 편집국장 S다.

약하고 순하여 한숨을 한숨대로 감추지 못하는 R교수에 대하여 K와 S는 좀 가혹한 우의友誼를 행사하는 버릇이 있다. 만나는 대로 토론을 걸어 뒤흔들어 놓는 것이다. 지면 때문에 토론의 내용을 대화체로 하여 발표할 수는 없으나 R교수는 일절 항쟁을 싫어하는 사람이므로 결국은 한숨을 길게 쉬는 나머지에 '세상일이란 그렇게 간단한 산술같이 승제乘除가 되는 것이 아니라'는 것으로 항론을 맺는다.

"나는 신앙생활을 부러워합니다."

아는 것은 안다 하고 모르는 것은 모른다고 해야만 한다. 빤히 알 수 있는 것을 알고도 여유작작하기는 K와 S요, 알 수 있는 것을 항시 경원하면서 모르는 것에 한하여선 심중한 경의를 표하는 R은 결국 알 수 있는 것까지도 모르는 미궁에로 유도하기에 여력이 있고도 완강하다. 문학자 R교수는 철학자로서는 회의주의자라고 규정할 수밖에 없다.

나도 토론에 참여할 기회가 있다.

"회의라고 하는 것은 사물의 진상을 구명하기까지의 정신적 불요不撓한 노력이 아닙니까? 회의도 애초부터 사물과 어느 정도로 사물에 대한 초보적 이해의 토대가 있어야만 회의하는 정신이 충분히 작용될 것입니다. 겸손도 분수가 있지 빤히 알 수 있는 것을 모른다고 하시면 그것은 회의도 아닙니다. 회의는 백치 상태가 아니므로 회의에는 이지와 논리의 순서를 밟아야 합니다. 신앙도 애초부터 끝까지 모를 혼돈에 대한 배복拜伏이 아니라 안심하고 알 수 있는 토대를 밟아 이를 다시 진전시키어 어떠한 신비한 권능에 절대 신의信依하는 심성의 자세를 이르는 것일까 합니다. 절대 불가지론자가 되신다면 절대 신앙에도 단념하실 수밖에 없습니다."

K와 S는 토론을 끌어 단애 절벽으로 유도한다. 이에 서서는 예스 아니면 노우 이외에 다른 길이 있을 수 없다. 예를 들면 남북협상, 친일파, 한간韓奸,* 단선單選, 단정單政, 남북통일, 자주독립, 양 주둔군 동시조속철퇴 문제 등등.

R은 대개 이러한 문제에 관하여는 일절 함묵한다. 함묵은 반드시 불가지적 상태는 아니다. 조선적 사태도 신비주의처럼 어려운 것일까?

"아이구 정치 없는 사회에서 살고 싶어요."

"정치 없는 사회, 그런 사회를 동경할 자유가 남조선에 있기는 있습니다. 그러나 그것은 조선자주독립에 관심 없는 자유, 회피하는 자유, 추극追極하면 거부하는 자유가 되고 마는 것이 아닙니까? 불가지론과는 하등의 관련이 없는 것입니다."

격렬한 토론으로 친구를 극복하려는 것은 미묘한 우정이 아니고 말 때가 많다. 별로 효과가 없는 것이다.

그러나 우정과 효과에 단념하는 것도 옳은 도리는 아니다. 말하자면 R교수에게는 친구도 아니요 아내도 아니요 따로 애인이 있을 수도 없고 하니 아름답고 총명한 누이 같은 사람의 위로와 격려가 필요한 것이다. 친절히 데리고 연구실이나 유원지보다는 현실의 사

---

* 민족 배신자.

태와 정세를 골고루 보여 주며 알려주고 하는 수밖에 없을까 한다.

초연히 돌아가는 R교수는 뒤로 보아도 쓸쓸한 것이었다.

다음 날 S에게 온 R의 편지의 일 절.

"나와 골육을 나눈 처나 자식도 내 마음대로 안 되고 돌 지나 넉 달도 못 된 계집애도 내가 자유로 조종할 자신이 없는데 어찌 인민 전체의 생활과 복리를 좌우하고 농락까지 하는 정치에 생각이 미치겠습니까. 가정생활도 수습 못한다고 한 말도 이런 경제적이 아닌 정신적인 관점에서 우러난 말입니다."

'인민 전체의 생활과 복리를 좌우하고 농락하는 정치'에 생각이 미치지 못하는 R교수는 확실히 겸손한 선비다. 겸손하고 유능한 선비를 살리기 위하여도 생활과 정치가 인민 전체에 확립되어야 하겠다. 한 사람이 인민 전체의 복리를 자담한다는 것이 마침내 일군만민적—君萬民的 왕정 이념에 지나지 못하고 마는 것이고 보니 이 왕당파가 아닌 R교수에게 우리는 아직까지 단념하지 않아도 좋다.

다시 그의 편지의 일 절.

"나에게 무슨 '입장'이 용허된다면 그것은 일언으로 요약하여 '암흑' 속에서 더듬는 자의 '입장'이라 하겠습니다. 형은 나더러 '아나키스트'라고 속단하시지만 생활에서 어떤 질서를 요구하여 노력하는 한 사람으로서는 적합지 않은 말이라고 믿습니다."

옳은 말이다. 대인민의 대질서에는 개인 K와 S도 아무 능력이 없을까 한다. 일체의 기성 노질서老秩序가 붕괴되고 마는 것이요 새로운 대질서가 인민 전체에 서지고 말 것이기에 일개 R교수도 이 대질서에 돌입하여 부동이 아니라 먼저 직립해야만 한다.

그 후 어떤 날 R교수를 다시 만나 신중히도 나도 혹시 누이처럼 될까 하여,

"신앙생활에 관심이 있으시다면 교회에 소개하여 드릴까 합니다. 어찌 할까요?"

"글쎄요, 아직 더 생각해야 하겠습니다……."

문미文尾는 다소 강경할 필요가 있다.

"R형의 현재 상태로는 현실에도 신비에도 열렬하신 편이 아니시외다!"

새 옷

　너 새 옷만 입을 수 있으면 입어라. 얼마든지 해 입혀 주기가 왜 싫겠니? 나는 새 옷을 입으면 여덟 아홉 살 때처럼 좋더라. 그런데 아들딸이 너만이 아닌데 어떻게 너만 새 옷을 입힐 수 있느냐? 헌 옷 해진 옷이라도 먼저 참고 견디는 외에 다른 도리가 없구나.

　옷에 대한 좋은 해석이 있다. 이것은 네게는 좀 어려운 생각일까 한다.

　옷이라는 것은 좋은 옷 새 옷을 입으면 입을수록 아주 흉한 옷을 역시 입으면 입을수록 사람이 옷에 매어달려 다니는 것처럼 마음의 자유를 얻을 수 없을 것이요 지금 조선에서 보통 많은 가난한 인민들의 최저한도로 입는 옷을 입을 수만 있다면 그것으로 옷이 비로소 사람의 몸에 매어달려 다니는 것이 될까 한다. 옷에서 먼저 한 개의 자유를 획득하는 것이 아니냐?

그런데 이보다 한층 더 높은 옷의 해석이 또 있다.

대체 내가 옷을 입었는지 아니 입었는지 애초부터 관심이 없었다가 우연한 순간에 "아아 내가 옷을 입고 있구나!" 하는 기특한 사실을 발견하도록 되면 그만이다. 그 다음 순간에 옷이 좋으니 궂으니 하는 세밀한 음미는 일체 버리면 그만이다.

그러나 그것은 나와 같이 늙었거나 혹은 완전히 젊은 청춘이면 될 수 있는 노릇이나 너와 같이 소년기에는 좀 무리한 정신 수양일 것이다. 나의 몸서리가 떨리도록 고독하고 가난하던 소년을 사십여 년이 지나서 또 이제 바로 네게서 거울처럼 볼 수 있구나!

올여름 들어 싼거리 미국 군인복 웃저고리 배급품이 하나 생겼구나. 이것을 줄여 입고 로이드 안경에 노타이에 노햇에 눌은 밥 오그라든 듯한 수염을 붙이고 나섰더니 제일차로 만난 친구가

"미군복을 입었어!"

"이놈아 나를 보고 먼저 인사하고 그 다음에 미군복에 향하여 경의를 표하든지 해라. 이것이 신판 '국방복'이라고 하는 것이다."

또 한 번은 안경다리가 부러졌기에 이것을 실로 붙들어 매어 걸고 다니노라니 역시 제일착으로 만난 여학생 하나이

"선생님 어디 가세요? 그동안 안녕하세요? 얼굴이 좋아지셨네. 안경다리가 부러지셨어!"

"오, 너는 선생님께 먼저 인사를 한 뒤에 그 다음에 선생님 안경

에 인사를 하니 순서에 옳다. 선생님 안경에 향하여도 경어를 쓰는 것이 기특하구나.”

옷 이야기가 길이 비뚤어져 안경까지 이르렀으나 옷 중에 모닝코트로 옮겨 가자.

평생에 싫은 옷 중에 모닝코트가 하나이다. 그러나 일제시대에 결혼 주례를 한두 번 선 일이 있었으나 8·15 이후 더욱이 작금양년에 남의 결혼 주례를 십여 차 섰으니 상당한 기록이 아니냐? 자기 비용이 드는 일도 아니며 더욱이 남의 청춘을 최고조로 장식하여야만 하는 경우에 그들의 요구를 사양하여 내가 구태여 모닝코트를 아니 입을 수 있느냐 말이다. 최저한도의 인민도 모닝코트를 입어 조금도 부끄럴 배 없는 경우가 이러한 경우이구나.

내가 젊어 신식 연애 약혼 결혼식을 못해 보았거니 이제 한창 꽃다운 청춘을 위하여 모닝을 입고 주례는커니와 꽃과 촛불과 신랑 신부를 웃기기 위하여 춤인들 못 출까 보냐? 머리가 아직 덜 희어서 흉업지 아주 은실같이 희기가 원통할 것 없구나.

그런데 바로 며칠 전 덕수궁 어떤 결혼식의 주례가 끝나자 바로 버스에 실리어 수원 읍내 신랑 집에를 젊은 친구 이십여 명과 함께 갔었다. 버스 안에서부터 모닝에 사발막걸리를 참참이 먹었던 것이다. 영등포를 지난다는 명목으로 사발을 마시고 시흥을 지난다는 구실로 마시고 안양을 지금 통과 중이라고 마시고 정말 수원읍에 당도하여 신랑 신부를 곱게 앉히어 놓고 본격적으로 마셨구나.

밤이 들어 이차회라고 모르는 술집에 가서 사오 인이 막걸리를 사천여 원어치를 마신 후에 누구 주머니 속에 사천 원이 있었으랴? 세내어 입었던 모닝을 벗어 맡기고 여관 한 칸 방에 가서 형제간처럼 잠을 잤다. 신랑 집 결혼비가 예산에 사천여 원이 초과된 결말이 났던 것이나 모닝도 이런 경우에 이렇게 활용될 수도 있지 아니하냐?

이튿날 오전에 다시 모닝으로 위의를 정제하고 버스로 서울로 올라와서 시청 앞에서 내린 것이 아니라 버스에서 완전히 내버림을 당한 것이다.

초연히 아스팔트 위에 떨어진 신사는 완전히 돈이 없었다. '문장사' 삼층을 찾아 올라와 날이 저물기를 기다리나 요즘 가을날은 왜 그리 길어진 것이더냐? 인제부터 전관심이 모닝에 애절하게도 집중되는 판이었다.

사정을 K양에게 말하였더니 별안간 의용義勇을 분발하여

"선생님 영화관 캄캄한 속에 숨으셨다가 어둡거든 합승 택시로 가시면 좋을까 합니다."

영화관에 당도하니 〈홀리 매트리모니〉*이라는 영화를 '속세를 떠나서'라고 번역하여서 간판에 그리어 붙여 있었다.

---

* Holy Matrimony. '신성한 결혼'이라는 뜻이다.

"어떻게 저렇게 번역을 했을까?"

극장 안 텅 비고 전기 관계로 저녁 일곱 시까지 기다리면 구경이 될 듯하다는 것이었다.

"아아 어떻게 어디 가 기다리나?"

별안간 몸이 코끼리 같은 사투리 쓰는 주정뱅이 놈이 덤벼들더구나. 하는 말이 "이 건국시에 노동자는 아무리 일을 하여도 먹고 살 수 없으니 여보 넝감 좀 어러케 하라오! 잔치는 무슨 잔치요?"

다음에 K양에 찌짜를 붙이더구나. 영화관 종업원 하나이 주정뱅이를 잡아 내두르는 판에 땅바닥 시멘트 위에 보기 좋게 쓰러지더구나.

슬쩍 빠져 관 안 캄캄한 구석에 숨어 버려 창피를 면하여 놓고 "아아 이것도 일종의 계급적 반항의식이라고 하는 것이로구려" 하였다.

그런데 그 주정뱅이는 정말 일제시대의 세루* 국방복에 미군 장교화를 신고 머릿기름을 빤지르르 바른 어디로 보든지 노동자는 아니더구나.

나는 이렇게 생각하였다. 이런 사람이 대개 주정뱅이가 아니고 시인이나 소설가라면 "일제시대에 내가 제일 깨끗하게 살았노라"

---

* 촘촘히 짠 모직. 서지(serge)에서 온 것으로 추정된다.

고 할 사람이 아닐까 하였다.

"어떻게 깨끗하게 살았소?"하면 "일본놈과 조선놈들이 보기 싫어서 절간에 가서 살았노라"고 하지 않을지? 나는 조선 젊은 문학자한테 이런 소리를 몇 번 들은 일이 있어서 말이다.

어느 절간이 그렇게 깨끗한 절간이 있었던고?

대체 무슨 밥을 먹고 살았노? 누구의 옷을 입고 살았노?

가장 일인의 압박에 견디어 오기는 가장 선량한 인민들이었던 것이다. 그들은 가장 깨끗하게 살았노라는 말은 외우지도 아니한다.

아들딸 중에 어떻게 너만 아들이겠느냐? 어떻게 너만 사철 새 옷만 입히란 말이냐?